财税法治与改革研究系列

司法部法治建设与法学理论研究部级科研项目
"财政事权划分的法治路径研究"（19SFB3045）最终研究成果

财政事权划分的
法治路径研究

侯卓 著

WUHAN UNIVERSITY PRESS
武汉大学出版社

图书在版编目(CIP)数据

财政事权划分的法治路径研究/侯卓著.—武汉:武汉大学出版社,
2023.10
财税法治与改革研究系列
ISBN 978-7-307-23901-2

Ⅰ.财… Ⅱ.侯… Ⅲ.财政法—研究—中国 Ⅳ.D922.204

中国国家版本馆 CIP 数据核字(2023)第 146280 号

责任编辑:胡 荣 责任校对:李孟潇 版式设计:韩闻锦

出版发行:**武汉大学出版社** (430072 武昌 珞珈山)
(电子邮箱:cbs22@whu.edu.cn 网址:www.wdp.com.cn)
印刷:武汉邮科印务有限公司
开本:720×1000 1/16 印张:14.5 字数:237 千字 插页:1
版次:2023 年 10 月第 1 版 2023 年 10 月第 1 次印刷
ISBN 978-7-307-23901-2 定价:68.00 元

目　　录

导　论

自实行分税制财政管理体制改革以来，我国就政府间收入划分调整着墨甚多，但财政事权划分维度的制度建设尚显不足，仍然存在不清晰、不合理和不规范等问题。若干应由中央负责的事务交给地方处理，部分属于地方管理的事务却由中央承担较多责任，央地政府共同事权较多且界定模糊，致使职责重叠及中央事权履行不到位等现象亦为常见。诱发前述现象的重要原因是政府间事权划分的政策化意味过浓，仍缺乏系统性的整章建制及法治化。由此出发，如何合理划分财政事权归属、提高财政事权划分的法治化水平，便成为有待研究的重要问题。

第一节　国内外研究现状述评

事权有广义与狭义之分，前者包括立法、行政与司法三维，后者仅包括行政事权。学界一般从狭义角度理解事权，且国发〔2016〕49 号文等政策文件多将行政事权表述为"财政事权"，故本书主要以财政事权作为分析对象，如要提及立法、司法等其他维度的事权，会作专门阐明。一个国家在行政上无论采行单一制还是联邦制，只要其公共财政的职能由不同层级政府共同承担，其便属于财政联邦制国家。根据此定义，世界各国多为财政联邦制国家，由此出发，如何合理划分政府事权是各国普遍面临的难题，对此可从政府间事权划分的原理与具体公共服务领域的事权划分两个角度加以解读。

一、政府间财政事权划分的一般原理

政府间财政事权划分议题横跨经济学和法学这两大社会科学学科，与之相对应，经济学和法学维度都有关于财政事权划分一般原理的探讨。需要说明的是，不少管理学学者也会关注这方面的问题，鉴于此类研究同经济学研

究的路径较为接近，本书在开展文献综述时不再单独介绍，而是一并在对经济学文献的梳理中予以阐述。

就经济学研究成果而言，蒂伯特的"以足投票"理论阐释了由地方政府（而非中央政府）提供某些公共产品的合理性，即分权有助于实现地方公共物品配置上的帕累托最优。[1] 马斯格雷夫在其三大财政职能框架下建议将资源配置职能配予地方政府、将再分配和保障稳定职能配予中央政府，[2] 这实际上就要求不同层级的政府承担不同类型的事权。奥茨在假定条件下提炼地方政府提供公共产品具有比较优势的"分权定理"。[3] 从学术史的角度看，以上所述又被统称为第一代财政分权理论，后继学者在此基础上通过反思产出不少新的见解。钱颖一、温格斯特认为第一代财政分权理论想当然地以为政府官员有良善动机提供公共产品，但并非所有分权都会形成学者们所期许的财政联邦制，其强调要关注经济行为中的政府激励，进而引入公共选择理论来建构"市场维护型财政联邦主义"理论体系。[4] 旅新学者郑永年倡言用"行为联邦制"范式理解现实中央地政府间的强制、谈判和互惠过程，其中涉及财政事权的实然配置。[5] 楼继伟提出以外部性、信息复杂性、激励相容为标准在政府间划分事权，根据税种属性划分财政收入，完善转移支付以弥补财力缺口并实现基本公共服务均等化；[6] 李森提出用"功能覆盖型竞争性辖区"模式、"多中心治理"模式和"就近一致"模式来协调公共产品受益范围多样性与政府级次有限性矛盾。[7]

就法学研究成果而言，不少学者从各自的视角出发，运用不同的分析范

---

[1]　Charles M. Tiebout, "A Pure Theory of Local Expenditures", 64（5）*Journal of Political Economy* 416-424（1956）.

[2]　Richard A. Musgrave, *The Theory of Public Finance—A Study in Public Economy*, McGraw-Hill Press, 1959, pp. 208-216.

[3]　Wallace E. Oates, *Fiscal Federalism*, Harcourt Brace Jovanovich Press, 1972, pp. 20-33.

[4]　Yingyi Qian & Barry R. Weingast, "Federalism as a Commitment to Preserving Market Incentives", 11（4）*Journal of Economic Perspectives* 83-92（1997）.

[5]　参见郑永年：《中国的"行为联邦制"：中央地方关系的变革与动力》，东方出版社2013年版，第1页。

[6]　参见楼继伟：《中国政府间财政关系再思考》，中国财政经济出版社2013年版，第37、59~130页。

[7]　参见李森：《试论公共产品受益范围多样性与政府级次有限性之间的矛盾及协调——对政府间事权和支出责任划分的再思考》，载《财政研究》2017年第8期，第6~9页。

式，对政府间财政事权划分作了规范性检视。其中有代表性者如张守文强调税权分配是财政联邦主义的核心问题，[1] 其据此对税权配置的应然状况、我国现行格局及改进方向做了探讨。刘剑文在梳理财政事权划分的经济标准之后，重点对事权划分的法律标准加以提炼，进而指出当前阶段我国事权划分的核心任务是在法律层面对各级政府掌握的事权予以确认。[2] 王桦宇提出事权划分应以"两个积极性"为基本原则。[3] 周刚志主张由宪法高度对政府间财政关系实施整体优化。[4] 熊文钊分项枚举中央事权、地方事权、共同事权[5]，该学者在研究过程中既重视现况梳理，也对未来的改进方向有所揭示。徐阳光则是从竞争维度重构政府间财政关系，并在此基础上探讨事权与支出责任相适应的制度构建。[6] 不难发现，在法学各二级学科中，宪法学和经济法学的研究者们更加关注该议题，这同政府间财政事权划分既是一个财政法问题也在很大程度上是一个宪法问题的属性是相合的。

二、针对具体论题的研究成果

本书除对财政事权划分的一般性问题作了研讨之外，还重点关注了当前实践中较为突出的六个方面的具体问题。应当说，针对这六方面的问题，既有的研究成果中不乏值得关注且颇富教益者。由于这六个方面的内容主要以我国为背景，试图解决的亦是我国的问题，故而相应的文献梳理也以中文文献为主，间或关涉某些具有代表性的外文文献。大体上看，2016 年之前的研究更侧重于讨论财政事权划分的概括性经济标准，对不同公共服务领域事权划分标准的研究较少，2016 年之后这方面的研究才逐步增多。这可能是因为《国务院关于推进中央与地方财政事权和支出责任划分改革的指导意见》

---

① 参见张守文：《财税法疏议》，北京大学出版社 2005 年版，第 62 页。

② 参见刘剑文、侯卓：《事权划分法治化的中国路径》，载《中国社会科学》2017 年第 2 期，第 116 页。

③ 参见王桦宇：《论财税体制改革的"两个积极性"——以财政事权与支出责任划分的政制经验为例》，载《法学》2017 年第 11 期，第 34~36 页。

④ 参见周刚志：《财政分权的宪政原理——政府间财政关系之宪法比较研究》，法律出版社 2010 年版，第 17~21 页。

⑤ 参见熊文钊：《大国地方——中央与地方关系法治化研究》，中国政法大学出版社 2012 年版，第 195~200 页。

⑥ 参见徐阳光：《政府间财政关系法治化研究》，法律出版社 2016 年版，第 1 页。

（2016）等政策文件的出台激励了学者们进一步研究财政事权划分问题。

其一是公共卫生事权。胡善联探讨了基本公共卫生服务、医疗保障、计划生育、医疗能力建设等公共卫生子领域的央地事权划分。[①] 孙玉栋、王强强调，公共卫生领域的事权划分要充分发挥中央和地方两个积极性，以事权、支出责任和财力相适应为建制原则。[②] 事权划分不仅实行于中央政府与地方政府之间，更实行于地方各级政府之间，故王逸青提出要着力推进省以下政府公共卫生事权的划分，避免"越位"和"错位"现象的发生。[③] 对此，裴育、贾邵猛认为在公共卫生体系建设中尤应明确市级以下各级财政事权，同时市级政府可以对下级政府部门财政事权的履行提出规范性要求，加强监督检查，避免出现因职责不清晰而互相推诿的情形。[④] Yue Dong 等亦提出要进一步下放政府权力，其认为权力下放可以增加县一级的地方卫生资源，有助于促进国家卫生资源（特别是市和县之间）均等化。[⑤] 为更好地处理一些特殊情形（如传染性公共卫生事件），陈雷主张公共卫生事权配置应采取常态性与应急性并重的共同事权模式。[⑥]

其二是教育事权。马海涛在界定事权、财政事权、支出责任、财权与财力五种基本概念的基础上，分别讨论了不同教育阶段中政府与市场边界、财政事权划分，并提出了相应的完善建议。[⑦] 学界研究的重点在于高等教育事权

---

① 参见胡善联：《医疗卫生领域财政事权和支出责任划分研究》，载《卫生经济理论》2018 年第 10 期，第 3~4 页。

② 参见孙玉栋、王强：《财政应对突发公共卫生事件的制度逻辑及其机制完善》，载《改革》2020 年第 4 期，第 33~35 页。

③ 参见王逸青：《公共卫生事权与支出责任划分研究综述》，载《地方财政研究》2019 年第 5 期，第 105~106 页。

④ 参见裴育、贾邵猛：《公共卫生体系建设中的财政保障机制研究》，载《财政监督》2020 年第 24 期，第 31~32 页。

⑤ Yue Dong, Dipanwita Sarkar & Jayanta Sarkar, *Decentralization and Health Resource Allocation：Quasi-experimental Evidence from China*, QuBE Working Papers 060, http：// external-apps. qut. edu. au/business/documents/QuBEWorkingPapers/2020/PMC _ and _ health _ resource_2020. pdf, 2021-10-20 last visited.

⑥ 参见陈雷：《传染性公共卫生领域事权与支出责任划分的法治进路》，载《行政法学研究》2021 年第 2 期，第 49~52 页。

⑦ 参见马海涛、郝晓婧：《中央和地方财政事权与支出责任划分研究》，载《东岳论丛》2019 年第 3 期，第 48~58 页。

的划分，赵永辉指出，现有的央地"分级负责"的财政责任安排虽然在一定程度上克服了原有体制的弊端，调动了地方政府举办高等教育的积极性，但仍存在中央与地方高校之间财力差距大、生均财政支出水平差异明显等问题，因此，其认为政府间高等教育财政责任安排应在"分级负责"的基础上突出"分工负责"，在财力与事权相匹配原则、财政均等原则、受益范围原则的指导下，明确中央与地方政府的事权划分。① 赵海利等主张我国在推进高等教育领域事权划分时应以"降低地方政府日常经费补助的资源配置职能，提高学费标准，同时增加中央政府社会公平和稳定职能"为改革方向。② 魏建国提出应在"教育服务提供–监管与调控"框架下，借鉴国外有益经验合理划分高等教育事权。③ Harold G. Thomas 则基于文化视角，解释了为何在高等教育领域应采用权力下放的、基于公式的资源分配方式。④ 对于财政事权划分的探讨，不可能脱离本国语境，刘淑华、王向华便强调高等教育领域的分权改革必须坚持本土化观念，合理定位中央政府与地方政府、政府与市场、政府与大学的关系。同时，在推进高等教育事权划分改革时，既要坚持"静态定位"与"动态平衡"相结合的渐进模式，也要妥善处理好分权与集权的问题。就分权与集权的具体路径而言，既要下放事权，又要下放财权，同时应坚持事权相对分散、财权相对集中的原则。⑤

其三是体育事权。易剑东、任慧涛从事权、财权与政策规制三个层面出发，对我国体育公共财政进行了批判性阐释。⑥ 兰自力等提出，应通过合理划

---

① 参见赵永辉：《中央与地方高等教育财政责任安排的审视》，载《教育发展研究》2012 年第 32 卷第 1 期，第 30~34 页。

② 参见赵海利、陈芳敏、周晨辉：《高等教育财政事权与支出责任的划分——来自美国的经验》，载《经济社会体制比较》2020 年第 2 期，第 36~37 页。

③ 参见魏建国：《教育事权与财政支出责任划分的法治化》，载《北京大学教育评论》2019 年第 1 期，第 77~79 页。

④ Harold G. Thomas, *Resource Allocation in Higher Education：A Cultural Perspective*, 1（1）Research in Post-Compulsory Education 35-36（1996）.

⑤ 参见刘淑华、王向华：《关于高等教育分权改革几个一般性问题的探讨》，载《浙江大学学报（人文社会科学版）》2011 年第 2 期，第 19~23 页。

⑥ 参见易剑东、任慧涛：《事权、财权与政策规制：对中国体育公共财政的批判性阐释》，载《当代财经》2014 年第 7 期，第 24~30 页。

分公共体育事权的方式，强化公共体育服务的财政保障。① 以上研究针对的是公共体育事权划分的一般情形，余守文、王经纬则将视角转向大型体育赛事的承办，提出目前我国中央与地方体育赛事事权划分存在着划分不够明晰、地区协调性不够明显、支出分类不尽合理等问题。在剖析体育赛事产品的基础上，结合我国现状，其主张中央与地方政府体育赛事事权划分应突出政策明晰性，并依据准公共产品受益范围纵向划分体育赛事事权，在划分时既要体现中国特色，也要依据政策安排进行适时调整。②

其四是应急管理事权。Amy K. Donahue 和 Philip G. Joyce 提出政府间应急管理职能的分配原则，即以功能能力和行为激励为基础。③ 欧阳天健则基于公共产品理论及国家治理体系、治理能力现代化的逻辑起点，指出了应急管理事权配置的重要性。其主张要确立应急管理的共同事权地位，明确中央与地方、省级以下事权划分，并建立事权动态调整机制。④ 在突发事件预警、处置和重大基础设施建设等具体方面，王泽彩、王敏提出目前我国中央与地方财政事权划分不清晰，同时中西部地方政府高度依赖中央，严重削弱了政府应急管理能力。因此，必须廓清应急管理事权的划分格局，明析突发事件预防与应急准备、监测与预警、应急处置与救援、事后恢复与重建四个阶段的政府间、部门间事权。⑤ 针对事后恢复与重建阶段央地的事权划分，张学诞、邹展霞认为在灾后恢复极端应适度减少中央政府的财政事权，最好由当地政府出台灾后恢复的财政支持政策，中央政府在此阶段应承担的事权是完善应对灾害的知识储备，加强应急管理的信息数据收集、整理工作。⑥

---

① 参见兰自力、曹可强、骆映：《基于事权划分的公共体育服务财政保障》，载《体育学刊》2016 年第 6 期，第 38~40 页。

② 参见余守文、王经纬：《我国体育赛事财政事权与支出责任划分研究——以 2022 年冬奥会筹办为个案》，载《学习与探索》2020 年第 6 期，第 129~133 页。

③ Amy K. Donahue & Philip G. Joyce, *A Framework for Analyzing Emergency Management with an Application to Federal Budgeting*, 61 (6) Public Administration Review 731-733 (2001).

④ 参见欧阳天健：《应急管理事权与支出责任研究》，载《经济体制改革》2020 年第 6 期，第 153~154，157~158 页。

⑤ 参见王泽彩、王敏：《创新应急管理财政政策的若干思考》，载《中国行政管理》2020 年第 5 期，第 87~88 页。

⑥ 张学诞、邹展霞：《构建适应中国特色应急管理需求的财政治理体系》，载《财政研究》2020 年第 4 期，第 23 页。

其五是环境治理事权。刘超具体研究了长江流域政府间涉水事权的划分,并指出目前的涉水事权存在央地涉水事权划分结构性失衡、长江流域机构涉水事权配置错乱、流域管理与行政区域管理相结合指向不清等问题,严重影响了长江流域整体生态系统的维护,为此其提出应制定《长江法》,以体系化的方式规定长江流域中的"事权清单",明确划分事权。① 王文婷指出,在大气环境保护领域,我国政府间事权划分不清,导致大气污染治理效果不显著,其强调现阶段大气污染防治工作的首要任务就是向地方分权,应在结合我国基本国情的基础上,塑造单一制下府际合作治理大气污染的环境联邦。②

其六是民族地区事权。陆平辉指出中央与民族地区事权划分不清对民族自治地方的行政能力产生了负面影响,导致中央与民族自治地方事权错位、一般地方政府事权与民族自治地方事权趋同,其强调,为合理划分中央与民族自治地方之间的事权关系,应从国家和民族自治地方两个层面加强立法工作。③ 在此基础上,赵珍、王宏丽进一步提出应制定财政事权划分清单,明确自治区、地州和县市事权划分方案,特别是涉及重大公共基础设施、公共安全以及教育卫生、生态保护和社会保障等领域的问题以厘清事权关系。④ 商爱玲亦强调要系统梳理在民族事务方面的权力清单,并根据政府层级作出相应的区别。⑤ 涂升容主张,在划分不同层级的民族地区事权时,必须考虑到民族地区地理位置和环境的特殊性,相比于中、东部地区,上级政府应承担更多民族地区特有的、范围更广并且更多样化的公共产品的供给责任。另外,上级政府要协调好集权与分权的关系,避免陷入"事权下放而财权未下放"的尴尬境地。⑥

---

①　参见刘超:《〈长江法〉制定中涉水事权央地划分的法理与制度》,载《政法论丛》2018年第6期,第85~90页。

②　参见王文婷、黄家强:《府际大气环境财政权责》,载《北京行政学院学报》2018年第5期,第54~55页。

③　参见陆平辉:《中央与民族自治地方关系:问题解构与协调对策》,载《宁夏社会科学》2016年第6期,第69~73页。

④　参见赵珍、王宏丽:《民族地区财政政策实施效果及政策建议——基于2006~2014年财政转移支付数据的考察》,载《经济研究参考》2017年第22期,第39页。

⑤　参见商爱玲:《各级政府事权规范化:民族事务治理体系现代化的着力点》,载《当代世界与社会主义》2015年第4期,第170页。

⑥　参见涂升容:《民族地区公共产品供给问题研究》,载《财富时代》2019年第9期,第191页。

第二节　研 究 价 值

本书研究兼具理论和实践两方面的价值，兹简要分述如下。

一、理论价值

政府间财政事权的划分是财税法学研究的重大议题。本书的理论价值集中体现为：

其一，拓展关于政府间财政关系研究的视域，将关注焦点由收入划分扩展至支出划分。自较长一段时间以来，学者们在讨论政府间财政关系议题时，更多聚焦于财政收入尤其是税收收入的分配，诸如税权配置、地方主体税种的择取、共享税收入的分配等论题备受关注，相形之下，对财政事权的府际配置，研究兴趣相对要弱一些。然而，从发生学的角度言之，"事"才是政府间财政关系得以构建的逻辑起点，有"事"方有"做事"的权力/责任，进而才会承担相应的支出责任，最后因支出责任而获得财政资金。由支可以定收，但反之则不然。因此，政府间财政收入分配其实仅仅涉及前述整个逻辑链条的最后一环，而财政事权配置则更可被称为该逻辑链条的基点和灵魂。从财政事权出发开展研究，可以贯通、统合财政收支，更有助于从根本上实现政府间财政关系的体系优化。

进言之，既往的研究更侧重于财政收入分配的角度，不仅源于研究惯性，更是因为有关财政事权的研究难度颇大。首先，财政事权的本质是政府向国民提供的公共产品和公共服务，而政府应向国民提供何种公共产品，受经济发展阶段，以及市场化程度、经济发展水平、技术进步状况等因素的影响，更受制于公共选择与政府财力，严格来讲并没有唯一正确的方案，是故界定财政事权的范围本就不甚容易。其次，就财政事权的府际配置而言，提炼较为宏观、抽象的指导原则并非难事，从本课题后续章节特别是第二章的论述即可窥见一斑，但问题在于，财政事权本身包罗甚广，不同领域、不同类型财政事权的异质性很大，宏观、抽象的原则作用于微观、具体的场域有时会遇到难题，譬如不同原则对事权配置格局的指引方向南辕北辙之类的情形即不鲜见。最后，财政事权的划分具有强烈的结果导向性，无论如何界分各项事权，最终都要将其履行状况作为最重要的评判标准，这便要求决策权、执行权、评估权、监督权等一系列权力均要得到合理的配置和落实，需要学者们进行研究的范围扩大，这便增添了研究难度。但反言之，研究难度大的问题往往蕴含更高的学术价值。上述理论问题的解决，便有助于完善财政法的理论体系。事实上，我国法学的学科谱系中虽然有横跨了财政收支的"财税法"，但持平而论，法学界对"税"的热情远甚于"财"，在税法研究已初步与法学研究主流范式接轨的同时，财政法研究处在相对滞后的境地。故此，本书研究重视从"财政事权"的角度考察政府间财政关系，或许能助力推动财政体制法乃至整个财政法的研究走向深入。

其二，廓清财政事权划分的法律标准，彰显相关研究的法学品格。以往研究多立基于经济学理论，以外部性（公共产品层次性理论）、信息复杂性、激励相容为视角来理解和指引财政事权划分。事权划分的经济标准固然是基础性的，但是仅以经济标准来划分事权会出现两方面的问题：第一，与现代化国家治理的语境相冲突，高效率的未必是令人满意的，经济标准效率导向不一定能很好地保证各方的积极性、参与性。第二，实践中，财政事权的划分并非完全基于理性标准，同时也是长期谈判、反复博弈的结果。因此，虽然多数情况下，法律标准、特别是形式法定的要求，主要是对经济标准提出的方案进行法律确认，但在特定情形下也对之提出了有益的补充，照亮了经济学的视角盲区。例如，形式法定的一项基本要求是预算具体授权，此种以财权控事权的思路很难谓其与外部性等经济标准有何关联，而主要是财政民主的应有之义①，这在预算法治昌明的国度体现尤其。所以，在继续坚持财政事权划分之经济标准的基础上，适时补入法学视角的检视是很有必要的。当然，应如何更准确地界定法律标准下的公平正义，避免法律标准仅仅止步于形式，仍有待进一步的研究，而且由于经济学与法学有着不同的方法论，这种研究很大程度上只能由法学学者开展。融通经济学和法学理论，以此来审视财政事权划分议题，正是本书研究所力图遵行的进路，也是可能较具理论价值之处。

其三，提炼"纳税人中心"的财政事权划分进路，与财税法学基本范畴

---

① 通常认为，财政民主主义的核心意旨是重大财政事项必须由人大决定，人大行使预算审批权正是其所掌握之财政决定权的重要内容。参见熊伟：《财政法基本问题》，北京大学出版社 2012 年版，第 38 页。

与核心范式一脉相承并有所呼应。权力的自我扩张性是需要对其加以制约的根本因由。一般而言，对于政治权力的监督模式有三种，一是权力的监督，二是权利的监督，三是社会的监督。从制约权力的层面看，以权力制约权力有一定的局限性，比如在税收领域，权力的分离和制衡也只是给征税权力的制约提供了一个可能性，况且在一个有着中央集权传统的国家，以权力制约权力的效果是值得怀疑的。在部分域外国家，社会的监督居于甚为重要的地位，其基本意涵是各种"社会力量"通过市场、政党竞争、司法独立以及舆论监督等制度对国家权力进行制约，但从运行实况看，其经常因为道德缺失、制度规范不完善、公民缺乏参与意识而效果甚微，甚至可能成为权力扩张的突破口；而在另一些时候，各类"社会力量"可能会受自身利益的驱动，实行未必合乎社会公共利益的"监督"。由此看来，"以权利制约权力"应当是相对更优的选择。但遗憾的是，以往有关纳税人权利的研究多聚焦于税法场域，对财政法领域的纳税人权利保障观照不足，而后者恰恰更具根本性和体系性。北野弘久曾提出应以纳税人基本权为基础统合财政收入与支出[①]，其理论虽得到中日学者的尊重，但后续研究推进不足，这也为本课题研究留下了进一步深入的空间。

二、实践价值

十八届三中全会"改革决定"提出建立事权与支出责任相适应的制度；十八届四中全会"法治决定"强调推进各级政府事权规范化、法律化；《深化财税体制改革总体方案》将调整政府间财政关系作为财税改革的核心任务之一；十九届四中全会提出要优化政府间事权和财权划分，建立权责清晰、财力协调、区域均衡的中央和地方财政关系，形成稳定的各级政府事权、支出责任和财力相适应的制度。由此出发，本书的实践价值表现在三个方面。

一者，优化财政事权划分格局，探索适度加强中央事权和理顺共同事权的妥适进路。

本书以两组"二元结构"和"双重标准"为标准，确立事权划分的依据，并在考量我国现实语境的基础上，合理界定中央事权、厘清共同事权，以期促使事权划分格局的优化，推进政府事权的规范化、法律化。

---

① ［日］北野弘久：『現代税法講義』，法律文化社 2000 年版，第 12 页。

欲厘清事权划分的合理路径，须首先在"范围抑或重要性""权力的高效运作抑或对权利施以优质且有效的保障"这两组"二元结构"中作出妥适抉择。一般而言，事权划分应以"范围"及"权力的高效运作"为依据，但当某一事项十分重要、贴合最终价值取向时，更具有权威性或曰高位阶性的依据便要相应确定为"重要性"和"优质且有效的权利保障"。应当说，在"二元结构"中因时因地制宜地进行考量并据此灵活择定应然标准，是契合我国现实状况的做法。

其次，运用"形式-实质"双重标准可对现行事权的错位分配进行矫正。所谓形式标准的灵魂在于"形"，也即通过宪法、法律、预算等构建事权划分的规范谱系，其有助于规制现今财政事权划分规范化程度偏低、同质化程度较高这两大问题；而实质标准的要旨在于"实"，概言之即为"合理正当"。"合理"指向财政事权划分的经济标准，主要包含三项内容：外部性、信息复杂性和激励相容。外部性大、信息处理简单、各行其是对整体利益损害较大的事权，适当集中于中央，反之可适当放权于地方。但孤立运用经济标准会产生"宗旨不符合"和"理性人设定不成立"两大问题，考量现代治理语境及事权划分的路径依赖特征；"正当"指向的法律标准可对前述困境进行缓释。

细究"正当"之意涵，主要体现在"公平正义"和"利益均衡"两处。具体来说，法律标准可从两个途径对效率导向的事权划分格局进行调适：一是关系公平正义的事权向上级倾斜，并在中央层级适当集中部分事权；二是为实现基本公共服务均等化而由上级政府乃至中央政府集中部分事权。"经济-法律"双重标准对央地事权的优化配置提出了合理路径。

落位到我国现实语境，依据财政事权的内在属性，可将其区分为立法监督和事权实施。① 立法监督包括法律制定和法律监督两层意涵。一方面，在法律层面明确各级政府应当承担的事权时，可从我国实际和客观需求出发，确定"中央优先，部分归属于地方"的原则，在纵向划分财政事权时追求一种整体上的"倒金字塔"结构；另一方面，法律监督作为"维稳"的存在，亦更适宜被界定为中央事权。相比于立法监督，事权实施的纵向划分更容易产

---

① 参见魏建国：《中央与地方关系法治化研究：财政维度》，北京大学出版社 2015年版，第 9 页。

生也确实产生了各级政府事权同质化程度高、"行政化分权"色彩浓、对省级政府与市县级政府之间的事权划分语焉不详等三方面问题。为解决这些问题，首先要合理界定财政事权划分的应然标准，只有符合现实语境的划分模式方可有效运行。本书研究认为，两组"二元结构"和"双重标准"涵摄至我国语境中照应出两大着力点：一是基于央地"收支"现状，强调适度强化中央事权；二是考量共同事权的混乱状态，明晰其中各级政府的角色。可见，本书研究在一定程度上对于优化财政事权的划分格局，特别是解决诸如中央政府承担事权不足、共同事权分配失当之类的突出问题，有所裨益。

二者，建立督促和激励各级政府履行财政事权的长效机制，强化权责同构和权能一致。

财政事权划分兼具授权和控权两方面的意涵。建立财政事权的长效履行机制需要一手抓授权、一手抓控权。于授权而言，此处的"权"既包含财权，亦包含事权。对于地方政府来讲，需在考量其事权范畴的基础上适当增加财政收入，而对于中央政府来讲，则需适当增加其事权，促使央地政府分别实现权能一致，同时也可更好发挥制度的激励功能。于控权而言，则需依法对权力的作用边界进行限定和监督，实现权责一致。

自 1994 年推行分税制以来，我国财政体制改革的目标经历了从"事权与财权相结合"到"事权与财力相匹配"，再到"事权与支出责任相适应"的转变，正如学界共识所揭示的，事权乃财政划分的逻辑基点，但对事权的匹配项却一直聚讼不已。跳脱出对"财权""财力""支出责任"具体范畴的探讨，前述三项语词均属"物质保障"范畴，故不妨将事权的匹配项抽象概括为"物质保障"，由此"权能一致"的追求在抽象共性中得以彰显。有关学者提出，顶层文件语词的转变体现了财政汲取权力与能力的分离，就以"财权"到"财力"的转变为例，即可看出中央对非税收入、转移支付等财权范围外收入的考量，体现了对各级政府财政能力的综合考量，而"支出责任"更是细究了物质保障的最终落实者，言语的变化体现了中央对"权能一致"更为细微的界定和进一步的强调。映射至中国语境，分税制财政管理体制改革以来地方"收支倒挂"问题凸显，"权能一致"既是强调充实地方财政收入，转换维度亦可得出适当增加中央事权的妥适进路。

事权本就具有"权力-职责"两面一体的属性，权责同构是优化政府间财政事权划分的现实约束。纵观世界发展趋势，政府早已由"守夜人"式的

"小政府"发展成"管家型"的"大政府",政府职责已基本涵盖政府事权范畴,二者具有一定程度的同一性。但其间政府间财政关系发生了巨大变化,事权划分亦面临历史惯性与现实运行的矛盾,诸多问题随之产生:地方政府过度依赖中央或高层级政府的转移支付、省级以下地方政府间事权划分出现职责交叉重叠和职能错位越位现象、事权过重的基层政府只能诉诸非税收入和地方债等法外空间。有鉴于此,只有依据权责一致的原则,理顺央地政府及地方各级政府之间的事权范畴,才能达致权责同构以建立督促事权履行的长效机制。本书的一个重要任务正在于从权责同构和权能一致的角度思索事权配置之道。

当然,绝对的权能一致和权责同构既不可能,也不可欲:一方面,财政资源的有限性和社会需求的持续增长,决定了完全的权能一致几乎是不可能实现的,即便成功实现,也容易导致中央政府沦为单纯的资源输送工具而丧失资源分配功能;另一方面,尽管权责同构应是常态,但面对特殊情事,代履行事权的现象难免发生。例如,虽然从外部性出发,三江源国家公园应由中央政府管理,但考虑到信息复杂性等因素,中央政府委托青海省政府代为行使管理权。① 由此出发,如何把握权能一致与权责同构的限度,便成为具有重大学术价值的问题。本书在探讨各项事权应如何配置时,经常要开展的工作便是考量如何调谐特殊情事与权责同构、权能一致的紧张关系,这对于实践亦有一定指引价值。

三者,勾勒事权划分及其配套机制的立法"路线图",为制定《财政收支划分法》《财政转移支付法》乃至《财政法》,修改《预算法》提供智识支撑。

各级政府事权规范化、法律化,符合中央改革文件的精神。从法律层面进行事权划分,全方位关注收支划分、转移支付、预算约束等不同层面的制度,有利于事权划分法律制度的完善、配套制度的健全,建立符合逻辑的"路线图",是本书希望能达到的目标。

于法律层面划分财政事权,考量其不同类型,具体配置方式可概括为"三级三类"。"三级"包含中央专属事权、地方专属事权和央地共同事权,

---

① 丁姿、王喆:《生态安全观视域下国家公园管理体制改革问题研究》,载《青海社会科学》2021年第2期,第32页。

央地专属事权的划分需结合上文所述的划分依据，而于共同事权而言，公共利益的考量尤为重要；"三级"具体区分为"中央-省-市县"三级政府，针对分税制财政管理体制改革方案中对省级以下事权规定的缺失，强调对市县事权的关注，有利于弥补现今财政体制之缺失，勾勒出事权制度的运行机制。

在机制方面，针对现今"谁买单"不明确的混乱状态，本书认为其缘由之一在于未厘清"财"的关系，相应提出因"事"设"财"的可行路径，具体表现为常态下的事权与财力相匹配和非常时期规范化的转移支付。同时提出要依"事权"划分"收入机制"，通过揭示现今央地税收收入分配的不合理之处，强调要适当充实地方财源。总括起来，只有兼顾"收""支"两维度的资金分配，方可有效发挥各级政府的事权。

单纯在法律层面明晰财政事权的划分格局仍不足以保证制度的高效运行，通过预算机制督促并且约束各级政府承担起配属自己的各项事权，是财政法体系中颇为重要的制度安排。法律抽象地授予各级政府以相应事权，而各级政府通过预算编制和执行具体实施权力并履行职责。预算硬约束是使前述预算机制发挥效用的关键，而这不能仅靠一部《预算法》，尚需要整体性的财税体制改革和财税法治建设作为支撑。有鉴于此，提供人大监督的政治化路径、公众参与的社会化路径和诉权赋予的司法化道路，三条进路汇合至预算制度的体系化构建，形塑实质可行的财政事权划分和履行制度，应该是当前和今后一个时期我国需要重点考量的改进方向。适时制定《财政收支划分法》《财政转移支付法》乃至《财政法》，及时修改《预算法》，正是整章建制的题中应有之义，本书的研究在一定程度上有助于为这些法律的制定和修改作出学理方面的贡献。

第三节　主　要　观　点

当下我国进行财税改革、建构法治财税的关键之举在于推动政府间事权的法律化以及规范化。本书试图从事权划分的经济标准和法律标准出发，理清事权划分的核心任务和基本思路，找寻财政事权划分的配套保障和督促机制，从制度举措和重难点突破，建构财政事权划分的指标体系、制度体系和法治体系。通过对政府间事权划分的法治路径研究，得出以下主要观点：

第一，政府间财政关系的重要面向是事权划分，事权配置清晰合理，财政收入划分以及财政转移支付的规范化才能有的放矢。现阶段，我国对于政府间事权划分的规定不尽合理，若干应由中央负责的事务下放给地方来处理，一部分属于地方管理的事项却赋予中央更多的处置权限。区分层级来看，中央政府事权不充实，履行不到位，更多以指导和监管的角色来领导下级；省级政府在公共服务提供中的角色也较为模糊，对于配置给地方政府承担的事权，省级政府承担不够；而较低层级的地方政府在公共支出上"超负"，这种状况与中央政府、省级政府事权承担不够有着较大关联。此外，财政事权府际配置不清晰，也是当前存在的很突出的问题。在许多领域，各级政府承担的财政事权颇相近似，这由行政性分权模式所引致，在实践中易造成事权下沉的后果。以应急管理领域为例，事权同质化导致应急管理事权的划分模糊，难以形成有效的应急管理机制，发生突发事件时，各级政府往往只能通过设立临时指挥部的方式调动人员和资源。① 本书在第六章还会更为细致地论述这方面问题。

第二，政府间财政事权的划分必须遵循法治路径展开，要建构以核心法律为主、辅以相关法律作支撑的完整体系，适时重启《财政收支划分法》《财政转移支付法》的制定进程。法治化不仅要求政府间事权划分有法可依，还要求法定之事权配置符合以公共产品理论为中心的经济标准和彰显公平正义、利益均衡的法律标准。我国当前仍没有出台一部专门针对政府事权划分的法律法规，大多数关于文化、体育、教育、科技等领域的事权划分是通过"一事一议"的方式，在某些制度规范中有涉及相关问题，但十分零散且主要是关于经费保障的规定。至于实质层面的事权划分格局，与应然标准不合之处亦不鲜见。

针对前述状况，首先要考虑在下一次修改宪法时，增加关于政府间事权划分原则、程序的条款，使得政府间事权划分在宪法的高度上得以确定。其次，制定直接调整政府间事权划分的法律，重启《财政收支划分法》《财政转移支付法》的制定进程，对中央和地方各级政府的单独事权、共同事权和特殊情形下的委托事权加以界定，明晰各级政府所担负的事权与支出职责，明确政府间财政关系，建构涵摄财政收支划分和转移支付的财政分级管理法律

① 陈体贵：《突发事件中事权与支出责任的法律配置》，载《地方财政研究》2020年第4期，第56页。

体系。同时，修订包含预算法在内的其他相关法律，使与财政事权划分相关的各部法律在体系上兼容协调，并合乎宪法意旨。

第三，政府间财政事权划分应当遵循经济原则和法律原则，经济原则包括外部性、信息复杂性、激励相容，法律原则的核心诉求是立法内容的明确、同质化职权界定的破除。本书基于理论与实践，进一步提出三项经济原则的具体要求。一是外部性原则，也即受益范围原则，这是进行事权划分的根本原则。一项公共产品或公共服务的外部性越强，就越应交由上级政府来提供该公共产品或公共服务，即在进行政府间财政事权划分时，要根据政府层级来确定，提供各项公共服务应交由提供公共服务时成本和效益内部化的最小地域区划的政府负责。二是信息复杂性原则，这是在各级政府间划分财政事权的关键。做一件事所需要的信息越是复杂，做事过程中就越有可能出现信息不对称的现象，这时由相对较低层级的政府来负担该项事权便是较为合理的选择。这是因为，较低层级的政府贴近一线，对信息的掌握通常更为充分，信息不对称的程度相对较轻。至于具有全局性、宏观性的事务，所需信息的复杂程度其实是比较低的，故而不妨交由更高层级的政府乃至中央政府来处置。若一项财政事权的外部性和信息复杂程度都较高或者较低，以致此二原则导向的事权归属可能存在抵牾时，便可依托激励相容原则进行裁断。财政事权的外部性和信息复杂程度都较高时，事权本身可以划归地方政府，但支出责任需要由中央政府来负担，即中央买单、地方做事，中央政府借助转移支付、事后补助、定向购买等手段承担支出责任，因为如此一来，中央和地方的两个积极性都可得到调动。反之，当某一事权的外部性和信息复杂程度都较低时，该事权和支出责任都应交由地方政府来承担。

在法律原则的部分，由于我国宪法对于政府间事权划分只进行了粗略的原则性表达，并没有进行系统明确的设计安排，故而中央政府在央地财政事权划分和调整的过程中具有较大的自主权。同时，我国央地财政事权划分尚未构建起体系化的法律制度框架，政府间职责划分零散分布于部门规章和文件中，地方性法规和地方政府规章对相关问题的规定因而具有一定的不确定性，也即其关于辖区内事权划分之范围、程序、内容的规定可能因中央层级规则的调整而不得不相应作出修改。显而易见的是，该状况不利于各级政府形成稳定的预期，有削弱履职积极性的风险。有鉴于此，在进行政府间事权划分的过程中要力求立法内容的明确性和确定性，避免出现职责划分重叠现象，破除职权界定同质化的流弊，协调政府行使职权时的效率和公平。把公平正义作和利益均衡作为核心来提炼事权划分的法律标准，从而建构起"形式法定-实质法定"的二元结构。

第四，中央政府应适当集中事权，并着力建设、完善事权执行的协调机制、监督机制与问责机制，保证财政事权划分与运行始终在法治轨道运行。政府间事权划分法治化是系统工程，是涵摄"定事权-划分收入-转移支付-监督问责"的完整谱系。相比于世界上的发达国家，我国中央政府的事权范围偏小，地方政府承担的事权相应较重。这在相当程度上削弱了事权履行的质效。对此，我国中央政府应强化主导控制作用，进行统筹规划，适当集中财政事权，以更有力地促进区域协调发展。同时，在事权执行的过程中，各级政府、同一层级不同地区或部门之间难免会就事权归属产生争议，当争议发生时，较为理想的协调机制应当内嵌于行政体系，上下级行政机关之间存在管理-服从关系，中央政府作为行政体系内部位阶最高、也最具权威性的主体，必须扮演起更加重要的角色。同样由中央政府的这层身份出发，其对于事权执行之监督机制和问责机制的建立和有效运行，亦担负有不可推卸的重责大任。

第四节　研究方法

正确合理划分政府间的财政事权关系，对于加强中央事权和理顺共同事权、规范央地政府行为，建立各级政府正确履行事权的长效机制以及相配套的法律制度，有着重要的理论价值和现实意义。本书主要采用规范分析法、历史分析法、比较分析法、价值分析法以及实证分析法对政府间财政事权划分的法治路径进行研究，以期对我国财政事权划分的法治化体系建设添砖加瓦。

第一，规范分析法是本书的重要研究方法，在大量检索、仔细甄别、目的性筛选的基础之上，对财政事权划分理论体系形成了系统性认识，为本书的研究提供了理论支撑。鉴于财政学和法学的长足发展为央地政府事权划分法治化体系构建奠定了坚实的理论基础，本书理论分析部分尤其重视对财政学、财税法学、宪法学以及政策性文件的分析。通过对财政分权基础理论的整理，本书运用公共产品分层理论、信息偏好理论对事权划分出现的必要性和合理性在财政学层面对政府事权划分作出相应解释。其次，以宪法规范为起点，以调整央地关系的"主动性"和"积极性"基本原则为基石，对我国现行事权划分的现状作出评价，为提出建设性意见提供支撑性理论。再者，对十八届三中全会《中共中央关于全面深化改革若干重大问题的决定》、十八届四中全会《中共中央关于全面推进依法治国若干重大问题的决定》以及《深化财税体制改革总体方案》、十九届四中全会《中共中央关于坚持和完善中国特色社会主义制度、推进国家治理体系和治理能力现代化若干重大问题的决定》进行文本性梳理，强调我国推进各级政府事权规范化、法律化任务的迫切性。规范性分析是本书研究的基本应用，其根本目的就在于为文章的主体性观点提供规范性依据。

第二，本书着眼于探索央地政府间财政事权划分的法治路径，而为达致该目标，必须清楚了解财政事权划分的格局"何以至此"以及"将往何处去"。这就必然需要运用历史分析的方法，梳理我国政府间财政事权划分的演进历程，提炼其基本规律和重要阶段特征。在此基础上，借助对历史现象的梳理和对其成因的分析，进一步把握现阶段事权划分的困境因素，并思索突围之道，以收"知古鉴今"之效。央地政府事权划分是整个财税体制的枢纽，且与人民福祉息息相关，更应以一个全面的历史视角看待问题，分析历史成因、找出现实不足、转变划分思路、力求有效解决，这也能为其他研究方法的运用奠定基础。

第三，探索财政事权划分法治化的中国道路需要有比较的视角。比较分析法不仅可以为人们广泛了解各国事权划分体系提供一个广阔的视野，从而能够在对比中更加深入地理解中国的划分格局，而且，比较分析的方法也为我国财政事权法治化提供了可资借鉴的制度资源。目前，我国央地政府间财政事权划分的标准模糊、界限不清，导致事权下压、权责不清、权能不一等一系列现实问题，其不仅阻碍了财税体制改革的进步，也影响着市场经济制度的健全。因此，本书对西方代表性国家的事权划分特点进行了对比性分析，尽管各国事权划分与各国经济发展水平、政治制度、历史文化与法治传统紧密相关，但仍可以归纳出若干共性特征，例如，事权划分多在宪法层面予以明确。在开展比较研究的过程中，本书注重结合我国现实国情，贯彻"求同存异"的理念。毕竟，在政府间财政关系乃至整个政府间关系的意义上，我国不仅同美国、德国等联邦制国家存在根本区别，即便是和日本等单一制国家相比，疆域广阔、民族众多和各地区经济社会发展不平衡不充分等因素也是较具独特性的。故此，他国的财政事权划分经验，仅能起参酌之用，不能直接照搬。

第四，价值分析的方法也是本书研究过程中所较为倚重的研究方法。优化政府间事权划分，不仅是建设现代财政制度的题中应有之义，更是推进国家治理体系和治理能力现代化的必然要求，是事关国家治理层面的全局性问题。前文已指出，财政事权的划分标准包括经济标准和法律标准，经济标准所导出的事权划分格局需经法律标准检验和矫正方可得以适用。因此，法价值是财政事权划分的最后防线，其中秩序与公正尤为重要，具体而言，不仅财政事权的初次分配要彰显公正，后续的事权执行更要体现秩序等法价值。请试想，若事权划分出现职权越位、责任缺位等非正常现象，怎能实现事权界定清晰合理？又如何实现秩序正义？因此，本书的各部分研究都有意识地通过价值分析，基于公平正义等法价值评价现行事权划分格局，并为制度优化指引方向。

第五，本书在对我国财政事权划分格局进行评价，并针对特定事权的划分状况作个案分析时，较多运用实证分析的研究方法。前文已述及，我国当前在划分各领域财政事权时，法治化、规范化的程度有限，其另一面就是，大量的政策文件充斥其间。姑且不论该状况是否合乎形式合法性的要求，至少有一点是确定的，也即如欲准确把握相关领域事权划分的状况，并对其存在的问题有充分认知，力求全面地梳理这些政策文件是十分必要的。故此，本书在研究过程中特别重视开展这方面的工作。运用实证分析，将理论分析结论与现实状况结合起来，形成一个动态的分析过程，以求相互印证，进一步确保理论分析的准确性，增强课题研究的现实性。除此以外，本书研究也有通过调研、访谈等方法掌握一手资料，从微观角度切入以与我国政府间财政事权划分的宏观格局精准接轨，了解公共卫生、体育等领域事权划分存在的突出问题，进而强化对策建议的完整性和针对性。概言之，理论分析为实证分析提供方向，同时实证分析又借助相关理论继续向前推进，二者是相辅相成、互为补充的关系。

第五节　重点难点

国务院在 2016 年 8 月 16 日下发《关于推进中央与地方财政事权和支出

责任划分改革的指导意见》（国发〔2016〕49号），其指出要"形成中央与地方财政事权的清晰框架并推动形成科学合理的法律规范体系"。根据该顶层设计文件，结合我国现行财政事权划分的实际情况，本书认为，在政府间财政事权法治化的进程中，重点是建构财政事权划分的指标体系、制度体系和法治体系；难点是妥善处理广义事权与狭义事权、形式法定与实质法定、保障机制与督促机制、静态配置与动态调整这四组关系。这既是实践中的重点难点，同时也是本书研究的重点难点。

一、重点

建构财政事权划分的指标体系。我国政府间财政事权的划分，总体上呈现出一种"剪不断、理还乱"的关系。纵向维度财政级次较多、横向维度区域发展不均衡的现实状况，本就增加了划分事权时的难度，加之此间不同层级政府各有自身的利益诉求和考量，导致现行的中央与地方财政事权划分存在不同程度的不清晰、不规范、不合理等问题。为从根本上解决前述问题，建构一套在形式上稳定、实质上有助于实现事权与支出责任相适应的事权划分指标体系，用以指导财政事权划分格局的调整，应当是值得追求的目标。本书致力于将事权划分经济标准与法律标准具体化，形成更具可操作性的指标，并将其应用到具体领域的事权划分，也以此来检验指标的合理性。

完善财政事权划分的制度体系。基于Roy Bahl的财政分权理论及其十二条原则，本书认为，优化政府间财政事权划分的出发点是参照国家现阶段的政府治理现实，合理界定政府与市场的关系，这便要求政府为应为之事务、弃不应为之事务。同时，在综合考量公共职能的范围、公共服务的差异效果以及规模效应等因素的基础上逐步明确中央及地方各级政府的事权范围。满足前述条件的事权划分制度，可以使地方政府在面临市场资源充分自由流动和"用脚投票"的冲击时依然能维持良性竞争，以及最大限度地促进社会经济增长、优化社会治理效果。检视现有财政立法可知，我国虽已逐步明确政府间财政事权划分格局，但与建构完善的财政事权划分制度体系仍有一定距离：其一，立法尚未完全覆盖所有的事权领域，如有关民族地区事权的划分规则仍付之阙如；其二，现有立法所形成的事权划分格局总体上是面向"常态"的，当面对"非常态"事件（如承办国际体育赛事）时，前述格局应作何调整？对此尚未有系统性的规定；其三，横向转移支付（如对口支援、生态横向补偿）的资金分配方式，多是一事一议，缺乏如《中央对地方均衡性转移支付办法》这样的统一制度规范。①因此，本书将着重探讨政府承担财政事权的合理范围、事权调整机制的构建以及相关转移支付体系的规范化。

建构财政事权划分的协调监督体系。Oates 关于财政分级制度的经典研究（*Fiscal Federalism*）证明了在财政联邦制的事权划分体制下，普遍存在的现实状况是"事权上握，事责下放"，由此导致权责异构，且中央与地方出现职责交叉。权责异构本就有违事权与支出责任相适应的基本理念，职责交叉更是加剧了事权划分不具体、不明确、不清晰、难监督的问题，普遍存在的"中央请客、地方买单"现象很大程度上便是根源于此。为合理解决此类问题，应当明确财政事权划分争议解决机制，明确委托行使财政事权的原则、范围、程序和责任，减少争议，探索建立跨区域共同事权的协调机制、委托其他政府承担支出责任的规范机制、政府间事权争议的处理机制和不履行或不当履行事权时的问责机制，确保事权划分、调整和履行的全过程在法治轨道运行。本书将重点探讨应如何正确地理解"权责同构"，并以此为基础，在各细分领域尝试提出前述协调与监督机制的具体构建方案。

二、难点

广义事权与狭义事权的界分。事权的概念有广义与狭义之分。广义事权是包括立法、行政和司法的三维事权，而狭义事权则特指行政事权，即各级政府及其部门依法承担的提供相关公共产品和公共服务的任务和职责。在通常情况下，我国的制度规范和政策文件多是在狭义上表述事权，有时也会使用"财政事权"②的措辞，但所指向的都是行政事权。本书在研究过程中也依循这一通行做法，在狭义上使用"事权"概念，亦有使用"财政事权"措辞。但这里存在一个较为繁难的问题，也即对事权的界分非如楚河汉界般分明，举例言之，当北京市政府为举办北京奥运会而履行承办事权时，其不仅

---

① 针对这些问题，本书在后续研究中均有专章论及。

② 这一措辞实际上揭示出各级政府及其部门所承担的事权系由财政资金应供的基本特征。

享有所谓的"行政事权"或曰"财政事权"，同样也享有某些立法方面的权限，如不将这部分因素考量在内，势必难以对事权划分形成完整、全面的认知。造成此种现象的原因主要是，在具体的事权领域内，有关履权内容与程序的立法普遍存在系统性缺失，这使得各级政府为了能行政必须先立法。对此，本书只能尽量通过优化表述的方式界分广义事权和狭义事权。

形式法定与实质法定的关系。法治化要求事权划分标准必须同时满足形式法定和实质法定。形式法定主要表现在宪法规定基本原则、法律配置事权、预算具体授权三个方面；实质法定是指事权划分的结果要符合财政法原则与社会经济现实，能够促进公民基本权利的消极保障和积极实现。总体上讲，合理的事权划分不仅要求政府间财政事权的划分需要有法可依，还要求法定之事权配置符合以公共产品理论为中心的经济标准和彰显公平正义、利益均衡的法律标准。公平正义、利益均衡是较为模糊的衡量标准，只有将其转化为具体、可操作的指标，并以法律的形式固定下来，才能最大限度地融合形式法定与实质法定，但如何构建具体指标，则属于研究难点。

保障机制与督促机制的建立。作为法律体系运行保证的保障机制和监督机制，是构建法治体系的重要内容，也是习近平法治思想中"全面推进依法治国"的题中应有之义。针对政府间财政事权划分，在为各级政府配备充足财力使之得以履行法定事权的同时，为解决财政事权与支出责任不相适应、政府随意转嫁支出责任或不作为等问题，在着力构建权能一致之法律体系的基础上，亦须以"权责同构"为目标，建立相应的保障机制与督促机制。然而，应如何理解权能一致和权责同构，换言之，应在多大程度上实现权能一致和权责同构仍是有待深入研究的难题。

静态配置和动态调整的调谐。在为政府间财政事权划分所构建的规范体系中，绝大部分内容属于静态配置的范畴。其以明确重要事权的初次配置为主要内容，以法治思想、基本原则来指引财政事权划分的现实路径，从而构建规范体系的基础。为与社会经济发展状况相适应，财政事权划分的规范体系也要为委托行使事权、事权调整、纠纷处置等特殊情事预先设定规制原则，以避免机械、僵化的事权配置格局不敷实践需要。然而，哪些具体事权属于可动态调整的范围？对于静态配置的偏低又应被限制在何种程度、以免破坏静态配置和动态调整之间的协调关系？这些都是无法"一言以蔽之"的难点，需要在研究过程中予以突破。

第六节　创新点与不足之处

本书通过研究，实现了某些创新，但不足之处也仍然存在。

一、可能的创新点

本书可能有所创新之处包括如下四个方面。

一是研究视角的创新。学界关于政府间财政事权划分的研究虽然并不鲜见，但更多是从经济学角度切入的，基于法学视角的分析相对较少。有鉴于此，本书研究侧重从法学角度切入，注重运用法学的分析工具和研究范式探讨财政事权议题。当然，在此过程中也有兼顾经济学视角。

二是研究内容的创新。从宏观上看，我国财税法学研究在近年来发展迅猛，但整体上呈现"冷热不均"的态势，税法研究的热度颇高，财政法研究则相形见绌。本书系统关注财政法的一个侧面，某种程度上或许具有"补短板"的功用。微观上讲，本书对许多具体领域财政事权配置的研究，是相对较为新颖的，比如关于体育赛事承办事权、应急管理事权的探讨即如是。

三是研究方法的创新。本书在研究过程中特别重视紧密依托制度实践，在研究各重点领域事权划分时，都注重对该领域的政策文件及其实践状况进行全方位梳理，这使得整个研究过程及其得出的结论建立在扎实、可靠的基础之上。同时，本书研究在运用比较分析法时，有意识地采取"沉浸式分析"的做法，嵌入特定语境展开论述，既注意"求同"，也强调"尊异"，此即重视不同国家在制度环境上的差异性，以此作为考量我国应否以及如何借鉴他国经验时的基本立足点。

四是研究结论的创新。本书关于财政事权划分原理的论述，特别是其中针对经济原则和法律原则关系的解读，以及对各具体领域财政事权划分格局该当如何完善的阐述，有不少是既有研究未有涉及的，可能具有一定的理论创新价值，此外，诸如公共卫生事权划分、环境治理事权划分之类的研究有着较强的现实关怀和问题导向，对相关领域正在进行中的政府间财政事权划分改革或许也有所助益。

二、仍然存在的不足之处

虽然在研究过程中付出了相当程度的努力，但是囿于笔者研究能力的局限性，本书研究仍然存在诸多不足，择其要者有三。

其一，对重点领域的研讨还不够全面，除本书第三至八章所涉及的各领域外，还有不少领域的财政事权划分也值得检视。此外，随着社会经济的发展，新的领域、新的问题也会不断产生，后续研究对此需要保有足够的敏感。

其二，部分研究过程及其结论可能存在理论和实践结合不够紧密的问题，比如对于事权划分争议的处理机制，除依托政策文件了解现实状况外，深入实践掌握一手资料是更为重要的，唯如此才能对现况有全面而准确的认知，本书研究在这部分还比较薄弱，进而诱发理论和实践联系不紧的问题。

其三，对域外制度实践的考察主要是选择性的，还不够全面，嵌入域外制度规则所处的语境中作深度考察的工作也还不够，这对于比较研究的功效有所削弱。

针对以上不足之处，笔者将在下阶段的研究中予以补足。

第一章 我国财政事权划分的历史演进

历史地看，我国政府间财政事权的划分经历了多个发展阶段，整体上可将之区分为改革开放以前、包干制时期、分税制财政管理体制改革时期和建立现代财政制度时期这四个阶段。每一时期呈现出的样貌和规律各不相同，但贯穿始终的是采取经验法或曰试错法，在不断总结历史经验的基础上改进和完善财政事权划分方案①，朝向理想的财政事权划分格局不断迫近。

第一节 改革开放以前财政事权划分历程概览

中华人民共和国成立初期，为尽快稳定局面并且恢复经济，在各方面集中权力成为不二的选择，财政领域自然也不例外。中央政府通过颁布《中央金库条例》《关于统一国家财政经济工作的决定》《关于统一管理1950年度财政收支的决定》等规范性文件，严格限制地方政府的财政管理权，规定"凡一切国家财政收入，均须由经收机关照规定期限全部缴纳同级金库，除有特别规定者外不得坐支抵解及自行保管""一切财政收支项目、收支程序均由中央统一制定"。依上述规定，财政事权高度集中在中央政府，地方政府至多只是在中央统一领导下承担某些支出责任。

1951年，政务院发布《关于一九五一年度财政收支系统划分的决定》《国营工业生产建设的决定》《划分中央与地方在财政经济工作上管理职权的决定》等规范性文件，规定"在继续保持国家财政经济工作统一领导、统一计划和统一管理的原则下，把一部分适宜地方政府管理的职权交给地方政

---

① 参见杨志勇：《中央和地方财政事权划分思路的转变：历史与比较的视角》，载《财政研究》2016年第9期，第2~10页。

府①", 在"统一领导、分级负责"方针的指导下, 实行中央级财政、大行政区级财政、省（市）财政的三级财政体制, 并规定"专署及县（市）的财政, 列入省财政内。县（市）所属的乡村财政, 单独编造预算, 不列入省财政预算内"。这实际上在明确财政体制由三个层级组成的同时, 确立了四级预算单位, 也即中央级、大行政区级、省（市）级（包括专署及县（市））、县（市）所属的乡村。据此, 相应层级的地方政府也初步获得财政法意义上的主体资格, 高度集中的财政管理体制开始有所松动。同年3月31日, 政务院下发《关于进一步整理城市地方财政的决定》并规定"鼓励地方政府发展生产、经营相关企业, 为地方政府尤其是市级政府的财政收入提供可靠保证"。② 该决定体现出对地方承担一定事权的认可乃至鼓励。此时期, 虽然财政事项的决策权仍归中央享有, 地方财政管理须在中央的统一领导、计划以及管理下进行, 但财政事权在各级政府间进行划分的趋势逐步显现, 比如前述决定中即特别强调, "应努力去组织市营企业, 以便逐步从生产收入中解决市财政问题", 这里面显然有要求地方政府承担相应事权（组织市营企业）的意味。

1953—1966年, 我国政府间财政体制迭经调整, 但总体上是朝向"权力下放"的方向发展。1953年, 我国开始实施财政分成制度, 按照分类分成、总额分成和增收分成的模式,③ 将不同事权的支出责任分别配置给中央和地方政府, 进而采取"以支定收"的方式确定地方收入, 由此打破了中央统收统支的局面。同时, 对于地方财力有限而导致的资金缺口, 中央还赋予地方一定财权, 推动地方自食其力, 以地方收入满足地方支出。1956年, 毛泽东在中央政治局扩大会议上做了《论十大关系》的讲话, 其中提出要发挥中央和地方两个积极性, 通过促进地方的积极性, 推动经济更好更快发展。同年, 陈云在中共八大上提出"建立分级管理计划体制""局部性指标由地方自行安排, 国家只从大的方面加以筹划"的观点, 进一步肯定了地方承担相对独立

---

① 参见薄一波：《若干重大决策与事件的回顾》, 中共党史出版社2008年版, 第61页。

② 司法部：《中华人民共和国法规汇编（1949—1952）》第1卷, 中国法制出版社2014年版, 第356页。

③ 参见党秀云、彭晓祎：《我国基本公共服务供给中的中央与地方事权关系探析》, 载《行政论坛》2018年第2期, 第51页。

之事权的改革方向。翌年，《关于改进财政管理体制的规定》《关于改进工业
管理体制的规定》《关于改进商业管理体制的规定》等一系列文件的出台，更
加鲜明地体现了中央下放财政权力的意图，这些文件中诸如"地方结余可自
行安排使用""地方附加收入可另行管理不纳入预算""基本建设所需资金可
在审核基础上由中央拨款与本地方收入共同投入""扩大地方的工业管理权
限、人事管理权限以及物资分配权限""增加中央下放企业的地方留存利润、
农副产品及工业品等适当给予地方价格决定权""收购及销售计划给予地方机
动决定权"之类的表述，都具有扩大地方财政权力的意涵。及至1958年，我
国地方政府开始实行"以收定支，五年不变"的财政收支划分方式，通过对
地方收入进行分类列举，① 进一步扩大地方财政收支权限②。然而，简单、过
快地下放权力，也诱发了某些消极影响。由于彼时对综合平衡和监督控制的
重视不够，不仅使得中央调控能力大幅降低，还导致财政管理关系混乱，比
如中央财政预算便出现了"假结余，真赤字"的现象。其后，中央意识到权
力下放过度的弊端，开始在一定程度上收回权力。1960年，中共中央在转批
财政部党组《关于改进财政体制、加强财政管理的报告》时指出，中央到地
方实行上下一本账，坚持"全国一盘棋"，并将1958年施行的"以收定支、
五年不变"改为"定收定支、收支挂钩、总额分成、一年一变"。随后，通过
1961年的《中共中央关于调整管理体制的若干暂行规定》《关于改进财政体
制、加强财政管理的报告》、1962年的《关于严格控制财政管理的决定》等
文件，将国家财政权限重新集中于中央、大区和省（市、自治区）三级，缩
小专区、县、公社的权力，并且加强了各部门、各单位的经济核算和财务
管理。

　　但在1966年以后，国家财政经济状况极大地受到外部环境的影响，财政
管理呈现出集权、放权交替的态势。概括地讲，这一时期的财政管理思路和
方针从1966年至1967年的"收支挂钩、总额分成"，到1968年的"统收统
支"，到1969年至1970年的"收支挂钩、总额分成、一年一定"，再到1971
年的"定收定支、收支包干、保证上缴、结余留用、一年一定"，变化频繁，

───────────

　　① 　地方财政收入包括地方固定收入、企业分成收入、调剂分成收入。
　　② 　事实上，1951年开始向地方下放财政权力时便已经通过了一系列文件，但是大规
模、制度性地向地方下放财政权力则是始于1958年。

不过总的方向是集中财力和事权。转折点发生在 1970 年，当年举行的全国计划经济工作会议展开对于"条条专政"的批判以及对"块块专政"的倡导，[1] 促使财政权力适当下放再次成为主流。同年，国务院发布的《关于国务院工业交通各部直属企业下放地方管理的通知（草案）》《关于实行财政收支包干的通知》等文件，进一步明确下放财权的精神。1975 年，财政部公布《关于整顿财政金融的意见》，正式确定了国家财政继续实行"统一领导、分级管理"的原则，央地财政分权的基本要求由此得以明确。

总体而言，中华人民共和国成立后至改革开放前，我国财政事权的府际划分在规范性方面较为不足。不同层级政府承担不同财政事权的实践虽然业已开展，但具体哪些事权由何级政府承担，随意性较强，稳定性不够。整体上看，中央政府掌握的财政权力较大，地方财政自主权不足，也是客观存在的状况。更重要的是，由于财政管理体制的科学性、体系性缺失，中央政府和地方政府之间始终未能建立规范的财政事权关系，财政事权划分也常常陷入"一收就死，一放就乱"的怪圈。

第二节　财政包干制时期财政事权划分的规律与特点

改革开放以后，我国最先在财政领域推行的是财政包干体制，其时间起点可追溯至 1979 年。若是将 1994 年开始的分税制财政管理体制改革作为下一历史分期的起点，则财政包干制的时间跨度大体可确定为 1979 年至 1993 年。

诚如前文所述，改革开放以前，我国实行以统收统支为主的财政管理体制，其间偶有分权和放权的尝试，但并未进行系统性改革，各级政府享有的财权和财政事权也未在制度规范的层面得以阐明。通常认为，直到 1979 年颁布《地方各级人民代表大会和地方各级人民政府组织法》，"地方各级政府"才初步获得宪法性概念的身份，及至 1982 年《宪法》问世，地方政府享有的财政管理权力方才在根本大法的层面得以确认。[2] 这意味着，传统的集权型财

---

① "条条关系"和"块块关系"都是我国语境中颇具特色的词语。前者关注的是纵向的府际关系，后者指称的是一个区域内部的关系。

② 参见黄君洁、王静雯：《改革开放以来央地财政事权与支出责任划分的演进与展望》，载《财政监督》2018 年第 8 期，第 16 页。

政管理体制即将发生根本性变革，地方层级的财政权力得到加强将成为该时期重要的变革方向。

无论从哪个角度切入观察，我国所推进的改革很重要的任务便是要释放活力，[①] 管得过死显然无助于而是有害于各方面活力的激发和释放。因此，"放权"成为改革之初的重要关键词，国家向社会放权、上级向下级放权、政府向企业放权等均系其题中之义。理解财政领域以包干为特征的改革，必须嵌入这一整体背景方可窥其堂奥。事实上，财政体制改革在1980年业已启动。国务院在当年颁布了《关于实行"划分收支、分级包干"财政管理体制的通知》（国发〔1980〕33号），虽然后世学者更多关注该通知之于央地政府财政收入划分的指标性意义，但从其内容看，对央地政府大致支出范围的厘定，也是很重要的组成部分，而且就规范各级政府事权和支出责任范围而言，此举的进步意义不容小觑。根据该通知，中央政府承担的事权和支出责任主要是基本建设投资，中央企业的流动资金、挖潜改造资金和新产品试制费、地质勘探费、国防战备费、对外援助支出、国家物资储备支出，以及中央级的文教卫生科学事业费，农林、水利、气象等事业费，工业、交通、商业部门的事业费和行政管理费等。地方政府承担的事权和支出责任大体上与之相对应，比如对应中央政府承担的基本建设投资。地方政府相应负担地方的基本建设投资，对应中央政府承担的中央企业的流动资金、挖潜改造资金和新产品试制费，地方政府相应负担地方企业的流动资金、挖潜改造资金和新产品试制费。当然，地方事权和支出责任也有特殊之处，如支援农村人民公社支出、城镇人口下乡经费等部分由地方财政负担。在厘定央地政府收支范围之后，通知才以1979年财政预计执行数为基数，经过适当调整后确定地方财政收支的包干基数，收入大于支出的部分按一定比例上缴。[②] 由此可见，所谓"财政包干"的基础，是对地方政府"应该做多少事"的整体把握，其逻辑前提是承认地方政府在财政体制中相对独立的地位，尤其是通知中分成比例

---

① 改革开放之初，政界和理论界对"可供借鉴"的体制模式提出了三种方案，分别是"市场社会主义"模式、政府主导的市场经济模式和自由市场经济模式。但无论是哪一种方案，都旨在为经济发展提供更多活力。参见吴敬琏：《中国经济改革进程》，中国大百科全书出版社2018年版，第31～33页。

② 参见倪红日：《改革开放以来中央与地方财政关系的演进与展望》，载《经济纵横》2018年第6期，第32页。

或补助数额"原则上 5 年不变","地方多收了可以多支出"之语突出反映了地方政府在该体制下的主动性。应当说,中央和地方的收支范围划分,一定程度上解决了原先经济权力过于集中的问题,也激发了地方和企业的积极性和活力。

这一时期,政府和市场的分野并不清晰。受到财政包干制的激励,地方政府往往将企业视为地方政府的财源,因此其承担财政事权时更加倾向于投资、管理地方营利性企业,而相对忽视了提供公共产品。事实上,就配置资源和微观经营而言,市场机制相较于政府主导,能够发挥更为基础性、决定性的作用,地方政府对企业过多的干预和关照,反而可能导致企业经营效益下滑。

延至1984年,经济体制改革初见成效,第二步"利改税"也基本完成。在税收收入逐渐成为财政收入主体部分的新形势下,国务院于次年发布了《关于实行"划分税种、核定收支、分级包干"财政管理体制的规定的通知》(国发〔1985〕42 号),根据"利改税"完成后的税种设置状况,在收入维度界定了中央财政固定收入、地方财政固定收入、中央和地方财政共享收入,在支出维度则是仍然按照隶属关系划分了中央和地方的财政事权和支出责任。同1979年的通知相比较,1985年的通知主要在财政收入划分的层面作了较大调整,而且从中也能看到,将不同税种的收入分别划归央地政府,并非如许多人所认为的那样,始于1994年的分税制财政管理体制改革;但在支出划分的部分,则与过往无明显区别。不过值得注意的是,1985年的这份文件强调"进一步明确各级财政的权利和责任,做到权责结合",权责同构的理念于此得以呈现。

1988年,国务院发布的《关于地方实行财政包干办法的决定》(国发〔1988〕50 号)规定,进一步实行"大包干",以放权让利为主线推行新的财政包干办法,形成"多种形式包干"的财政体制,包括"收入递增包干""总额分成""总额分成加增长分成""上解额递增包干""定额上解""定额补助"六种包干办法。综观此六种方法,"基数加增长"可以说是主要的计算思路,这使得各级政府较之过去将更加注重财政收入的增量问题。同时,就增量部分而言,地方能够分享较大比重,比如根据该决定,北京、河北、辽宁、浙江、河南等省级单位分别能分到增量部分的 50%、70%、58.25%、61.47%、80%,而且财政收入递增率实际上也有限定,如上述五个省级单位的递增率分别被确定为 4%、4.5%、3.5%、6.5% 和 5%，"超过递增率的收入，全部留给地方"的政策就极大地激发了地方发展经济以增益财政收入的热情。该决定虽未过多地直接言及财政事权，但由于地方政府的财力在此一时期得到快速提升，其发展经济的动力亦大为增强，在各地经济特区、开发区、高新技术开发区和高新技术产业园的建设过程中，地方政府承担的财政事权实际上显著扩增。

在财政包干体制下，虽然未明确财权、财力、财政事权、支出责任等概念，但由原先中央与地方财政"共吃一锅饭"改为"分灶吃饭"，在坚持"统一领导、分级管理"和责权利相结合的前提下，将一部分财权和财政事权下沉到地方，通过对财权和财力分配的调整，强化了地方因地制宜、统筹规划地区经济社会建设的能力，为各地经济发展增添了动力，也因而带动各级地方政府财政收入的增长。① 然而，随着经济发展和改革的深入，财政包干制的弊端也日渐显现，如中央财政困难、宏观调控能力弱化、地方预算外收入大量留存、地方本位主义和地方保护主义突出等问题较为严重。② 财政收入占国民收入以及中央财政收入占财政收入这"两个比重"不足，即是前述问题的集中表现。如果任由其发展，中央政府的权威将大为贬损，"集中力量办大事"的制度优越性很难发挥，甚至可能诱发一系列严重后果。③ 在王绍光、胡鞍钢等学者对其弊端作集中阐述并引起决策层关注后，对于政府间财政体制的系统性改革，已然呼之欲出。

第三节　分税制财政管理体制改革时期财政事权 划分的成就与不足

分税制财政管理体制改革虽是始于 1994 年，但其"胎动"却要早于该时点。1992 年，党的十四大确立了建立社会主义市场经济体制的目标，与之相

---

① 参见谷成：《中国财政分权的轨迹变迁及其演进特征》，载《中国经济史研究》2009 年第 2 期，第 43~51 页。

② 参见马海涛、任强、孙成芳：《改革开放 40 年以来的财税体制改革：回顾与展望》，载《财政研究》2018 年第 12 期，第 4~5 页。

③ 前南斯拉夫的解体有民族、宗教、经济发展失衡、外部势力干预等多重原因，但一般认为其联邦政府对各加盟共和国的管控不力也是其中一个因素。

应，建立适应社会主义市场经济的财税体制，克服了财政包干制的弊端，成为彼时财税体制改革的重要任务。1993 年的十四届三中全会通过了《中共中央关于建立社会主义市场经济体制若干问题的决定》，其中明确提出，把现行地方财政包干制改为在合理划分中央与地方事权基础上的分税制，建立中央税收和地方税收体系，并第一次在中央文件中将事权划分提了出来。① 短短一个月以后，国务院即颁布《关于实行分税制财政管理体制的决定》（国发〔1993〕85 号），② 奠定了其后近二十年我国政府间财政关系的制度框架。

针对此一关乎财政管理体制的根本性改革，正反两方面评价都有，③ 但整体上还是以肯定居多。应当说，分税制财政管理体制改革的"问题导向"是很明确的，其主要目的是划分中央与地方政府的财政收入，在中央与地方政府间建立起规范、稳定的分配关系，增强中央政府的财政汲取能力和宏观调控能力。所以，从该决定的内容看，将收入较为丰沛的税种主要界定为中央税或中央和地方共享税，地方税的种类看似多元，但真正能够贡献稳定财政收入的为数不多。而且，其后诸如 2002 年所得税收入分享体制改革等一系列改革，还进一步提升了中央财政收入的占比。从实践情况看，分税制财政管理体制改革提振中央财力的作用颇为明显，改革前的 1993 年，中央财政收入和地方财政收入的对比是 22%∶78%，在改革后的 1994 年，这一对比关系很快变为 55.7%∶44.3%。④ 不同于财政收入维度变革较大的情状，分税制财政管理体制改革在财政事权划分方面的着墨不多。根据分税制财政管理体制改革的方案，中央财政主要承担国家安全、外交和中央国家机关运转所需经费，调整国民经济结构、协调地区发展、实施宏观调控所必需的支出以及由中央

---

① 参见楼继伟：《坚持现代财政制度主线 完善中央地方财政关系》，载《财政研究》2020 年第 2 期，第 3~8 页。

② 当然，围绕该决定的出台，中央和地方政府间的沟通和协调耗时甚久，开始起草该决定的时点远早于 1993 年 12 月这一时点。

③ 参见熊文钊主编：《大国地方——中央与地方关系法治化研究》，中国政法大学出版社 2012 年版，第 249~252 页；徐阳光：《政府间财政关系法治化研究》，法律出版社 2016 年版，第 24~27 页。

④ 参见姚金武、周震虹：《促进地方财政事权和支出责任相适应》，载《宏观经济管理》2014 年第 10 期，第 45 页。

直接管理的事业发展支出;① 地方财政主要承担本地区政权机关运转所需支出以及本地区经济、事业发展所需支出。② 由此出发，中央政府承担的财政事权可概括为涉外事务、国内公益事业、国内经济调控，地方政府财政事权则包括地方社会公益事业、地方公共事务、地方经济调控。诚如决定在财政事权划分部分所明言的，其主要是"根据现在中央政府与地方政府事权的划分"作出的，肯定并延续既有格局的意涵十分明了。

实际上，分税制财政管理体制改革之前，各级政府承担的财政事权便存在同质化、模糊化的问题，但由于彼时各级地方政府在财政方面的自主权较大，财力也相对更加丰沛一些，是以财政事权同质化、模糊化的消极影响尚不显著。然而，改革以后，财力被更多地集中到中央政府，而在财政事权同质化、模糊化的语境下，鉴于行政体系内部上下级之间领导和被领导的关系，具体的支出责任容易被下沉到地方政府特别是其中的基层政府。如此一来，财政收支不匹配的矛盾就日益凸显出来。加之各地区经济发展水平不尽相同，部分地区可能无法筹措到足够的财力保障地方财政事权有效实施。如对于大多数东部发达地区，通过中央赋予的财权即可组织到履行财政事权所需的财力，而对于某些中西部欠发达地区，因为经济实力薄弱、缺乏丰厚的税源，即便中央政府赋予其相应的财权，地方政府也难以组织到与财政事权相匹配的财力从而履行相应事权。

从更宏观的层面来看，分税制财政管理体制改革导致中央政府、省级政府和其他低层级地方政府之间的财政失衡，财力和财权重心上移，而财政事权和支出责任则层层下移，地方特别是基层财政有入不敷出的风险。就中央政府而言，有实证研究表明其财力自给指数（一般公共预算收入/一般公共预算支出）由 1994 年的 1.6567 增长到 2013 年的 2.9406，③ 收大于支的格局甚

---

① 中央财政支出具体包括：国防费、武装警察经费、外交和援外支出、中央级行政管理费、中央统管的基本建设投资、中央直属企业的技术改造和新产品试制费、地质勘探费、由中央财政安排的支农支出、由中央负担的国内外债务的还本付息支出以及中央本级负担的公检法支出和文化、教育、卫生、科学等各项事业费文出。

② 具体包括地方行政管理费，公检法支出，部分武装警察经费、民兵事业、地方统筹的基本建设投资，地方企业的技术改造和新产品试制费，支农支出、城市维护和建设经费，地方文化、教育、卫生等各项事业费，价格补贴支出以及其他支出。

③ 参见贾康：《财政的扁平化改革和政府间财政事权划分》，载《中共中央党校学报》2007 年第 6 期，第 44 页。

为清晰。就省级政府而言，其财力在分税制财政管理体制改革以后也得到充实，如1994—2000年，省级财力占整体财力的比重从16.8%逐步上升到28.8%。与之形成鲜明对比的是，较低层级政府的财力较为薄弱，但承担的财政事权却并不为少，如"县乡两级政府共同提供庞大而重要的公共服务，我国的义务教育经费78%由乡镇负担，9%左右由县财政负担，省级财政负担11%，中央财政负担不足2%，并且预算内公共卫生支出的55%~60%由县乡财政负担"①。基层政府财力不足而支出负担过重，成为诸多财政事权难以真正落实的重要肇因。

深究之，财政事权下移以至于某些地方政府陷入财政困境，部分源于地方行政管理体制、地方行政晋升体制的缺陷。一方面，"市管县"体制限制了分税制的原生态活力，基层政府获取财力的方式受限，省以下的分税制并没有真正建立起来；另一方面，地方政府官员的政绩考核多以GDP为单一衡量标准，"晋升锦标赛"语境下，为使经济指标尽量"好看"，较高层级的地方政府倾向于将归属本级的财政事权和支出责任分解到下一级政府完成，② 而下级政府在人力、财力和组织架构等方面可能并不具有履行此类财政事权的能力。有鉴于此，分税制财政管理体制改革以后，我国也在财政体制特别是在支出方面尝试了多项改革举措，总的思路是为基层减负。首要的便是推进省以下分税制实践，《国务院批转财政部关于完善省以下财政管理体制有关问题意见的通知》（国发〔2002〕26号）明确要求："凡属省、市（指地级市、州、盟，以下简称市级）政府承担的财政支出，省、市级财政应积极筹措资金加以保障，不得以任何形式转嫁给县、乡财政。省、市级政府委托县、乡政府承办的事务，要足额安排对县、乡财政的专项拨款，不留资金缺口，不得要求县、乡财政安排配套资金。"客观地来说，该通知对于政府间财政事权的规范化，起到了很重要的促进作用。在此基础上，为从根本上消释市级政府将事权转嫁给县级政府的风险因子，我国还推进了"省直管县""扩权强

---

① 参见周波：《"省直管县"改革应重点解决政府间财力与财政事权匹配问题》，载《财政研究》2010年第3期，第50页。

② 参见崔运武：《论我国省以下财政事权与支出责任划分改革的若干问题》，载《上海行政学院学报》2019年第2期，第6页。

县"等改革,① 并且明确要求"市、县不得要求对方分担应属自身财政事权范围内的支出责任"。② 据此,浙江率先在省级层面建章立制予以细化,其于2009 年 8 月 1 日发布《浙江省加强县级人民政府行政管理职能若干规定》(浙江省人民政府令第 261 号),成为我国首部推进"扩权强县"的省级政府规章。该规定将 43 项审批权限一次性下放给县级政府,使得经济强县的经济管理权限大幅增加,涵盖了大多数原本仅省、市两级政府能享有的经济管理权限。③

在此需要指出的是,分税制财政管理体制改革以后的一段时间,正是我国社会主义法治建设蓬勃发展的阶段,除传统的民法、刑法外,各行业、各领域的立法工作也在如火如荼地推进。这些法律中不乏对各级政府财政事权的规定,如《国防法》《教育法》《农业法》等法律即对国防、教育、农业发展等方面的事权配置有所规定。这对于分税制财政管理体制改革方案所导向的事权划分模糊含混的格局,一定程度上有所矫正。

然而,无论是分税制财政管理体制改革还是其后出台的一系列法律法规,并未对最为棘手的投资事权问题有所触及,致使地方政府在法律默许的条件下,事实上仍然拥有直接或者间接兴办企业的投资事权,能够按照地方隶属关系来组织财政收入。特别是在 2002 年所得税收入分享体制改革之前,企业所得税的收入是按照企业隶属关系在央地政府间进行分配,这进一步激发地方政府承担较多涉企尤其是涉地方性企业事权的积极性,也间接诱致地区性行政垄断的高发、频发。对此,国务院在 1998 年发布《国务院办公厅关于印发财政部职能配置内设机构和人员编制规定的通知》(国办发〔1998〕101号),明确指出要强化公共财政建设,要求地方政府把自己承担事权的重心转移到提供公共服务和公共产品上来。2002 年的所得税收入分享体制改革改变了按照企业隶属关系划分所得税收入的做法,从制度基础上部分削弱了地方政府过于"关注"本地企业的动力,但在地方政府治理绩效很大程度上和地方性企业的发展情况关联甚密的背景下,地方政府承担的事权仍然倾向于"以企业为中心",只不过在方式上由直接渐趋转为间接。举例言之,不少地

---

① 参见何逢阳:《中国式财政分权体制下地方政府财力财政事权关系类型研究》,载《学术界》2010 年第 5 期,第 18 页。

② 参见《关于推进省直接管理县财政改革的意见》(财预〔2009〕78 号)。

③ 参见何逢阳:《中国式财政分权体制下地方政府财力财政事权关系类型研究》,载《学术界》2010 年第 5 期,第 18 页。

方仍然以政府官员出面或者其他比较直接的操作方法进行招商引资，以各类优惠措施吸引国外或国内其他地区的企业到本辖区投资。① 应当说，企业是最重要的市场主体，也是市场经济发展的活力源泉，地方政府在承担事权时较多关注企业是好事，只是在"关注"的方式上须顺应市场经济的基本规律，立足于服务，② 而非直接投资管理或是干扰市场配置资源的"积极介入"，才是应当坚持的方向。

在这一时期，除财政收入和财政事权的划分外，财政收支的匹配度也逐渐引起决策层的关注。《国务院办公厅关于印发安全生产"十一五"规划的通知》（国办发〔2006〕53 号）要求"健全中央与地方财力与事权相匹配的体制"，力图明确事权的内涵和外延，使其合理化、清晰化，并在宏观层面将事权作为统筹协调其他制度安排的基础。2006 年十六届六中全会《中共中央关于构建社会主义和谐社会若干重大问题的决定》也提出要"健全财力与事权相匹配的财税体制"，这与原先"财权与事权相匹配"的提法形式上仅略有差异，但这一提法除了更加科学③以外，实质上反映出决策层对政府间财政关系理想状态的认知已同过往大为不同。财力由固有财力和转移支付财力组成，如果是"财权与事权相匹配"，那么意味着各级政府要做多少事便需要自己就能筹集足够的财政资金，而在"财力与事权相匹配"的语境下，则下级政府可更多依靠来自上级政府的转移支付，以支应必要的财政开支，这在很大程度上能强化上级政府特别是中央政府的管控能力。因此，2007 年、2008 年、2011 年、2012 年出台的多项文件均沿袭了这一表述，如"健全中央和地方财力与财政事权相匹配的体制"④ "按照财力与财政事权相匹配的原则，科学配置各级政府的财力，增强地方特别是基层政府提供公共服务的能力"⑤ "按照财力与财政事权相匹配的要求，在合理界定财政事权的基础上，进一步理顺

---

① 参见贾康：《财政的扁平化改革和政府间事权划分》，载《中共中央党校学报》2007 年第 6 期，第 43~44 页。

② 这要求地方政府提供相应的公共产品和公共服务，究其本质，这同市场经济条件下对地方政府角色的预期是正好相吻合的。

③ 有学者指出，能够与事权匹配的只能是财力而非财权。参见贾康：《健全中央和地方财力与财政事权相匹配的体制》，载《中国财政》2008 年第 13 期，第 1 页。

④ 参见《高举中国特色社会主义伟大旗帜 为夺取全面建设小康社会新胜利而奋斗——在中国共产党第十七次全国代表大会上的报告》。

⑤ 参见《关于深化行政管理体制改革的意见》。

各级政府间财政分配关系，完善分税制"①"加快改革财税体制，健全中央和地方财力与财政事权相匹配的体制"② 等。

　　总体上看，始自 1994 年的分税制财政管理体制改革影响深远，在此之后至 2012 年的较长一个时期内，诸多财政体制改革的举措致力于规范中央与地方的分配关系，调动了中央和地方两个积极性。但与此同时，其对财政事权与支出责任的划分仍然延续了财政包干制时期依照行政隶属关系划分的做法，在规范化、精细化和科学化方面仍显不足，这也使得府际财政事权和支出责任缺乏明确分界，致使上级政府对下级政府（尤其是省级、市级对于县级政府）的"财力剥夺，责任推诿"有机可乘，"财权和财力层层上移，财政事权与支出责任层层下移"的怪象亦因此产生。问题的根源或许出在顶层设计较多关注收入划分而相对忽视更为根本的事权配置，相应地，各类文件关于财政事权的界分也多是原则性的，在实操层面不敷需要。这实际上也为下一阶段的改革勾勒出清晰的方向。

第四节　建立现代财政制度时期财政事权划分的新气象

　　为完成分税制财政管理体制改革在财政事权划分方面未完成的"作业"，使政府间财政关系特别是财政事权划分趋于合理，2013 年十八届三中全会《中共中央关于全面深化改革若干重大问题的决定》中明确提出深化财税体制改革、建立现代财政制度。从财政的视角观察，不妨将自 2013 年开始、至今尚未完成的这段时间称为建立现代财政制度时期。在前述决定中，决策层首次提出要建立事权和支出责任相适应的制度，明确了事权与支出责任之间的关系，而且从决定的相关内容看，重点是对事权在各级政府间的分配作出部署。③

---

　　① 参见《中华人民共和国国民经济和社会发展第十二个五年规划纲要》。

　　② 参见《坚定不移沿着中国特色社会主义道路前进　为全面建成小康社会而奋斗——在中国共产党第十八次全国代表大会上的报告》。

　　③ 具体内容包括适度加强中央事权和支出责任，国防、外交、国家安全、关系全国统一市场规则和管理等作为中央事权；部分社会保障、跨区域重大项目建设维护等作为中央和地方共同事权，逐步理顺事权关系；区域性公共服务作为地方事权。中央和地方按照事权划分相应承担和分担支出责任。中央可通过安排转移支付将部分事权支出责任委托地方承担。对于跨区域且对其他地区影响较大的公共服务，中央通过转移支付承担一部分地方事权支出责任。

同时，也对"如何使财政事权与支出责任相适应""如何合理配置财力"等问题作出了解答。此外，决定还指出要"推行地方各级政府及其工作部门权力清单制度"，这固然有多层意涵，但"权力清单"也可被理解为对各级政府及其部门财政事权的界定，故此，"权力清单"的制定实质上也是财政事权规范化的必经之途。

2014年6月，中央政治局审议通过《深化财税体制改革总体方案》，将"建立事权和支出责任相适应的制度"作为财税体制改革的三大重点之一，其中很重要的一项要求便是"合理划分政府间事权和支出责任"。同年，十八届四中全会通过的《中共中央关于全面推进依法治国若干重大问题的决定》作出了推进各级政府事权规范化、法律化的部署，要求完善不同层级政府特别是中央和地方政府事权法律制度。值得注意的是，在这一被法学界誉为"法治决定"的顶层设计文件中，还就各级政府的事权划分提出了原则性思路，也即中央政府应承担的事权主要偏重于宏观管理和制度设定方面，仅负担必要的执法权，省级政府主要担负与区域内基本公共服务均等化相关的事权，市县政府的事权则主要是执行方面的。这实际上使各级政府应承担的事权相互间呈现出一定差异性，可以认为这是决策层认识到事权同质化现象的存在及其弊端后有针对性的举措。如果将其同2012年《国务院关于印发国家基本公共服务体系"十二五"规划的通知》（国发〔2012〕29号）中的相关规定对照起来，可以发现二者实际上是相辅相成的，因此某种意义上讲，国发〔2012〕29号文虽制定在前，其厘定中央-省-市县三类事权的思路同"法治决定"却是相通的，而且要更为细致一些。根据国发〔2012〕29号文，中央事权大体可归纳为制定标准和规则、提供中央层级的基本公共服务、协调跨省事权、监督考核省级事权履行情况并进行问责；省级事权则主要是制定适用于本地区的标准和规则、提供本地区层级的基本公共服务、监督考核市县级事权履行情况并进行问责；市级和县级政府具体提供本地基本公共服务，并对相关机构实施监管。纵向对比可知，"法治决定"对事权划分原则的提炼要更为准确一些，比如国发〔2012〕29号文将市县级事权概括为两个层面，但其实二者的共性特征正在于其均是执行性事权，"法治决定"即很好地捕捉到该点。

为贯彻落实十八届三中、四中全会的精神，国务院在2016年发布了《国务院关于推进中央与地方财政事权和支出责任划分改革的指导意见》（国发

〔2016〕49 号），对财政事权划分的原则和方式作出了具体规定。该指导意见也是较早使用"财政事权"一词的政策文件。较之过往出台的财政事权划分领域的相关文件，该指导意见的进步性至少表现在如下六个方面。

一是对财政事权划分原则的概括更为全面。除受益范围、权责利相统一、支出责任与财政事权相适应等学界先前已讨论较多的原则外，指导意见还将兼顾政府职能和行政效率、激励地方政府主动作为列为财政事权划分的基本原则。更值得一提的是，指导意见在阐释各项原则的意涵时，还有若干指向性十分明显的表述，如其明确提出"适宜由中央承担的财政事权执行权要上划，加强中央的财政事权执行能力"，这就有很强的充实中央事权的意味。此外，譬如"减少中央部门代地方决策事项"之类论断，问题指向也很明显。

二是对财政事权的划分格局作了优化。受前述基本原则指引，指导意见提出，中央层面的事权应适当加强，将保障国家安全、维护全国统一市场、体现社会公平正义、推动区域协调发展等方面的财政事权确定为中央财政事权；地方层面的事权应当精准规范，将直接面向基层、量大面广、与当地居民密切相关、由地方提供更方便有效的基本公共服务确定为地方的财政事权；中央与地方共同财政事权应当逐渐减少，以提高规范性程度。在此基础上，还要建立健全财政事权划分的动态调整机制，强化事权划分的体系性建设。

三是对财政事权的界定更为深入细致，类型化程度较高。如对于地方财政事权，不再用"区域性公共服务作为地方财政事权"这样笼统模糊的表述方式，而是列出了"社会治安、市政交通、农村公路、城乡社区事务等"作为地方财政事权的典型代表。又如，将"国防、外交、国家安全、关系全国统一市场规则和管理"等中央财政事权，细化为"出入境管理、国防公路、国界河湖治理、全国性重大传染病防治、全国性大通道、全国性战略性自然资源使用和保护等基本公共服务"。这都使相关制度更为明晰，强化了可操作性。

四是明确财政事权与支出责任相适应的要求。指导意见强调中央的财政事权由中央承担支出责任，地方的财政事权由地方承担支出责任，中央与地方共同财政事权根据受益范围、影响程度、区分情况划分支出责任。这就在十八届三中、四中全会相关重要决定的基础上，进一步明确了事权和支出责任两者"如何相适应"的问题。

五是建立财政事权争议的解决机制，明确央地政府间的财政事权划分争议由中央裁定，省以下的财政事权划分争议则由省级政府裁定。这一规定虽然较为原则，而且本书在后续章节还将提及，各具体领域财政事权争议的解决机制尚未得到很好践行，但迈出第一步总是值得高度肯定的。

六是提出各领域财政事权和支出责任划分的时间表、路线图和任务书，而且充分彰显整体推进和重点突破①相结合的思路。指导意见的出台，因而真正成为财政事权规范化历史进程的重要节点，是序曲而非终章。其后，国务院在数年内相继制定了若干重点领域②的财政事权和支出责任改革方案，比如，2018 年出台了《基本公共服务领域中央与地方共同财政事权和支出责任划分改革的方案》（国办发〔2018〕6 号），将 8 类 18 项事权在央地政府间进行划分。③ 同年出台的《医疗卫生领域中央与地方财政事权和支出责任划分改革方案》（国办发〔2018〕67 号），从公共卫生、医疗保障、计划生育、能力建设四个方面划分相应事权。④ 同时，各省、市也都依据《指导意见》陆续制定和发布了辖区范围内财政事权与支出责任划分的改革方案，使得财政事权和支出责任划分的基本框架得以建立，规范化水平得到极大提升。

除前文述及的这些重要文件外，我国在新时期也如十八届三中全会所要求的，在权力清单制度的建设方面成效斐然。截至 2016 年，全国 31 个省级政府均已公布权力清单，⑤ 这也为各级政府财政事权的类型化、规范化、法治

---

① 指导意见提出，要争取在教育、医疗卫生、环境保护、交通运输等基本公共服务领域取得突破性进展，省以下相关领域财政事权和支出责任划分改革也要加快推进。这实际上就明确了改革的重点任务。

② 这些重点领域包括但不限于：基本公共服务领域、医疗卫生领域、科技领域、教育领域、交通运输领域、生态环境领域、公共文化领域、自然资源领域、应急救援领域。

③ 一是义务教育，包括公用经费保障、免费提供教科书、家庭经济困难学生生活补助、贫困地区学生营养膳食补助 4 项；二是学生资助，包括中等职业教育国家助学金、中等职业教育免学费补助、普通高中教育国家助学金、普通高中教育免学杂费补助 4 项；三是基本就业服务，包括基本公共就业服务 1 项；四是基本养老保险，包括城乡居民基本养老保险补助 1 项；五是基本医疗保障，包括城乡居民基本医疗保险补助、医疗救助 2 项；六是基本卫生计生，包括基本公共卫生服务、计划生育扶助保障 2 项；七是基本生活救助，包括困难群众救助、受灾人员救助、残疾人服务 3 项；八是基本住房保障，包括城乡保障性安居工程 1 项。

④ 参见胡凤乔、李金珊：《省以下医卫领域财政事权与支出责任划分——以浙江医疗资源配置改革为例》，载《地方财政研究》2020 年第 11 期，第 72 页。

⑤ 参见黄君洁、王静雯：《改革开放以来央地财政事权与支出责任划分的演进与展望》，载《财政监督》2018 年第 8 期，第 19 页。

化，提供了坚实基础。

总体而言，自十八届三中全会以来，我国财税体制改革不断深化，财政事权与支出责任划分改革也取得了实质性进展，初步理顺了财政事权、支出责任、财权和财力之间的关系。各级政府间的财政事权划分基本遵循"分财政事权——定支出责任——配财力"的逻辑进路，即首先明确政府与市场的边界，从整体上界定财政事权，进而依据一定的标准在各级政府间划分财政事权，然后依据财政事权与支出责任相适应的原则确定各自所应承担的支出责任，最后依据财力与事权相匹配的原则，通过收入划分和转移支付分配财力。① 单就财政事权的划分而言，整体上遵循外部性、信息复杂性、激励相容②等经济标准，行政权力主导的色彩和随意性均大为降低，各级政府财政事权的配置趋于科学、合理。③

但若以更高标准来检视我国现行的财政事权划分格局，可以发现其中仍存在诸多不足之处：一是财政事权划分原则的遵行受到诸多客观因素的制约。比如，在适用外部性原则的过程中，很多财政事权的受益范围和收益程度因难以量化而缺乏有效的衡量标准，又如，基于部门、地方利益冲突，激励相容原则通常很难在跨区域财政事权、跨类别财政事权的划分中得到适用。二是细化落实财政事权的过程中，体系性、整全性等标准未得到充分遵从，各级、各类财政事权的内涵和外延仍有待进一步厘清。④ 三是转移支付、财政补助等方面的配套措施，在规范化、法治化水平上仍然有所不足，部分地方的财力需求很难得到保障。四是事权争议的协调机制尚不够健全，主要是一般性的争议解决机制有时不敷需要，本书第四章在讨论高等教育事权配置议题时，便将印证该点。五是事权动态调整机制还未很好建立起来，在第六章讨

---

① 参见徐阳光：《论建立财政事权与支出责任相适应的法律制度——理论基础与立法路径》，载《清华法学》2014年第5期，第96页。

② 外部性原则，即若一项财政事权的外部性是跨区域的，应该在更高的区域级别上管理；信息复杂性原则，即越可能造成信息不对称的事项，越应让更熟悉基层事务的地方政府管理；激励相容原则，即要设计一种制度，让所有参与人即使按照自己的利益去运作，也能导致整体利益最大化。楼继伟：《中国政府间财政关系再思考》，中国财政经济出版社2013年版，第37~38页。

③ 参见刘剑文、侯卓：《财政事权划分法治化的中国路径》，载《中国社会科学》2017年第2期，第113页。

④ 举例言之，本书第六章会指出，部分应急管理事权的内涵和外延即不甚明确。

论的应急管理事权等场域，其消极后果至为明显。至于具体事权划分层面存在的问题，则是更加基础性的。本书将于第二章概括性地讨论财政事权划分的应然制度逻辑后，具体检视各重点领域的事权划分实况，并相应提出可能的优化方案。

第五节　小　　结

中华人民共和国成立以来，政府间财政关系始终是财税体制层面至为重要的问题，对其所进行的调整和优化也贯穿了不同的历史时期。财政事权的划分便是政府间财政关系的重要维度。在改革开放以前，虽然动态地看，财政事权配置场域，最初的高度集中格局已逐渐消解，但财政事权的府际配置在规范性、体系性和科学性方面有所不足，这使得各级政府尤其是地方政府需要承担的事权常常处在不稳定的状态。在改革开放以后，我国在十余年的时间里大体上推行一种财政包干体制，该体制无论是在财权还是事权的维度，都较为重视发挥地方政府的积极性，是以就财政事权划分而言，各级地方政府的角色日益凸显，然则中央政府财力相对不足以及由此诱发的宏观调控能力弱化等问题，也暴露出来。于是，自1994年开始的分税制财政管理体制改革旨在适当集中财力，一方面在此过程中也使央地财政关系的规范化水平有所提升；但另一方面，此番改革对政府间财政事权划分的关注十分有限，基本仍然沿袭了财政包干制时期的做法，上下级政府事权同质化的现象颇为明显，这也为实践中的事权下沉，提供了合适的制度土壤。在财力已然纵向集中的背景下，过去或许并不突出的"事权下沉"问题及其弊端也凸显。此时期，虽然不少单行法律对相关领域的事权划分有所着墨，但仅仅如此远不能达致各级政府事权规范化、法治化的目标。有鉴于此，在新的历史时期，财税体制改革的重头戏之一被锁定为财政事权划分的合理化，以及在此基础上的法治化，近年来出台的多份顶层设计文件即聚焦于此。总体上看，历经数十年的调试，我国政府间财政关系基本能够适应经济社会的发展，当前和今后一个时期的主要任务应当是对其中财政事权的划分做进一步优化，使其无论在形式抑或实质的层面，都能不断迫近理想状态。

第二章　政府间财政事权划分的优化路径

探讨事权划分优化路径的逻辑前提是厘定优化方向，为此，本章将首先从经济与法律两个维度论述事权划分标准的"理想类型"，其中，经济标准是基础性的，法律标准起到矫正、优化的作用。其次，本章将以前述理想类型为标准，指明我国事权划分格局的优化路径。最后，事权划分格局的优化，还需要其他配套机制的保障，概言之，只有建立合理的收入划分机制与规范的转移支付，理论及规范上的事权划分方可落至实处，本章对此亦将有所述及。

第一节　事权划分的经济标准与法律标准

一、事权划分经济标准的嬗变

公共产品是现代国家事权划分的核心概念之一，是现代国家运用财政、税收等各类政策手段积极干预市场的理论基础。该理论最初来源于学者对国家生产性的认识。18 世纪末至 19 世纪上半叶，亚当·斯密、约翰·密尔等财政学者将国家看作是非生产性的，认为国家是"必要的恶"，因此财政支出虽确有必要但应越少越好，于是最少职能的国家便成为最好的国家，"廉价政府"或者说财政支出最少的政府才最值得称道。[①] 由于前述自由主义理念在思想层面占据主导地位，且彼时的欧美国家缺乏大政府主义的传统，故而在此阶段，欧美国家政府的职能实际上被限制在较为窄小的范围内，一般仅及于对外防卫、对内治安维护和司法。理论界和实务界要关注事权划分议题有

---

① 参见刘守刚：《国家的生产性与公共产品理论的兴起——一个思想史的回溯》，载《税收经济研究》2019 年第 3 期，第 85~95 页。

一个前提，即财政事权的范围要宽到一定程度，否则该议题便无甚实际价值。因为这一前提在彼时尚不具备，故而各界对事权划分及其标准的讨论基本上付之阙如。

19 世纪后期至 20 世纪初，英国财政学者开始认识到，税收效率的实现必须以财政能够有效支出为前提，如休谟提出了"搭便车"的理论；亚当·斯密开始对公共产品进行分类；李嘉图、马歇尔等人也对公共产品做了一定的研究。此时，学者们已经开始承认，国家并非完全外在于市场、社会的存在，国家生产和提供的公共产品对市场具有正面效益，合理的财政支出有利于经济发展。此后，经过德国官房学派、旧历史学派学者（重商主义后期）、新历史学派与社会政策学派的努力，公共产品理论逐渐发展和完善。萨缪尔森在《公共支出纯论》中指出，公共产品是"每个人对这种产品的消费并不能减少任何他人也对于该产品的消费"。① 笔者认为从更严谨的角度上讲，公共产品完全可以理解为政府提供的免费服务（公共服务），在政策文件中，其也被称作"事权"。公共服务与公共产品的区别在于，前者未必具有完全的非竞争性和非排他性，典型者如公共教育。但如果不是在特别严谨的意义上去理解，则可认为二者大致相近，是以很多时候是在相同意义上运用"公共服务"和"公共产品"这两个概念。在此基础上，如何分配公共产品以及降低提供公共产品的成本，就成为理论研究和政策争议的重点，也成为从经济角度探寻事权划分应然标准的逻辑基点。

从经济或曰效率角度出发，事权划分应当遵循以下几个原则：尽可能使特定事权的归属和该项事权外部性所及范围相适应，尽量较少乃至避免复杂信息对决策的消极影响，承担特定事权的主体要基于自身利益也愿意从事相关工作。

首先，根据外部性是否存在以及其所波及的范围，决定政府是否承担，以及由哪级政府承担相关事权。外部性是一个复杂的问题，有的学者否定外部性概念，认为如果利用新兴古典经济学的工具进行分析，经济学中并不存在外部性问题，或者说研究外部性没有意义。② 但细究之，其本意是强调外部

---

① 参见赵云旗：《论公共财政与现代财政制度之关系》，载《经济研究参考》2016年第 44 期，第 15~31 页。

② 参见徐桂华、杨定华：《外部性理论的演变与发展》，载《社会科学》2004 年第 3期，第 26~30 页。

性这一概念可以从产权或交易费用的角度加以理解，并不否认"经济行为存在外部效应"这一事实本身。① 外部性作为古典经济学的概念，对宏观调控在整体上都起着基础性的指导作用，特别是在界定政府与市场关系方面，以外部性理论为依托，能够减少资源浪费，避免政府侵蚀市场，拓展市场宽度和广度。（本书后续章节在界定各领域政府应承担财政事权的范围时，即较多运用了该分析范式。）在此基础上，外部性标准还可用于指导事权在各级政府间的具体配置。一般而言，外部性所波及的范围越广，越是需要由更高层级的政府来承担相应的事权，因为此时低层级政府在调动资源等方面的能力不足，而且其耗费心力去做一件受益或受害主体更可能是其他地区的事情，有可能动力欠奉。

其次，外部性原则仅考虑公共产品本身的成本收益，而未考虑与提供公共产品相对应的信息汲取和分析能力（以下简称为信息处理能力），也即外部性原则导出的结果可能是可欲的，但未必可行。信息处理能力的重要性，体现在决策与执行两方面。在决策过程中，掌握信息不足是决策失误的重要肇因。除此以外，缺乏足够的信息处理能力，致使搜集上来的信息得不到及时处理，也容易引致决策滞后。再者，对所掌握信息的分析和判断不当，亦可能导致错误决策。正因如此，习近平总书记才多次强调："在互联网经济时代，数据是新的生产要素，是基础性资源和战略性资源，也是重要生产力。"② 信息汲取与信息分析是政策规制精细化的必然要求。决策者需要增强信息汲取能力和分析能力，辨识有效信息，并据此作出决策。在政策执行方面，所需收集和处理的信息量更大，以国际体育赛事的承办为例，仅就安保一项，北京市的公安部门在北京奥运会开幕前制定了 910 个安保方案，而广州警方在广州亚运会开幕前制定了超过 1700 个方案。③ 对于信息处理能力的提升而言，建立相应的政策分析机构或智库、形成完善且健全的信息分析机制、运用大数据等高科技手段都是必需的。但这是长期方能见效的，在既定

---

① 参见沈满洪、何灵巧：《外部性的分类及外部性理论的演化》，载《浙江大学学报（人文社会科学版）》2002 年第 1 期，第 158 页。

② 转引自蔡跃洲、马文君：《数据要素对高质量发展影响与数据流动制约》，载《数量经济技术经济研究》2021 年第 3 期，第 64 页。

③ 成功、于永慧：《体育赛事与城市发展》，载《体育与科学》2013 年第 4 期，第 37 页。

信息能力约束下，欲使政府的决策和执行更加高效，合理划分事权甚为必要。粗略地看，由于信息偏在的缘故，地方政府特别是基层政府的信息处理能力必然高于高层级政府尤其是中央政府。因此，将信息复杂程度较高的事权配置给地方政府是较为经济的选择。举例言之，同为社会保障体系的有机组成部分，养老保险相比于医疗保险的支付，所需信息要简单许多——前者只需要掌握参保人的生存状况和工资基数、参保年限等有便捷渠道获取的信息，后者则需要掌握参保人的患病情况和治疗情况等，关键是获取准确信息殊为不易。由此出发，在理想状态下，养老保险可在更高层次上进行统筹，医疗保险的支付事权则应由贴近一线的较低层级政府承担。

最后，旨在形成现代化政府间财政关系的财政事权配置，应该是激励相容的。① 各级政府及其部门都有自身的利益考量，而且其都是由具有独立思考能力的自然人组成的，效率最大化的制度安排必定是体认并且尊重这一点的，激励相容正是通过提升履权主体积极性的方式提高资源的使用效率。如果一级政府从自身利益出发不愿承担特定事权，即便法律配置给该级政府，承担绩效也难言乐观。这一激励相容原则对于财政事权的划分具有显著的指导价值。比如，过多地将环境保护和治理方面的事权配置给地方政府、特别是其中经济欠发达地区的地方政府，便可能同其自身利益有所背离。哪怕从整体利益而非局部利益、长期利益而非短期利益的角度出发，承担相关事权也是"有益"的，但在设计制度时应坚持"理性人"而且是"有限理性人"的建设，不能也不应对地方政府的"大公无私"寄予过高期待。申言之，激励相容原则还有一层要求，此即在事权划分时应明确履权主体，尽可能减少事权重叠，以免执行过程中的推诿或是争抢。在中央政府和地方政府共同承担事权的领域，发挥激励相容原则的导向作用尤为关键，因为中央政府与地方政府共同参与治理的项目往往更为复杂，需要更精细的制度设计，才能满足"履权主体明确"的设计要求。

上述三个标准的提出是着眼于政府或对行政效率的考量，除此之外，还可以从市场的角度出发，运用公共选择理论设计一条兜底性的指导标准。通说认为，公共选择理论发轫于孔多塞、勃劳德和霍布斯等人的思想理论，其

---

① 参见杨志勇：《加快财政事权和支出责任改革推进国家治理体系和治理能力现代化》，载《中国财政》2019 年第 23 期，第 18~21 页。

可以被定义为非市场决策的经济研究，或者被简单地描述为将经济学分析范式应用于政治学中。公共选择理论假设，在参与国家运行、政府治理、政治选举或其他的政治活动时，参与政治活动的人①以其偏好影响政治活动和经济效益的最大化实现，受政府垄断公共服务供给、权力寻租和政府权力过度扩张的影响，由经济人组成的政府具有局限性，可能产生政府失灵。② 通过增加公共决策行为的民主性供给，可以在一定程度上克服前述局限及由其诱发的政府失灵。因此，不能将事权划分的职责完全压在政府的肩膀上，而应当引入公共选择机制，使市场需求或曰纳税人需求成为影响事权划分的重要因素，这与财税法学界所提倡的纳税人同意主义有着共同的内核。需要说明的是，本书之所以视市场需求与纳税人需求同义，一方面是因为纳税人几乎是市场主体的代名词，市场需求往往借纳税人之口而得以呈现；另一方面则是因为纳税人是财税决策民主化的最主要参与主体。进言之，优化事权划分并非静态且一劳永逸的过程，最终目标也并非达致一种边际成本最小、整体收益最大从而看似"完美"的事权划分格局。人类理性的局限性决定了制度设计总有缺憾，区别只是多与少的程度。因此，设置一条可以及时反映制度缺陷、强化制度自我纯化能力的兜底性标准，颇为必要，而公共选择标准正可以扮演这一角色，长期性地发挥克服政府失灵的作用。

　　具体的公共选择机制应如何构建？一种常见的经济学路径是通过"用手投票"和"用脚投票"的机制来诱导、调节、整合纳税人诉求和社会资源，对财政事权进行划分。一方面，基层政府贴近辖区民众，在产生方式上也和民众的关联更加紧密，其天然了解人民需求，无论是掌握信息的充分性、运用信息的有效性，还是资源调动的及时性都远超高层级政府。因此，地方政府能够更好地满足当地民众的需求，提高社会总体福利水平，"用手投票"产生低层级政府这一过程本身即带有决定事权配置的意涵。另一方面，在"用脚投票"机制的调节下，不同的地方政府可以根据自身对经济、政治、地理、文化等因素的考量提供不同的税收水平和基础公共服务，而居民则可以根据自己的偏好自由流动从而选择最适合自己的地区来居住，这实际上也会对地

----

　　① 政治活动和经济活动中的参与人都是同一种人，因此可以采用经济学方法将政治活动中的人也假设为自利、理性、追求效用最大化的经济人。

　　② 夏永祥：《公共选择理论中的政府行为分析》，载《国外社会科学》2009 年第 3 期，第 28~29 页。

方政府的行为产生引导和约束。在这两种机制的影响下，各级政府都可以清楚、快速地了解市场需求。然而这种互动关系是通过人口区域流动来实现的，[①] 当地缘文化或特殊政策导致人口流动受到限制，其效果便大打折扣。尤其是在"鸟飞返故乡""狐死必首丘"等古典乡土文化的影响下，我国的人口流动受到文化与户籍因素的双重限制，"用脚投票"的有效性可能会被削弱。进言之，前述分析框架更适合在联邦制的语境下适用，至少要求各层级政府之间在相当程度上具有独立性，在财政的维度，也即各级政府独立承担财政责任，编制独立的预算，相互之间不承担责任。我国是一个单一制国家，虽说单一制国家并非不能践行财政联邦主义，事实上，就财政体制而言，我国确实在一定程度上具有财政联邦制的特点，[②] 但"各级政府独立承担财政责任"这一条件，其实还不具备。根据《预算法》第 3 条的规定，我国虽然实行"一级政府一级预算"，但仍然存在"总预算"的概念，"地方各级总预算由本级预算和汇总的下一级总预算组成"。而且，地方政府可以在遵循法定条件的前提下发行地方债，但若其偿还不能，上级政府乃至中央政府实际上仍须承担兜底责任。

因此，更为现实的选择或许是在财政领域构建完善的民意表达、吸纳与反馈机制，具体路径是完善财政税收类法律的征求意见程序，进而尝试构建一个统合、吸纳纳税人意见的平台。此部分内容因涉及规范化的整章建制，故而留待下文做详细论述。但仅由前述简略介绍便不难发现，这种从公共选择理论导出的路径取向，已然超越纯粹的经济标准的范畴，业已具有一定的法律标准的色彩。

二、事权划分法律标准的演绎

承前，经济标准固然在指引财政事权划分时居于基础性地位，但其在视域、进路等方面也不可避免地有局限性。而如要匡正缺失，几乎必定要超越狭义的经济标准范畴，前文从公共选择理论导出的路径方向已然打上法律标准的烙印，便是典型体现。在此，本课题进一步对事权划分的法律标准进行

---

① 参见乔宝云、范剑勇、冯兴元：《中国的财政分权与小学义务教育》，载《中国社会科学》2005 年第 6 期，第 37~46，206 页。

② 张守文：《财税法疏议》，北京大学出版社 2005 年版，第 76 页。

探究。

　　法律标准可区分为形式和实质两个层面。二者虽然是从不同维度对事权划分的合法性进行把控，但最终目的是相通的。形式上的法律标准更多着眼于事权配置本身的合法律性，可将其要求概括为宪法规定事权划分的基本原则、由法律配置各项具体事权、预算以年度为单位具体授权①，三者都指向秩序价值，力求实现事权划分格局的稳定化，彼此之间是层层递进的关系。② 首先，我国宪法虽有关于央地权限划分的规定，但直接针对财政事权划分的规定仍付之阙如，③ 宪法本就着眼于塑造国家权力的初始配置结构，在宪法中写入财政事权划分格局系题中应有之义，而且宪法是稳定性最高的根本大法，最有助于秩序价值的实现。其次，宪法文本力求简洁，要在其中巨细靡遗地写入有关财政事权划分的规定几无可能，故而要真正实现财政事权划分的秩序化，必须由法律填补宪法留下的罅隙。该处的法律既包括专门关于财政事权划分的法律，也包括不同领域的专项立法。最后，财政事权划分格局的稳定化，还需要有力的保障机制，而预算以年度为单位具体授权，则可直接发挥"以财权控事权"的作用，既可有效督促政府履行事权，又可避免其不当地突破事权划分格局。需要指出一点，世界各国在其预算法律制度中对于预算审议环节的增额修正应否禁止，多持不同见解。我国《预算法》并未针对该议题作明确表态，观念层面较具代表性的观点是对其"虽无禁止的必要，但仍有规范的要求"。④ 就此而言，"未能履行法定事权"，应可成为人大审议预算案时进行增额修正的正当理由。由此联系起来看，上述三项要求可谓是由抽象到具体地回应并且体现了财政民主主义，其中所彰显的"纳税人同意"之意蕴正是事权划分合法性的根本来源。

　　实质上的法律标准有时也会被冠以"实质法定"之名，它所关注的是公

---

　　① 有学者即指出，在财税法领域应当实现从税收法定到预算法定的思维跃迁，因为前者仅关注财政收入，后者则将财政收入的法定和财政支出的法定有机结合起来，能给财政行为提供更加充沛的正当性供给。徐阳光：《政府间财政关系法治化研究》，法律出版社2016年版，第105页。

　　② 参见刘剑文、侯卓：《事权划分法治化的中国路径》，载《中国社会科学》2017年第2期，第108页。

　　③ 谭波：《央地关系视角下的财权、事权及其宪法保障》，载《求是学刊》2016年第1期，第107页。

　　④ 王永礼：《预算法律制度论》，中国民主法制出版社2005年版，第111页。

平、正义等法律价值在财政事权划分中的实现。由此出发，实质上的法律标准可以提炼出关系公平正义的事权向上级倾斜、为实现基本公共服务均等化而向上级集中部分事权等两项具体内容。

就前者言之，地方政府固然在信息的处理方面具有优势，但管制俘获现象的存在意味着其部分行为可能是为利益集团服务的。虽然追求公共利益的达致、实现公平正义可以说是政府履行各项事权时都要追求的目标，但仍然有一部分事权要更加特殊一些，其对于公平正义，至少是形式上的结果统一有着更高要求。对这部分事权，若仅考虑经济效率而将其一概配置给地方政府，容易诱发系统性的不公平。所以，此类直接关系公平正义的事权在配置时宜向上集中，比如司法事权即应更多地由中央政府承担，重大、复杂案件即便发生在特定地方，也应更多地交由最高人民法院审理，最高人民法院于2015年起设立巡回法庭，正是前述思路的体现。[1] 又如，税收优惠事权也应更多地集中到中央政府，以避免围绕税收优惠诱发府际恶性竞争，引致不同地区纳税人的税收负担失衡。就此而言，我国曾先后多次清理各地方政府违规出台的税收优惠，便不能单纯从"税收法定"的角度来把握其意涵。严格来讲，税收优惠不同于纳税人、税基、税目、税率等一般性的税收要素，且蕴含较强的宏观调控功能，应否受税收法定辖制，无论从性质还是功能的角度看，都不无疑问。[2] 清理税收优惠的真正法理意涵，或许在于决策者认识到税收优惠的"税式支出"属性，在将出台税收优惠作为一项财政事权的基础上，依据事权划分的相应标准将该事权配置给层级最高的中央政府来承担。

---

[1]　侯猛：《司法的运作过程：基于对最高人民法院的观察》，中国法制出版社2021年版，第74~76页。需要说明的是，习近平总书记在2014年的中央政法工作会议上便曾指出，"司法权是判断权，是属于中央的事权，各地法院不是地方的法院，而是国家设在地方代表国家行使审判权的法院"。由此出发，中央事权便不能完全等同于"中央政府的事权"，由地方政府履行部分司法事权，也可能是在行使中央事权。只是在当前语境下，我国司法裁判确实呈现一定的地方化特征，是故中央政府承担更多的司法事权，很多时候还是会由最高人民法院来完成。不过，正在发生改变，最高人民法院推动的一系列改革已在一定程度上淡化了司法事权的地方色彩。参见"我国审判领域财政事权和支出责任划分改革研究"课题组：《我国审判领域财政事权与支出责任划分改革研究》，载《财政研究》2021年第5期，第5~7页；程金华、柯振兴：《中国法律权力的联邦制实践》，载《法学家》2018年第1期，第12~15页。

[2]　参见侯卓：《税收优惠的正当性基础——以公益捐赠税前扣除为例》，载《广东社会科学》2020年第1期，第247~248页。

就后者言之，近代以来，我国的小共同体渐趋衰落，由政府所代表的大共同体逐渐承担起为原子化的个体提供保障的职能，因此，公共服务支出的府际不均，将在很大程度上扩大不同地区人民生活质量的差距，这同样与公平正义的法价值背道而驰。因此，中央政府应更多地集中基本公共服务事权（如教育事权、医疗事权），至少也应承担更多的支出责任，自 2018 年以来开展的央地事权划分改革正是这一思路的体现。本课题在后续章节还将详细论述相关内容。

三、事权划分经济标准与法律标准间的张力及其调谐

财政事权划分的法律标准可被用于"匡正"由经济标准所导出的事权划分格局，是从正向视角出发得出的结论，从反方向来理解，便是法律标准和经济标准之间存在长期性的冲突。虽然前文简述了事权划分法律标准的形式内涵与实质内涵，并对其客观功用有所揭示，但这不意味着法律标准相较于经济标准总是更优的。从系统论出发，经济系统和法律系统都是以"二值符码"为特征的视角，前者对行为作出支付/不支付（效率/非效率）的评价，[①]后者则给出合法/不合法的结论。实在（或曰事实、经验）的无限性和人类认知能力的有限性，决定了我们只能通过窄化视角的方式化约实在，从而形成对其的认知。[②]正因为视角是窄化的、实在是被化约的，泛泛地讨论各种视角的优劣乃至予以价值排序，意义都十分有限。易言之，针对"事权划分应当优先满足经济标准还是法律标准"这一问题，难以形成公式化的统一结论。此种兼具技术与价值意味的不确定性，往往由具备高度发达之风险吸收能力的政治系统化解。[③]然而，这不意味着事权划分的经济标准与法律标准之间的融合纯然是政治/政策问题，理论研究须发挥其应有作用，至少要"提出 80%

---

① 虽然卢曼以"支付/不支付"作为经济系统的二值符码，但如果交易是低效率（即收益低、成本高）的，那么支付行为便不会发生、至少是倾向于不发生，否则经济系统的维系将受到威胁。Ivan A. Boldyrev, *Economy as a Social System: Niklas Luhmann's Contribution and its Significance for Economics*, 72（2）The American Journal of Economics and Sociology 271（2013）.

② ［英］彼得·沃森：《虚无时代》，高礼杰译，上海译文出版社 2021 年版，第 82 页。

③ 宾凯：《政治系统与法律系统对于技术风险的决策观察》，载《交大法学》2020 年第 1 期，第 146 页。

靠谱的理论，解释 80% 的问题"。① 就事权划分而言，来自经济系统和法律系统的视角各有其价值，因此在融合两种视角的过程中，便不能突破任一视角的底线要求以致使其丧失作为标准的意义。概括地讲，由经济标准导出的事权划分方案不能是完全不公正的，由法律标准导出的方案也不能是完全无效率的。举例言之，虽然医疗卫生服务是基本公共服务的重要一部，如果单纯着眼于基本公共服务均等化和公平正义之间的关联，似应导向将相应事权尽量上移至中央政府的结论。但问题是，医疗活动依托大量信息始能开展，其高度依赖于对相关信息的处理，如此一来，由高层级政府承担相关事权很可能是无效率的，故从前述"底线思维"出发，该种事权配置方式便是非合意的。

　　事权划分之经济标准和法律标准的张力，还有一种表现形式，此即经济标准所吁求的灵活性和法律标准所固有的稳定性之间的紧张关系。对此，基本的处理思路是，将形式法定作为底线原则，除非有极其特殊且强有力的理由，否则不宜突破该底线。至于形式法定的具体意涵，前文已述及，此处不再予以赘述。

　　还需要指出的是，财政事权划分的经济标准和法律标准均不是单一标准，而是有着多项要求，是以经济标准和法律标准内部各项要求之间也不免于特定场合表现出张力。比如就环境保护和治理事权而言，从外部性原则和激励相容原则出发，应将其配置给高层级政府，但考虑到环境保护和治理工作的有效开展离不开充分、全面的信息，这又要求将低层级政府纳入该领域事权划分的谱系之中。当此种情状发生时，引入配套制度以尽量实现多项标准的兼容，是最值得追求的目标。如在上述例子中，便可以一方面通过建立生态横向补偿机制，使生态环境的受益方向环境保护方提供补偿资金，从而在一定程度上解决环境保护的外部性问题②；另一方面，将特定地区的环境质量与生态横向补偿和纵向转移支付的金额挂钩，从而使地方政府有足够动力投入精力于环境保护和治理。在解决这两方面问题后，基于信息复杂性的要求使

---

① 杨子潇：《经验研究可能提炼法理吗?》，载《法制与社会发展》2020 年第 3 期，第 214 页。

② 这方面的实践已不鲜见。例如，河北省与北京市于 2018 年共同签署《密云水库上游潮白河流域水源涵养区横向生态保护补偿协议》，北京市原则上每年向河北省补偿 3 亿元，河北省每年提供 1 亿元的配套资金。

地方政府承担更多的环境保护和治理事权，便成为可能。

概言之，财政事权划分的经济标准和法律标准之间虽有张力，但能够且也应该相互融合，功能适当原理便可视为是对经济标准和法律标准的统合。考虑到功能适当原理更为学界熟识，且其包含了某些经济标准所不具有的内涵，故本书后续章节中有时会将经济标准和功能适当原理相并称。

第二节　事权划分格局优化的核心任务与基本思路

由前述理想标准出发，对照现有事权划分格局，可知其仍有三点不足：一是央地政府事权同质化，未能实现合理的功能区分；二是省级以下政府财政事权结构复杂；三是混淆支出与支出责任，致使央地共同事权泛滥。有鉴于此，本书的首要任务是在理论上对前述问题作出回应，即实现府际功能区分，明晰省级以下政府间的事权范畴，理顺央地共同事权。其次，目前关于财政事权划分的制度侧重于行政化安排[①]，缺乏法律约束的事权安排难以避免随意性和偶然性。[②] 因此，本书亦将建构事权划分的规范体系作为重要任务。当然，本章的探讨只是整体、宏观性的，更多是提出一个分析框架，具体针对各项事权的改进方向，本书接下来的第三至八章会作更为细致的研讨。

一、理论吁求

（一）落实府际功能区分，合理划分央地事权

现今央地事权界限不明，中央事权存在错位、越位、缺位的问题。具体表现为四种情形：一是应该由中央负责的事务交予地方处理；二是属于地方管理的事项，中央承担过多的支出责任；三是中央和地方职责重叠，共同管理的事项过多；四是中央负责的事项管理不到位。[③] 造成前述现象的主要原因有二：一方面，央地政府的事权同质化、"上下一般粗"，各级政府之间未见

---

① 徐阳光：《论建立事权与支出责任相适应的法律制度——理论基础与立法路径》，载《清华法学》2014 年第 5 期，第 97 页。

② 楼继伟：《推进各级政府事权规范化法律化》，载《人民日报》2014 年 12 月 1 日，第 7 版。

③ 刘剑文、侯卓：《事权划分法治化的中国路径》，载《中国社会科学》2017 年第 2 期，第 113 页。

明显的功能区分,① 自然导致各级政府所承担的事权和支出责任出现混同;另一方面,我国事权划分格局主要是通过一事一议的方式逐步形成的,近似于一种自发秩序,缺乏系统性的整章建制,而合理划分央地财政事权却是一个系统性工程。如果说本章前文所讨论的经济标准与法律标准是一种"宏大叙事",而后续各章的内容属于"微观实证",那么这里所述的内容便应归类为联结二者的"中层理论"了。②

强化央地政府的功能区分,是避免事权配置同质化的关键。功能适当是国家功能府际区分的基本原则,其核心理念是将职能分配给适合的机关,从而提升行政效率,③ 故而功能区分实际上是以经济标准为基础的,而经济标准的首要要求便是外部性原则,或曰公共产品受益范围。有学者指出,公共产品的受益范围在很多情况下难以与政府辖区(尤其是省级以下政府)的范围吻合,诱发"中间地带"公共产品的划分困难,故而可尝试引入"功能覆盖型竞争性辖区"(以下简称 FOCJ)的概念,此类辖区通常只提供一种或数种公共产品,其与科层制政府不存在隶属关系,辖区范围也鲜有重叠。④ 若将 FOCJ 定位为特殊情况下的财政变通机制,则其确实可以一定程度上弥补外部性原则的不足,但若将之视为财政结构的重要组成部分,一则会导致财政体制过度复杂,二则与行政体制相割裂,制度运行成本必然急剧升高。相关学者还认为可以通过将非政府主体引入 FOCJ 的方式,发挥非政府主体的公共产品供给作用。⑤ 但实际上,正是因为公共产品难以由私主体提供或者由私主体提供易诱发资源配置不公,政府才长期被视为公共产品的垄断提供者。若私主体已能独立提供公共产品,则没有必要设立 FOCJ,若私主体尚无法独立提供公共产品,那么由政府雇佣私主体提供公共产品的模式,又未必逊于 FOCJ 模式。

① 邱实:《政府间事权划分的合理性分析》,载《江苏社会科学》2019 年第 3 期,第 137 页。

② 这是一种比喻,本课题并非在社会学意义上使用这三个词语。

③ 张翔:《国家权力配置的功能适当原则》,载《比较法研究》2018 年第 3 期,第 149 页。

④ 李森、彭田田:《政府间事权划分思路的比较与综合》,载《财政研究》2021 年第 1 期,第 41~46 页。

⑤ 李森、彭田田:《政府间事权划分思路的比较与综合》,载《财政研究》2021 年第 1 期,第 50 页。

　　因此，弥补外部性原则的不足，进而实现更优功能区分的现实路径是以科层制政府为前提，以外部性原则为基础，进一步完善功能适当的判断标准。一如前述，信息复杂性原则和激励相容原则可被用于辅助外部性原则。经济标准所追求的并非绝对效率而是相对效率，因此，尽管外部性原则有时被违背，但由经济标准导出的事权划分方案总体上仍是有效率的。中央事权主要覆盖全体国民均能受益且须在全国范围内统筹实施的事项，如国防、国家安全、经济发展规划与宏观经济稳定等；地方事权则限于使特定辖区内居民受益、且由地方政府提供能更好满足该区域居民权利需求的事项，如地方经济发展、地方社会管理事务等。

　　但是，每种理论往往都有未言的预设，如自由市场理论以不受干预的公平市场将长期存在为前提，而事权划分的经济标准同样预设了一个长期存在且公平的公共产品市场。实际情况却并非如此。若没有政府提供的公共服务，普遍的自由市场和财产权利都将不复存在，[①] 从这一点来讲，哈耶克对计划的批评是没有道理的，其认为不存在一个完整又客观的价值序列，因而自由市场是更好的资源分配方式，[②] 但政府若不先假定一种价值序列并投入相应资源，那么自由市场是没有办法确立的，没有人能想象出一个缺乏警察局、法院、消防局的自由市场，尽管警察局、法院和消防局何者更重要是可以讨论的。故而颇为吊诡的是，市场是自由的，但市场却诞生于不自由，这其实就是卢曼所言的"盲点"：一种观察视角没有办法观察自身，否则将陷入自我指涉的悖论。[③] 事权划分的经济标准也是如此，但法律标准能够观察到经济标准的盲点，其所致力于实现的秩序化，正是经济标准赖以生存的前提。法律标准尤其是其中的实质法定要求之所以倾向于将更多事权交由中央政府来承担，正是因为其是而且擅长担任秩序构建的主导者。在此基础上，有学者提出"中央治官、地方治民"的央地功能划分模型，[④] 认为中央政府应通过任免、

---

　　① ［美］史蒂芬·霍尔姆斯、凯斯·R.桑斯坦：《权利的成本：为什么自由依赖于税》，毕竞悦译，北京大学出版社 2011 年版，第 37~49 页。

　　② ［英］弗里德里希·奥古斯特·冯·哈耶克：《通往奴役之路》，王明毅等译，中国社会科学出版社 2018 年版，第 80~83 页。

　　③ 宾凯：《论卢曼法律悖论理论的隐秘源头》，载《同济大学学报（社会科学版）》2014 年第 2 期，第 96 页。

　　④ 曹正汉：《统治风险与地方分权》，载《社会》2014 年第 6 期，第 58 页。

考核等方式对地方官员进行人事管理，并指导和控制其施政行为和投资行为。中央政府的功能是否仅限于"治官"，有待商榷，但分散地方政府的政治风险和经济风险，进而维持一个全国性的公共产品市场，确是中央政府的主要功能。由此出发，将监察、司法、税收优惠等可能产生区域性风险、而地方政府又难以妥善处置的事权，配置给中央政府，符合功能适当的原则。① 应强调的是，虽然本书在论述央地政府的功能区分时常以具体事权为例进行说明，但这更多是为了论述方便，但仔细推敲起来，本书中所涉及的诸项具体事权亦非最小单位，而是还可以继续细分。例如，税收优惠事权便可界分为税收优惠的设立和在统一幅度内具体确定优惠力度这两方面内容。在此基础上，功能适当原则可进一步发挥指引作用，将前者配置给中央政府，而使后者归属于地方政府。

虽然上述功能区分标准可以弥补外部性原则的不足，但其只能根植于具体语境，难以由其导出一般性的财政事权配置结论。因此，要想真正实现央地政府功能区分的优化，便必须构建起系统性的财政事权划分、调整和争议处理机制，唯有如此，前述标准方能有的放矢，而这部分内容留待后文探讨。

（二）适当压缩财政层级，合理划分省级以下政府间事权

前文已提及，省级以下政府财政事权结构较为复杂，是当前财政事权划分层面存在的一个突出问题。这有两方面的意味。其一，省级以下财政级次过多。我国以"一级政权、一级财政"为财政级次建制原则，我国政府分为五个行政级次，② 故而财政级次也相应为五级，其中省级以下的级次有四级。财政级次过多，致使财政事权的承担主体增多，在事权划分不明确的情况下，易诱发结构性的协调成本增长。此外，财政级次过多还延长了财政资源的传递链条，加剧了因个别环节堵塞而导致下级政府"无米下锅"的风险，导致事权–支出责任–财力不相匹配。考虑到县乡级政府的财政支出占地方财政支

---

① 外交和国防等直接涉及全国利益的事权适合由中央政府承担，殆无疑义，故本书未作说明。

② 从宪法出发，我国其实是四级政府的架构，也即中央–省–市县–乡镇，但在实践层面，逐渐演绎出五级政府的样态。

出的比重达 55.3%（2018 年），①"市卡县""市刮县"等现象②对于财政效率的负面影响不容忽视。虽然域外发达国家的财政级次一般为三级，但考虑到我国是具有超大面积与超多人口的国家，直接得出我国应压缩财政层级的结论是冒昧的，况且前述问题并非不能通过压缩财政层级之外的路径予以解决。但总体而言，压缩财政层级仍是较为系统且有效的优化路径，③ 且已逐步为我国政府所接受，"乡财乡用县管"及省直管县的改革实践便是其体现。④

其二是省级以下财政事权的权责归属复杂。委托事权和共同事权过多是其突出体现。就委托事权而言，表面上看，上级"点菜"，下级"做菜"，双方各得其便，并无不妥，但实践中容易出现上级"点菜"但未"给钱"，或是"点菜"标准高于"菜钱"的情况。⑤ 构建公平的委托事权履行考核与责任分担机制，是明确委托事权权责归属的关键。就共同事权而言，从各地推行省级以下政府事权和支出责任划分改革的情况来看，社会治安、义务教育等许多事权都被列入共同事权范围，实际上进一步淡化了省级以下各层级政府的功能区分，甚至使得一些并不需要上下级政府协调配合才能履行的事权被归类为共同事权。⑥ 进言之，我国的政策文件主要从"支出分担"的视角

---

① 苏洨宇：《地方政府间事权配置的基本逻辑》，载《经济问题》2020 年第 9 期，第 46 页。

② 薛刚凌：《论府际关系的法律调整》，载《中国法学》2005 年第 5 期，第 48 页。杨志勇：《省直管县财政体制改革研究——从财政的省直管县到重建政府间财政关系》，载《财贸经济》2009 年第 1 期，第 36~41 页。

③ 有学者对减少行政层级的思路做了较为系统的研究，其在省级、地市级、县级和乡镇级四个层面上都提出了改革建议。相关研究虽然针对的是行政层级，但对财政层级的优化，无疑也具有一定的启示。参见熊文钊主编：《大国地方——中央与地方关系法治化研究》，中国政法大学出版社 2012 年版，第 339~341 页。

④ 贾康：《财政的扁平化改革和政府间事权划分》，载《中共中央党校学报》2007年第 6 期，第 45 页。截至 2021 年，全国已有五分之四以上的省份开展了省直管县改革，河南省更是发布《关于印发深化省与市县财政体制改革方案的通知》（豫政〔2021〕28号），提出将省直管县的适用范围由 24 个县扩展至全部 102 个县市。参见朱培源、孟白：《省直管县体制改革的成效、困境与出路》，载《中州学刊》2021 年第 1 期，第 13 页。

⑤ 李苗、崔军：《政府间财政事权与支出责任划分：从错配到适配》，载《公共管理与政策评论》2018 年第 4 期，第 45 页；白景明等：《建立事权和支出责任相适应财税制度操作层面研究》，载《经济研究参考》2015 年第 43 期，第 6 页。

⑥ 傅志华等：《地方事权与支出责任划分的改革进程与问题分析》，载《财政科学》2018 年第 3 期，第 26 页。

来理解共同事权，如何构建共同事权的协调履行与责任分担机制，反倒鲜受关注。因此，有必要在合理划定共同事权范围的基础上，进一步完善其制度设计。

（三）理顺央地共同事权，区分支出与支出责任

如果说共同事权在省级以下财政事权结构中的泛滥根源于地方政府对功能适当的认识不足，那么中央政府不仅没有完善此种不足，反倒在一定程度上助长了共同事权的泛滥。自 2018 年 1 月起，我国正式推进财政事权划分改革，截至 2021 年 10 月，基本公共服务、医疗卫生、科技、教育、交通运输、生态环境、公共文化、自然资源、应急救援等领域均已开展财政事权划分改革，而几乎每个领域都有大量的共同事权，以基本公共服务领域为例，共有八大类十八项，以医疗卫生领域为例，则有四大类六项。① 但实际上，这些事权是否有必要纳入共同事权范围，颇值得怀疑。以基本公共服务领域的"免费提供教科书"事权为例，仅凭地方政府本身就足以充分履行该事权，并不需要央地政府之间作过多协调。由此可见，中央政府同样将共同事权理解为一种支出分担机制，此种理解存在逻辑上的问题：共同承担事权的主体必然共同承担支出，但共同承担支出的主体未必要共同承担事权，例如，中央政府为帮助地方政府应对和处理影响范围广、影响程度深的突发事件而向其提供专项转移支付，这不代表中央政府承担了相应的事权和支出责任。仅就支出分担②而言，转移支付或是更优路径，因为其建立在清晰的权责划分基础上，而通过设立共同事权的方式使不同层级政府一起承担支出责任的路径容易使人感到疑惑。支出责任是财政事权体系的中间一环，其是为财政事权服务的，根据政策文件的定义，财政事权指"一级政府应承担的运用财政资金提供基本公共服务的任务和职责"③，故而可以说支出责任必须要与某种公共服务相对应。但在许多所谓的"共同事权"中，中央政府仅负担部分支出而

---

① 参见《基本公共服务领域中央与地方共同财政事权和支出责任划分改革方案》（国办发〔2018〕6 号）、《医疗卫生领域中央与地方财政事权和支出责任划分改革方案》（国办发〔2018〕67 号）。

② 此处以及前一段均使用"支出分担"而非"支出责任分担"的表述，是因为支出责任本身就以事权的存在为前提，而本书恰恰意欲强调，通过扩张共同事权的范围而实现支出分担并非唯一可行的做法。

③ 《国务院关于推进中央与地方财政事权和支出责任划分改革的指导意见》（国发〔2016〕49 号）。

不提供公共服务。政府是否良好地提供了公共服务，是评判其是否要承担责任的基础，既然中央政府不需要提供公共服务，又如何很好地分担央地政府在未能充分履行"共同事权"时所需承担的责任呢？

因此，要理顺央地共同事权，核心在于恰当厘定央地共同事权的范围。需要央地政府协调配合方能有效履行的事权，或者根据经济标准完全由地方政府承担将无益于公民基本权利保障或平等权实现的事权，如涉及医疗、教育等关系公民基本权利的事项，才有必要作为央地共同事权。如果仅仅是中央政府认为地方政府没有充分的财力履行某些事权，可为其提供专项转移支付，而不必然导向设定一项共同事权的结果。只有理顺了央地共同事权，省级以下政府间共同事权格局的优化也才具有可能性。

二、规范进路

十八大以来，我国持续不断推动财政事权划分改革，成效显著，不仅在一定程度上减轻了基层政府的治理压力，还有效改善了各级政府的支出结构，优化了整体上的事权运行体系。但我国目前在进行事权划分时仍然侧重于行政化安排，[①]习惯于依靠政策文件对事权进行界定和调整，若是界定得当、调整及时，自然会收到很好的成效，然而某种意义上讲这是可遇不可求的。无论是财政事权的界定、调整，产生争议时的协调，还是相关的配套机制，若都能依循规范化、法治化的进路，方可提高事权配置的"下限"，从而成为真正意义上的治本之策。

（一）着力构架规范性的财政事权划分、调整和争议处理机制

2018 年后，我国逐步在各具体领域稳步推进财政事权和支出责任划分改革，大体上确定了我国财政事权划分的基本格局。但其一，本轮改革依旧具有"一事一议"的特点，未能出台有关财政事权划分的系统性规定；其二，改革所涉及的领域仍然比较有限，许多重要领域的事权划分方案尚未出台，典型者如体育事权和养老事权；其三，本轮改革仅关注财政事权的静态配置而未关注其动态调整，虽然初步厘定了央地财政事权和支出责任的划分格局，但未能确立一套完整的事权调整和争议处理机制。以上这些，也成为下阶段

---

①　徐阳光：《论建立事权与支出责任相适应的法律制度——理论基础与立法路径》，载《清华法学》2014 年第 5 期，第 97 页。

改革要重点突破的难关。

1. 财政事权的划分

强化体系性，是财政事权划分的必由之路。概括地讲，可以考虑借鉴域外财政法治建设的有益成果，颁布《财政收支划分法》，完整且明确地建构央地财政事权划分的整体格局，将以往改革未涉及的事权领域也纳入其中。我国前些年也有过制定《财政法》的动议，若相关工作果能有所推进，在该部具有财政基本法属性的法律中规定相关问题也是很好的选择。

财政收支划分，原则上分为财政级次划分、财政事权划分和财政收入划分三个部分。首先，就财政级次划分而言，为避免财政体制与行政体制相互割裂，原则上应贯彻"一级政权、一级财政"，但已如前述，鉴于我国行政级次较多的现实，若财政级次完全与之对应，易使得财政结构过于复杂、资源分配效率降低，故而可以在广泛试点的基础上，考虑将财政级次压缩为三级或四级，① 推行省直管县和乡财县管改革一定程度上有助于该目标的达致。

其次，就财政事权划分而言，应依功能适当的原则配置，具体思路在前文已有阐发，此处不予赘述。这里着重要强调的是，"规范性的财政事权划分"特别要求各级政府承担的主要事权类型应在法律层面有明文规定，立足于现状，《财政收支划分法》或者《财政法》应至少作出"三级三类"的安排。"三级"指相关法律至少应就"中央-省-市县"三级政府作出事权安排。诚如本章第二点所述，财政层级的扁平化改革乃大势所趋，乡镇政府可能逐渐成为市县级政府的派出机构，且《地方各级人民代表大会和地方各级人民政府组织法》已经较明确地规定了乡镇人民政府的事权②，故相关法律的重点在于明确中央政府、省级政府和市县级政府的事权，在财政级次改革尚未普遍推开的前提下，在有必要时还须区分市级政府和县级政府承担事权的类型，以做到定分止争。③ "三类"则是指相关法律应就中央政府事权、地方政府事权及共同事权给出较为明确的制度安排。在《财政收支划分法》或《财

---

① 秦勇：《我国财政收支法律制度存在的问题及其完善》，载《理论月刊》2012年第5期，第109页。

② 《地方各级人民代表大会和地方各级人民政府组织法》在第61条明示了乡镇级人民政府承担事权的范围。相形之下，该法在第59条仅笼统规定"县级以上的地方各级人民政府"应承担的事权，据此很难清除知晓各级政府所承担事权的区别。

③ 本书第六章即会具体涉及这方面的问题。

政法》作出规定后，还需要及时修改《立法法》《地方各级人民代表大会和地方各级人民政府组织法》《国务院组织法》等法律，实现法律规范之间的协调，甚至在时机成熟时还可以考虑针对不同层级地方政府制定专门的组织法。[①] 此外，具体领域的立法，如《社会保障法》《环境保护法》等，也应在前述关于事权划分的一般性规定的基础上，根据所涉事项的特殊性，就相关事权的划分作出更具针对性的专门规定。可见，财政事权的划分应当对应一个从一般到特殊的原则，涵盖宪法、宪法性法律和具体领域立法的多维度法律体系，这正是"规范性的财政事权划分"的题中应有之义。

最后，就财政收入划分而言，"事权-支出责任-财力"相匹配，是财政收入划分的理想目标，但若没有动态的财政转移支付机制辅助，仅依靠静态的财政收入划分方案是无法实现这一目标的。我国省级行政单位数量多、经济发展不平衡，公共服务需求和财政收入又长期波动变化，几无可能设计出足以完美实现"事权-支出责任-财力"相匹配的静态机制，故而静态机制的设计只能以实现三者的大体匹配为目标。考虑到我国主要依据税种进行财政收入划分，培育一个足以实现"事权-支出责任-财力"大体匹配的地方性主体税种，就颇为关键了。目前最受学界青睐的候选税种是房地产税、企业所得税和消费税，[②] 应以何者为地方主体税种，或者是否要构建一个涵盖多层次政府、涉及多项主体税种的地方税体系，都有赖于进一步的试点和研究。但从规范化、法治化的角度出发，无论是财政收入的分配，还是围绕地方性主体税种的改革试点，都必须有法律的明文规定作支撑。此处是在狭义上使用"法律"一词，因为易变的行政法规和行政规范性文件难以实现法的秩序价值。

就前者言之，如今的财政收入分配格局长期以来呈现"暂时性"特征，而保持财政收入分配格局的相对稳定却是很有必要、也完全有可能实现。以第一大税种增值税为例，"营改增"在 2016 年全面推开后，中央政府分享增

---

① 王建学：《论地方政府事权的法理基础与宪法结构》，载《中国法学》2017 年第 4 期，第 140 页。

② 欧阳天健：《论房产税改革的价值取向与障碍破解》，载《税务与经济》2017 年第 5 期，第 81 页；李峰、付晓枫：《地方主体税种培育问题探究》，载《财政研究》2015 年第 3 期，第 50 页；林颖、欧阳升：《零售地方税：我国现行地方主体税种的理性选择》，载《税务研究》2014 年第 12 期，第 54 页。

值税的比例由过去的 75% 暂时下调至过渡期的 50%，过渡期时长原定为 2~3 年，[①] 国务院后于 2019 年发文维持了过渡期的增值税收入分配格局。[②] 但是，无论是在过渡期实行调整后的增值税分成比例，还是后续延长过渡期间，所依据的都是规范性文件，这就使得相关分配格局存在随时变动的可能，不利于各级政府对自身能够获得的收入形成稳定预期，进而削弱从长期着眼安排行为的动机。所以，通过颁布《财政收支划分法》或《财政法》来使财政收入分配格局得以基本稳定，就显得颇为必要了。就后者言之，将税制改革试点纳入法治轨道，也是近些年很重要的实践方向。改革试点的另一层含义便是突破现行有效法律规定，在没有足够规范性依据的条件下，试点的正当性难免受人诟病。以往的税改试点往往由财税主管部门在"经国务院同意"后直接启动，缺乏法律或全国人大常委会的授权，由此招致违反《立法法》的批评。[③] 当然，改变正在发生。2021 年 10 月，全国人大常委会授权国务院在部分地区开展房地产税改革试点工作，以便进一步深化房地产税改革，可见税改试点的规范化与法治化已在路上。

2. 财政事权的调整

财政事权的调整也必须遵循规范路径，这要求事先制定相应的调整机制，并使之得以普遍遵行。国发〔2016〕49 号文明确提出"财政事权划分要根据客观条件变化进行动态调整"，但相关机制尚未完全建立起来。[④] 一种立法思路是将有关财政事权调整的规定并入《财政收支划分法》，此种路径是法典化思维的具体表现，而另一种思路是别立单行法。受民法典编纂的影响，各个部门法内均有不少学者提倡法典化，[⑤] 但法典化是否真具有优化立法技术的意

---

① 《全面推开营改增试点后调整中央与地方增值税收入划分过渡方案》（国发〔2016〕26 号）。

② 《实施更大规模减税降费后调整中央与地方收入划分改革推进方案》（国发〔2019〕21 号）。

③ 侯卓：《税改试点的多维检视与法律规制》，载《税务研究》2019 年第 9 期，第 59 页。

④ 欧阳天健：《法治视阈下的财政事权动态调整机制研究》，载史际春主编：《经济法学评论》（第 17 卷），中国法制出版社 2018 年版，第 8~11 页。

⑤ 《东方法学》在 2021 年第 6 期还专门组织了"法典化"专刊，其中涉及对刑法典、环境法典、教育法典、行政法典、劳动法典和诉讼法典的学理探讨。

义，言人人殊、难有定论，① 从这个意义上说，法典化与否更多是一个政策选择，本书不欲对此作深入探讨，以上论述同样适用于财政事权的争议处理。

就调整的标准与范围而言，未依前述功能适当原则进行配置的事权，均应予以调整，对此不必过多阐述。事权调整机制的设计才是本部分讨论的重心，其关键要素是调整主体与调整程序。在调整主体的部分，考虑到我国幅员辽阔、各层级政府数量繁多，若允许下级政府②也可以启动调整程序，将结构性地提高调整成本，也与行政伦理相悖。由此出发，有权启动事权调整的行政主体应限定为中央政府和省级政府。但是，于财政事权的调整而言，部分必要和关键的信息往往只能由下级政府提供，如相关事权的信息复杂程度、相关配置是否存在激励不相容的问题。此外，从以往的经验来看，财政事权的单向调整，容易造成"财权层层上收、事权层层下压"的局面。③ 因此，在设计调整程序时，有必要充分保障下级政府的参与权。上下级政府的意见交换与协调应是必经程序，且只有在下级政府同意的情况下，相关事权才能获得调整。若上下级政府长期无法达成一致意见，可以由调整主体启动人大④协调程序，并以人大的意见为最终结论。当然，以上论述仅是面向"常态"的，当面对应急管理等"非常态"事权时则不应如此教条，本课题第六章对此做了详细论述。

3. 财政事权的争议处理

在各级政府履行财政事权的过程中，难免会产生争议，各级政府之间的争议不同于市场主体之间的争议，要解决起来愈发复杂。与财政事权的划分和调整相同，财政事权的争议处理亦需要依循规范路径展开。由域外视角观之，财政事权争议的裁定主体有立法机关⑤、行政机关、协调委员会和司法机

---

① 高仰光：《法典化的历史叙事》，载《中国法学》2021 年第 5 期，第 84~85 页。

② 该处的"下级政府"是一个相对性概念。之于中央政府而言一般是指省级政府，之于省级政府而言则为市县乡镇政府。

③ 欧阳天健：《法治视阈下的财政事权动态调整机制研究》，载史际春主编：《经济法学评论》（第 17 卷），中国法制出版社 2018 年版，第 14 页。

④ 在中央政府启动调整程序的场合，对应的是全国人大及其常委会，在省级政府启动调整程序的场合，则对应的是省级人大及其常委会。

⑤ 我国的各级人大及其常委会属于权力机关。

关等四类。① 国发〔2016〕49 号文规定央地事权争议由中央裁定，已明确属于省级以下的事权由省级政府裁定，可见其主要依循的是行政机关解决争议的路径，对此的妥当理解或许是：该文件只是明确了一条可行路径，并未因而完全排斥其他方案的合理性。进言之，这是行政机关内部对于争议处理最终决定权的分配方案，而不代表只有行政机关有权处理财政事权的相关争议。财政事权的划分属于财政基本制度，根据《立法法》第 8 条的规定，其属于必须制定法律的事项，如果严格执行该规定，则事权划分应当由法律规定，事权相关争议便很可能属于如何正确理解和适用法律的问题，若是制定法律的权力机关对于有关法律的争议没有最终决定权，显然是不合理的。同理，协调委员会可以为争议各方提供一个相对公平的协调平台，同样是可行的路径，并没有必须要予以排除的理由。至于司法机关裁定的路径，则在我国确有"此路不通"的嫌疑，其主要原因是财政事权的划分主要是一个政治/立法问题，而我国缺乏政治问题司法化的传统和制度环境，从零开始汇聚共识、磨炼争议处理记忆，需要付出高昂的成本，却未必能收获更好的效果。由此出发，财政事权的争议处理机制可在两个层次上予以配置。行政机关是财政事权的履行主体，争议首先也发生在政府之间，行政机关内部必然要配备一套争议处理机制。在这套机制中，省级政府和中央政府分别在省域和全国的范围内担任裁定者的角色。适当的时候，也可以在行政体系内部设立协调委员会（长期或临时皆可）以处理政府间的财政事权争议，但这不妨碍省级政府和中央政府行使裁定权。行政机关的裁定并不具有最终效力，权力机关始终享有通过修改立法以实现实质性裁定的权力，其在某些时候也应当行使就具体事项进行裁定的权力。

　　明确了财政事权争议的解决路径与裁定主体后，有必要进一步讨论争议处理的程序机制。考虑到上级政府（省级政府或中央政府）拥有裁定权，唯有加强争议处理程序的平等性，才能避免不当的财政事权划分格局被上级政府固化。诚如前述，一种可以考虑的路径便是设立协调委员会等第三方争议解决机构，为争议各方提供可以平等对话的平台。此处所言的"第三方争议解决机构"，是指相对独立于争议各方的机构。由争议各方直接派出党政干部

---

　　① 魏建国：《政府间财政协调与争议解决机构比较研究》，载《当代法学》2008 年第 1 期，第 150~153 页。

组成的"协调小组"并不在前述范围内,① 因为其严格说来只是争议各方交换意见的一个平台,本身无法加强对话的平等性。为保证第三方争议解决机构的相对独立与中立,可考虑使其级别高于争议各方,具言之,可在省级政府的层面设置省级财政事权协调委员会,以处理各市县乡镇政府之间的财政事权争议,在中央政府的层面设立中央财政事权协调委员会,以处理各省级政府之间的财政事权争议。由于中央政府已处在科层制政府的顶点,行政体制内不存在可以协调央地政府间财政事权争议、相对独立的第三方争议解决机构,故而可以考虑在全国人大之下设立央地财政事权协调委员会,其性质属于专门委员会。虽然就解决争议而言,该协调委员会因其终究外在于行政体制而不宜被赋予最终决定权,但其意见仍应具有法律上的拘束力,作为裁定者的省级政府和中央政府有义务回应其意见。此外,与其他全国人大下属的专业委员会一样,该协调委员会享有提案权,故而可以启动立法程序以实现实质性裁定。

另一条还可以考虑的路径是设立弱势方利益补偿机制,② 此路径更为关注结果而非过程的平衡。关于财政事权划分的争议之所以频发,很重要的一个原因是某些财政事权的影响范围超过履权主体的辖区范围,引发成本和收益之间的不匹配(此即财政事权的外部性)。因此,如果能给予事权划分中的弱势方以一定的财政补偿,将有助于消弭争议,这也是生态横向补偿机制产生的原因。此种补偿主要是协调性的,故而具体的补偿金额与补偿周期,应依事依地、一事一议而定,不宜也无法确定统一的计算方式,前文设想的财政事权协调委员会正好为争议各方商议补偿金额提供了平台。当然,这不是说只要发生财政事权争议,就必须要给予弱势方以补偿,因为不分青红皂白的补偿很有可能会违反外部性原则。故此,正确的理解是此种路径为可选项,而非必选项。

需要说明的是,以上设想针对的是一般情形,在特定领域发生事权争议时,相应的协调和处理机制也必然需要在一般框架的基础上表现出某些特殊性,本书第四章和第六章等章节的论述便体现出这一点。

---

①　例如,为承办 2022 年北京–张家口冬奥会,工业和信息化部、北京冬奥组委、北京市人民政府、河北省人民政府建立无线电管理协调小组,负责无线电的管制工作。

②　该路径与前一条路径是可以并行的。

（二）建立规范化的政府间财政转移支付体系

规范化的财政转移支付体系，能够弥合事权和支出责任之间潜在的罅隙，也使不同事权划分原则之间的兼容成为可能。

提高财政转移支付体系的规范化水平，可以从强化纵向转移支付的规范性、构建统一的横向转移支付规范两方面着手。一方面，相对高层级的地方政府截留纵向转移支付资金的现象较为严重。由于各级地方政府都不同程度上存在"事权-支出责任-财力"不相匹配的问题，其中层级相对较高的地方政府为支应刚性支出，可能会运用所掌握的权力来截留本属于下级政府的财政转移支付资金，一般性转移支付资金尤其容易被截留。① 对此，治本之道自然是使"事权-支出责任-财力"相匹配，同时，实证研究也已表明，省直管县的改革能够有效遏制地级市政府截留转移支付资金的行为，② 所以从这个角度来说，缩减财政级次和缩短转移支付资金的输送环节都是解决转移支付资金截留问题的可选路径。但以上这些不是本部分意欲讨论的内容。事实上，提升纵向转移支付的规范化和法治化水平，同样有助于改善前述状况，而且从现阶段的可操作性来讲，该举措的优势更为突出。概括地讲，加强转移支付的管理与监督机制建设颇为必要。一般性转移支付资金之所以更容易受到截留而专项转移支付资金的情况相对较好，很大程度上是因为对于专项转移支付资金的管理与监督机制较为严格。③ 有鉴于此，应当在中央和地方两个层面上提高纵向转移支付资金的使用透明度，并且完善绩效评估体系，从而使有关机构能更为准确地把握纵向转移支付资金的使用情况，并以此为基础，强化中央政府对于纵向转移支付资金的审计监督，后文还将对此作更为详细的论述。④ 另一方面，横向转移支付仍缺乏系统性的规范化。我国目前尚无关于横向转移支付的一般性规定，故而未见关于启动条件、总额确定等事项的统一规定。从生态横向补偿和对口支援的实际运作情况来看，转移支付的总

---

① 束磊、付文林：《上级地方政府财政转移支付资金截留行为研究》，载《当代财经》2019 年第 10 期，第 34 页。

② 宁静、赵旭杰：《纵向财政关系改革与基层政府财力保障》，载《财贸经济》2019 年第 1 期，第 67 页。

③ 束磊、付文林：《上级地方政府财政转移支付资金截留行为研究》，载《当代财经》2019 年第 10 期，第 27、34 页。

④ 参见本章后续关于"权责同构"的探讨。

额有时由中央政府确定,① 有时由两地政府协商确定。地方政府更了解自身财政状况与实际需求，而且由于需求的主观性，相关信息难以实现系统性的指标化、权重化，故而应给予地方政府一定的能动协调空间。从规范化、法治化的角度出发，可以颁布行政法规或者部门规章性质的《横向转移支付管理办法》，明确规定横向转移支付的类型、启动条件，并针对不同类型的横向转移支付分别设置最低金额标准，在此基础上，横向转移支付的双方政府可协商确定具体金额。

（三）构建具有规范性、系统性的意见吸纳与反馈机制

这一举措在规范性的层面是很重要的，其旨在为财政事权的范围厘定、府际配置及其调整提供源于系统外部、却更具有根本性价值的调校方案。

本章在第一部分即已述及，公共选择理论与纳税人同意主义有着共同的内核，纳税人对于财政事权划分的偏好很大程度上可以反映市场的偏好，而财政事权划分的核心内容多为应予立法的事项。因此，在立法体系内确立一套系统性的意见吸纳与反馈机制，可以发挥及时反映制度缺陷、强化制度自我纯化能力的兜底作用。这一机制的构建应从形式与实质两方面着手。在形式层面，重点是完善财政税收类法律的征求意见程序。以 2018 年的个税修法为例，全国人大常委会法制工作委员会曾通过中国人大网等渠道征求意见，但存在意见多为单向输入且缺乏系统性整理、未详细说明意见采纳与否的理由等问题。对此，有必要强化征求意见程序的对话性，并构建意见整理与说明机制。又如，本章前文已提及的预算授权是各级政府确定并具体执行财政事权的重要前提。当前，人大在进行预算审查时普遍缺乏听证环节，被认为是审查虚化的原因之一。② 审查虚化，将导致预算难以实现前文所述的"以财权控事权"功能。对于预算的性质，学界仍有争议，但其属于具有法律效力的文件而非行政计划则是共识，③ 故而增强财政预算的民主性供给也是构建意见吸纳与反馈机制的一部分。就此而言，各地业已涌现出诸多有益的预算

---

① 例如，根据中央政府的规定，汶川地震灾后重建的对口支援，额度不低于支援方上年度地方财政收入的1%。杨龙、李培：《府际关系视角下的对口支援系列政策》，载《理论探讨》2018年第1期，第153页。

② 朱大旗、李蕊：《论预算审批制度的完善》，载《当代法学》2013年第4期，第106页。

③ 叶姗：《财政赤字的法律控制》，北京大学出版社2013年版，第30~31页。

民主化实践，上海市闵行区的预算审查听证制度对政府提出的预算项目草案发生有力影响，[1] 佛山市南海区的预算协商听证会也是很好的意见吸纳、反馈平台。[2] 总结各地有益经验，实现地方乃至中央预算程序民主化，是完善征求意见程序的题中应有之义。

在实质层面，可以设置一个类似日本的税制调查会的机构，[3] 构建纳税人意见统合、吸纳的平台。囿于部门利益，零散的纳税人意见即便获得形式上的整理，也未必能实质性地影响财政、税收立法，因此，颇有必要构建一个有能力也有动力统合、吸纳纳税人意见的独立平台。可以考虑在国务院之下设立独立的财税调查会（以下简称财调会），[4] 承担意见统合与审议财政税收类法律草案的职能，制度设计的重点有二：一是强化财调会成员的代表性，更多地吸纳实业界代表、公益组织和社会团体与专家学者；二是重在审议财政、税收基本事项，过多观照技术性细节，容易限制财税职能部门的合理裁量空间。如果该设想能够得到践行，可望增强各级政府承担和履行事权时的针对性，更好满足市场需求。

第三节　事权划分的配套保障与督促机制

各级政府依法承担一定财政事权，但如果其缺乏必要的财力便没有可能真正履行好相应的事权。同时，各级政府往往会有自身的利益，其组成人员也难免存有"私心"，在履行事权的过程中可能出现消极懈怠或是虚与委蛇的情形。有鉴于此，财政事权的规范化不能停留在事权划分有法可依的层次上，配套保障和督促机制亦不可少，前者旨在实现权能统一，后者则着眼于权责

---

① 王逸帅：《地方人大财政预算初审及其推进模式的实证研究》，载《探索》2017年第3期，第76页。

② 文旗、许航敏：《地方财政预算制度的协商治理模式创新探索》，载《财政研究》2015年第4期，第79~81页。

③ 关于日本的税制调查会的文献，可以参见［日］北野弘久：《日本税法学原论》，郭美松等译，中国检察出版社2008年版，第137页；青木丈：《租税立法手続に関する一考察——税制改正の透明化への提言》，载 CUC Policy Studies Review 2007年第1期，第13页。

④ 地方政府虽有一定的财税权力，但较之中央政府小得多，且其掌握的财税权力更多涉及技术细节，是故在省政府之下也设立财税调查会的必要性可能是有限的。

同构。

一、权能统一目标指引下保障机制的完善

配套保障机制的核心任务是确保各级政府履行事权时有相应的财力保障。在我国当前情境下，中央政府掌握的财力相对充裕，地方政府尤其是基层政府在承担大量财政事权的同时，却仅仅掌握甚为有限的财政资源。故此，财力保障的重心是充实地方财力，其要务包含重构地方主体税种、改进共享税收入分享的模式和方法、强化财政转移支付的针对性三方面的内容。

（一）重新发现并确立地方主体税种

地方税的设定有失允当，特别是地方主体税种缺位，是制约我国各级地方政府掌握充裕财力的重要原因。在展开论述之前，有必要先行廓清地方税的概念。一般而言，人们在使用"地方税"这一概念时有两重含义，第一重含义是从税收事项决定权的角度界定地方税，将其理解为"由地方政府设置或能够自行改变其税率等税制要素的税种"，由此出发，仅仅是那些立法权、解释权与司法权都掌握在地方政府的税种方能被称作地方税。[1] 第二重含义是从收入归属的角度界定地方税，"凡是地方政府能够自由支配收入的税收都属于地方税"。[2] 鉴于本部分内容对于地方税体系的分析旨在强调其对于地方财力的物质保障面向，所以是在后一维度上使用"地方税"的概念。

在分税制框架下，虽然有许多税种被划归地方税，但其中能够稳定贡献财政收入者寥寥。长期以来，营业税作为当之无愧的地方主体税种存在，贡献地方税收收入的大部分。[3] 2016年营改增全面推开后，收入全部归地方的营业税被收入在央地政府间共享的增值税所取代。目前，纯粹的地方税主要有房产税、城镇土地使用税、土地增值税、耕地占用税、契税、车船税、烟叶税和环境保护税，但此八者所能带来的财政收入无法与过去营业税所带来的财政收入相比。在这种情况下，缺乏能够替代营业税的地方主体税种，致使地方政府的财政收入来源告急。对此，也不乏观点认为，中央政府集中更

---

① 李华：《地方税的内涵与我国地方税体系改革路径——兼与OECD国家的对比分析》，载《财政研究》2018年第7期，第66页。

② 李华：《地方税的内涵与我国地方税体系改革路径——兼与OECD国家的对比分析》，载《财政研究》2018年第7期，第66页。

③ 2016年之前，营业税每年占据地方税收收入的比重均超过50%。

大比例的财力是合理的，我国的问题不是中央政府财力占比过高，而是其承担的事权和支出责任有所不足，因此，对财政事权划分的改进思路应当是提高中央政府承担事权的比重。受该思路指引，我国自 2018 年起在多个领域开展的财政事权和支出责任划分改革中，呈现出的共性特征之一便是中央政府逐步承担更多的支出责任。但诚如前文所述，这种为实现支出分担而改革财政事权配置的路径实际上倒置了本末，在操作层面也存在诸多问题。从各级政府都应当是责任政府的角度出发，地方政府既然需要承担特定事权，便理应有充足的财力，而且在通常情况下，这些财力应当是其运用自己掌握的权力便能够稳定汲取的，否则，便可能诱发、助长地方政府违反财经纪律之类的非理性行为。

　　进言之，对于地方主体税种的择取，有学者认为可以考虑在短期内选择房地产税和资源税作为地方主体税种，并在中长期范围内逐渐将个人所得税纳入地方税体系并作为主体税种进行培育。[1] 也有学者认为可以按照中央、省、县（市）三级财政的思路，逐级考虑主体税种的选择问题：将消费税改造为中央与地方共享税，进而使之成为省级政府的主要收入来源；将房产税与现行的耕地占用税、城镇土地使用税、土地增值税及相关税费予以合并，以改造后的房地产税作为县（市）层级的地方主体税种；同时，辅之以资源税的改革、环境保护税的重新定位等，从而实现中央、省以及县（市）之间税种收入的清晰划分。[2] 本书认为，构建涵盖多层级政府，涉及多项主体税种的地方税体系，更具有现实可行性。地方政府对于财政资金的需求量是巨大的，根据财政部公布的《2020 年财政收支情况》，2020 年地方一般公共预算支出为 210492 亿元，而消费税、个人所得税、房地产税[3]、资源税、环境保护税的收入分别为 12028 亿元、11568 亿元、19687 亿元、1755 亿元、207 亿元，收与支之间的不成比例是很明显的。虽然前述财政收支格局建立在央地政府尚未实现系统性的功能分化、房地产税改革也未有大幅推进的基础上，

---

　　① 参见冯曦明、蒋忆宁：《地方税体系完善研析》，载《税务研究》2019 年第 1 期，第 47~49 页。

　　② 参见王乔、席卫群、张东升：《对我国地方税体系模式和建构的思考》，载《税务研究》2016 年第 8 期，第 7~8 页。

　　③ 该处的"房地产税"系概称，包含契税、土地增值税、土地增值税、房产税、耕地占用税和城镇土地使用税等税种。

但绝大多数财政支出都发生在地方政府，或者说地方政府适合提供大部分的公共服务，这一客观状况决定了即便以功能分化为锚重新梳理央地政府各自承担的事权，地方政府的财政需求也不会有根本性的减少。而且考虑到我国纳税人现有的支付能力有限，增税改革需要克服的困难也较多，认为房地产税收入能够在短期内满足地方政府大部分财政需求的想法同样是不切实际的。① 当然，给三级财政分别配置主体税种的思路是否切实可行，仍有待进一步的研究和试点。

（二）改进共享税收入分享的模式和方法

我国在分税种确定各级政府的财政收入时，共享税占据大部，无论是税种数量还是组织收入占整体税收收入的比重，都表现得极为突出。正因如此，有学者将我国所实行的分税制称为"共享型分税制"。② 在该语境下，要想为地方政府履行事权提供财力保障，除纯粹的地方税外，改进共享税的政府间分享比例，也是很重要的一条路径。有一种观点便指出，充实地方财力不一定需要设定更多地方专享税种，而是可以通过合理调整央地共享税之间的分享比例来达成目标，如对于增值税、企业所得税、个人所得税和资源税等税种来说，调整内部的分享模式与分享比例即很必要。③

当前我国在共享税部分存在的突出问题是将"地方"视为一个完整的主体，忽视不同层级、不同区域地方政府相互之间的财政异质性，并在此基础上采用一刀切的比例分配模式。泛泛地说地方政府的"事权－支出责任－财力"不匹配，实际上是不准确的，部分层级、区域的地方政府虽不能说是没有财政压力，但有着非常高的财政自给率，甚至可以达到90%左右。④ 因此，所谓的保障地方政府财力，实际上是保障财政自给率低下的地方政府的财力，

---

① 刘金东、丁兆阳：《我国城镇家庭的房产税支付能力测算》，载《财经论丛》2017年第6期，第25页。

② 张守文：《论"共享型分税制"及其法律改进》，载《税务研究》2014年第1期，第58页。

③ 参见李华：《地方税的内涵与我国地方税体系改革路径——兼与 OECD 国家的对比分析》，载《财政研究》2018年第7期，第79页。

④ 张帆等：《财政不平衡与城乡公共服务均等化》，载《经济理论与经济管理》2020年第12期，第31~32页。

而一刀切的共享税分配模式是无法实现这一目标的，制度实践也支持这一观点。①

对此，可以从央地分享与地方分享两个维度考虑改进方案。就前者而言，中央政府应适度减少对税收收入的分享，从而扩大地方能够分享的"蛋糕"。如果不改变现有的共享税分配模式，那么中央政府可以考虑调低其对于税收收入的分享比例，至于应调低到多少为宜，则有待精确测算。就后者而言，共享税的分配应向财政自给率低的地方政府倾斜。在保留原有比例分配模式的条件下，可以参考德国的经验，确立一套能够充分衡量地方人口、经济发展状况与财力的评估指标，低于特定标准的各层级地方政府都可以根据其自身状况而获取相应比例的共享税收入。② 此外，也可以考虑引入税基分享和税率分享等新型分享模式，允许省、县（市）层级的地方政府在法定范围内自主确定地方税率/分享税率，这不失为照顾地方需求的有效手段。③ 但应强调的是，此类新型分享模式只能是辅助性的，因为其本质是"各人自扫门前雪"，经济不发达省份的财力本就不足，在此种分享模式下，其要提高财政自给率就只能提高税率，这既不现实也不公平，"竭泽而渔"的做法很可能还会导致税源的进一步萎缩和枯竭。

（三）强化财政转移支付的财力保障属性，提高均衡性转移支付的针对性

即便前述两项改革确有助于地方政府"事权-支出责任-财力"相匹配，绝对的匹配也是不可欲的，因为这容易导致中央政府沦为单纯的资源输送工具而丧失资源分配功能，甚至诱发地区分离主义。从这个角度来说，财政转移支付制度不可能随前述改革的推行而消亡，其在财力保障体系中仍将长期占据重要地位。前文曾从提高规范性的角度论及财政转移支付的优化方向，这里侧重于从转移支付作为事权履行之财力保障机制的定位入手，探究提高其针对性的思路和方法。

在财政转移支付体系中，纵向转移支付下属的均衡性转移支付承担了保

---

① 王玮：《共享税模式下的政府间财力配置》，载《财贸研究》2015 年第 4 期，第 74 页。

② 张成松：《共享税标准的反思与体系化重构》，载《江西财经大学学报》2017 年第 5 期，第 120 页。

③ 张成松：《共享税标准的反思与体系化重构》，载《江西财经大学学报》2017 年第 5 期，第 120~121 页。

障地方政府财力的任务。均衡性转移支付的制度设计虽已较为成熟，但仍无法很好地完成前述任务，乃至存在目标错位的问题。从《中央对地方均衡性转移支付办法》（财预〔2019〕108号）的规定来看，均衡性转移支付金额的测算涉及海拔、人口密度、温度、地表状况、道路状况等诸多因素，各项因素对应的权重或系数有所不同。如此这般的制度设计看似已足够全面、客观，足以使财政资金流向真正需要它们的地方政府，但实证研究表明，各省的财力和政治影响力仍会正向影响均衡性转移支付的金额，① 这实际上违背了均衡性转移支付的财力均等化理念，不仅无助于，反倒还有害于共享发展目标的达致。已有研究指出，导致这种现象发生的主要原因是均衡性转移支付以维持机构正常运转和保障公务员工资正常发放为首要任务，这就使得财政供养人口比重较高的省份获得优势，而此类省份往往是财力较强的省份。② 重新强调均衡性转移支付"保财力"的基本理念，并在此基础上重塑指标体系，是提高均衡性转移支付针对性的关键所在。

二、以权责同构为目标完善督促机制

以上论述旨在完善财力静态配置与动态调整的格局，总体上是"面向规范"的，换言之，其并不考虑非规范因素的影响。但长期以来，非规范因素一直影响着财政事权划分的制度实践，譬如前文就曾提及，上级地方政府截留纵向转移支付资金的行为是基层地方政府财力不足的原因之一。虽然此类非规范现象很大程度上根源于"事权-支出责任-财力"不相匹配的制度结构，但致力于消解非规范因素的努力也同样很有价值。理解现象背后的结构性问题是重要的，但过度强调结构的束缚，便不免沦于抽象和消极。③

当非规范因素被消除后，各级政府都只享有法律赋予的财政权力，④ 承担

---

① 贾晓俊、岳希明：《我国均衡性转移支付资金分配机制研究》，载《经济研究》2012年第1期，第29页；陈志广：《中国均衡性转移支付配置的实证研究》，载《人文杂志》2014年第8期，第33页。

② 贾晓俊、岳希明：《我国均衡性转移支付资金分配机制研究》，载《经济研究》2012年第1期，第29页；胡洪曙、武锶芪：《转移支付、财政努力对基本公共服务供给影响的研究》，载《华中师范大学学报（人文社会科学版）》2019年第6期，第103页。

③ 参见［美］C. 赖特·米尔斯：《社会学的想象力》，李康译，北京师范大学出版社2017年版，第59~61页。

④ 此处的"财政权力"既包括财政事权，也包括获取财政资金的权力。

法律规定的财政责任，此种状况可被概括地称为"权责同构"。① 对权责同构的偏离体现在两个方面：一方面，部分政府享有额外的财政权力②，却没有承担相应的财政责任；另一方面，也有部分政府承担了相较于所掌握的财政权力而言更重的财政责任。二者大多数情况下是一体两面的，当某些层级的政府需要面对第一种情况，几乎同时必定会有其他层级的政府需要面对第二种情况。这方面典型的例子包括但不限于：相对高层级的地方政府截留纵向转移支付资金；"上级点菜、下级买单"；地方政府违规发行地方债；某些政府违规以"承诺函"的形式对外担保等。追求权责同构的路径是多样的，但完善督促机制是针对性最强的一种。

要想准确把握各级政府的财政收支，并在此基础上评价其履行法定事权是否规范，要在财政审计和预算监督两方面做足文章。③ 在前者，我国的财政审计工作长期存在覆盖范围窄、启动频率低的问题，而且审计后的问责效果不好，④ 也助长了各级政府的侥幸心理。2018 年 9 月，中共中央、国务院联合发布《关于全面实施预算绩效管理的意见》，实现预算绩效管理与强化权责同构的前提都是加强财政审计力量，从这个角度出发，财政审计的"春天"可能不远了，但遗憾的是实质性的进展"仍在路上"。在后者，长期以来，各级人大在预算监督方面更多是发挥程序性监督而非实质性监督的作用，⑤ 但随着预算改革的逐步推进，各级人大的预算监督能力日益增强，其典型表现有：预算监督范围不断扩大，"四本账"均被纳入审查范围；预算编制日益精细

---

① "权责同构"也有应然层面的意味，即各级政府都只享有其应当享有的权力和应当承担的责任，此处系从实然层面运用"权责同构"一词。

② 此处仅在实然意义上使用"权力"一词，不带有"合法"的意味。

③ 从逻辑上说，本部分应首先讨论如何加强财政部门的自我监督，但一方面，本部分内容的问题意识正是起源于财政部门自我监督的失效；另一方面，行政监督理论本来也不甚信任自我监督的有效性，更认可"权力制约权力"的路径，故而本部分未对此加以讨论。参见刘剑文：《财政监督法治化的理论伸张与制度转型》，载《中国政法大学学报》2019 年第 6 期，第 173 页。

④ 池国华、陈汉文：《国家审计推进现代预算管理的路径探讨》，载《审计研究》2017 年第 3 期，第 33 页。

⑤ 林慕华、马骏：《中国地方人民代表大会预算监督研究》，载《中国社会科学》2012 年第 6 期，第 90 页。

化；部分地方人大明确享有预算草案修正权。① 但监督力度有限依旧是客观存在的问题。一者，虽然"四本账"都被纳入预算监督范围，但仍有部分收支因政府的违规操作而游离在审查范围之外；二者，部分政府的预算编制表中仍有大笔资金未细化到具体单位和项目，且预算编制的时间过短，也妨碍了预算编制的精细化；三者，行使预算草案修正权的程序机制尚不完善，且绝大多数地方人大仍不能享有预算草案修正权。② 这些都是今后完善预算监督的重点方向。联系起来看，审计监督与预算监督是唇齿相依的。若缺乏有力的审计监督，各级人大便难以准确把握政府收支，有效的预算监督更是无从谈起，反言之，若预算监督无法发挥实质性作用，处于行政科层体系内的审计机关③也很难成为有力的监督机关。因此，审计监督改革和预算监督改革应该同步推进。

除财政审计和预算监督外，顺应当前财政过程透明化水平不断提升的宏观趋势，加强公众监督也应始终在议事日程之中。特别是，考虑到财政收支信息的巨量性与复杂性，即便强化审计监督与预算监督，也可能会存在疏漏，公众监督的兜底保障功用于此得以彰显。概括地讲，政府全面公开预算信息并引入诉权赋予的司法化道路，以及从基层政府着手，普遍推行预算审查听证制度，待条件成熟时逐渐推广至上级政府，都是制度化公众监督机制的表现，也是下阶段可以考虑的改革方向。

第四节 小 结

本章以财政事权划分的经济标准和法律标准为依据，通过检视发现我国当前财政事权划分所存在的突出问题，并相应提出改进思路。这些问题主要包括：央地政府事权同质化，未能实现合理的功能区分；省以下各级地方政

---

① 许聪：《省级人大预算监督权力考察》，载《财政研究》2018 年第 10 期，第 96~97 页。

② 许聪：《省级人大预算监督权力考察》，载《财政研究》2018 年第 10 期，第 96~97 页。

③ 虽然 2014—2015 年的审计制度改革强化了审计机关的独立性，但其仍未改变审计机关的行政机关属性。曾凡证：《加强人大对预算执行监督的路径》，载《法学》2017 年第 12 期，第 110 页。

府的事权结构复杂，这尤其表现为财政级次过多和事权权责归属复杂两方面；央地共同事权过滥，不利于充分发挥中央和地方两个积极性。对此，一要充分融合事权划分的经济标准与法律标准，从功能适当的角度出发，合理配置央地政府的财政事权；二要适当压缩财政层级，明确委托事权和共同事权的权责归属；三要区分支出与支出责任，合理界定央地共同事权的范围。为保障财政事权划分改革的稳步推进，还应当着力设计和完善事权划分的配套保障与督促机制，具体应从以下两方面着手：第一，在权能统一的目标指引下完善保障机制，重点在于增强地方财力，为此应重构地方主体税种、合理分享共享收入、规范化财政转移支付制度；第二，以权责同构为目标完善督促机制，强化审计监督、预算监督和公众监督制度。应强调的是，本章的讨论主要是面向整体的，本书将在后续章节中针对事权划分、财政事权划分的一些具体、重点问题展开专门研究。

第三章 公共卫生事权府际划分：现状、问题与优化思路

第一节 公共卫生事权的范围厘定：基于政府与市场关系的视角

市场是实现经济增长和改善公共服务的重要工具，通常认为，经由市场机制这双"看不见的手"引导，人们不仅会实现个人利益的最大化，而且在多数情况下也终将达致公共利益最大化的目标。[①] 当然，市场失灵的客观存在也已经广被认可，此间政府干预必不可少。因此，把握好政府与市场的边界，结合有效市场和有为政府，将政府事权限缩在市场机制无法有效发挥作用的领域，对我国经济的健康发展以及社会的繁荣稳定有着重要意义。目前，政府与市场都是配置资源的手段。在国防、公共卫生、公共设施建设等核心领域，政府发挥着主导作用，基本模式为生产资料由政府统一调配，政府直接干预生产经营。在非限制性行业，市场在资源配置方面更为高效，政府自应让位于市场，市场机制具有优先性、必要性的价值功能。[②] 运用该原理，可以对公共卫生事权的应然范围加以明确。

一、从市场失灵看公共卫生事权的范围

公共卫生事权所包含的重点人群健康管理、疾病防控、预防接种等内容，

---

① 参见［英］亚当·斯密：《国富论》，郭大力、王亚南译，商务印书馆 2015 年版，第 428 页。

② 参见张守文：《政府与市场关系的法律调整》，载《中国法学》2014 年第 5 期，第 62 页。

大部分具有非排他性和非竞争性的特点，属于典型的公共产品。同时，公共卫生对提升国民生存条件、改善国民健康状况具有重要意义，但是对公共卫生的投入并不能为生产者直接带来收益，因此公共卫生具有明显的外部性。在这种情况下，完全由市场经营者提供公共卫生产品和服务，必然造成供给严重不足。由此出发，各级政府主动提供相关产品和服务很有必要，公共卫生事权也因而成为财政事权的重要组成部分。

由政府承担公共卫生事权，也即政府应在公共卫生领域发挥统筹规划、有效执行、监督监测的作用，向公众提供高质量的卫生服务和产品，切实保障国民健康。对于政府承担公共卫生事权的范围，也应从政府和市场关系的角度加以把握。在市场失灵的情况下，政府在公共卫生事权方面也并不一定要承担无限责任，而首先要考虑通过政府作用的发挥，引导公共卫生产品在区域间的合理配置。比如在突发公共卫生事件发生后，市场主体为了履行其社会责任和积累社会资本，通常会进行社会性捐赠，[1] 以新冠肺炎疫情为例，在其爆发之初便有大量市场资本通过捐赠的方式流入红十字会等慈善组织和相关单位的账户。此间，政府作为最强大的信息搜集和处理主体，在引导和协调资源配置方面发挥着至关重要的作用。如果缺少政府进行信息传导，捐赠者与被捐赠者之间由于信息不对称，极易造成捐赠资本的不合理分配。此间政府的有效介入有两个着力点，一是在捐赠前市场主体便应对需要捐赠者的情况有一定了解，政府应尽量确保这一点的实现；二是在资金进入相关慈善组织后，政府也可通过行政干预的手段实现捐赠物资的合理分配和使用，提高市场捐赠资本在应对突发公共卫生事件过程中的效能。

但在市场机制完全失灵的时候，政府便应直接承担更多的公共卫生事权。应注意的是，政府承担公共卫生事权并不是反市场化，公共卫生除公共产品外，还包含少量私人产品。在适当的领域引入市场力量，一方面可防止政府大包大揽，另一方面也能通过市场竞争来提高公共卫生产品的质量。[2] 此外，还可以将部分公共卫生服务承包给非政府组织，如私营的公共卫生管理公司、妇幼保健机构等。政府与承包方签订强制履行合同，以保证承包方提供高质

---

[1] 张文宏：《从社会资本的视角反思突发公共卫生事件中的社会治理》，载《武汉大学学报（哲学社会科学版）》2001年第5期，第151页。

[2] 参见龚向光：《论政府在公共卫生领域的职能》，载《中国经济卫生》2003年第11期，第12页。

量的公共卫生产品，实现公共卫生服务质效提升的最终目的，在此过程中，政府机构通过强力监督的方式履行自己的责任，也避免非政府组织因私人利益而损害公共卫生利益。① 当然，非政府机构能做的不止于此，政府还可以在疫苗和有效药的研发等方面与其合作，此间政府仍然主要承担监管事权。

二、公共卫生事权的类型化梳理

政府事权是公权力在行政管理领域的具体化表现，是对具体事务管理权的认定。② 类型化的方法则是全面认知和把握政府相关事权的重要途径。实践中，各国政府对公共卫生事权的划分不尽相同，普遍做法是在对公共卫生基本保障事项进行分类的基础上，结合本国公共卫生发展态势对重点领域单独分类。

我国公共卫生事权类型化的顶层设计散见于《医疗卫生领域中央与地方财政事权和支出责任划分改革方案》《国家基本公共卫生服务规范（第三版）》《国家基本公共服务标准（2021 年版）》等文件。其中，《医疗卫生领域中央与地方财政事权和支出责任划分改革方案》明确将公共卫生事权分为重大公共卫生事权和基本公共卫生事权。然而，对于基本公共卫生事权的具体权能尚无统一、明确的界定标准。《基本医疗卫生与健康促进法》第 16 条第 2 款和第 3 款规定，中央政府相关部门确认公共卫生服务项目，省级地方政府可以在其基础上补充本区域内基本公共卫生服务项目。由此出发，《国家基本公共卫生服务规范（第三版）》《国家基本公共服务标准（2021 年版）》皆对基本公共卫生事权的内容作了界定，二者均将基本公共卫生事权划分为十二项，③ 分类各有侧重，有交叉也存在差异。前者的制定主体为原国

---

① 参见世界银行：《1997 年世界发展报告·变革世界中的政府》，蔡秋生等译，中国财政经济出版社 1997 年版，第 25~27 页。

② 参见谭波：《央地财权、事权匹配的宪法保障机制研究》，社会科学文献出版社 2018 年版，第 22 页。

③ 前者所划分的十二项包括：居民健康档案管理、健康教育、预防接种、0~6 岁儿童健康管理、孕产妇健康管理、老年人健康管理、慢性病患者健康管理（包括高血压患者健康管理和 2 型糖尿病患者健康管理）、严重精神障碍患者管理、肺结核患者健康管理、中医药健康管理、传染病及突发公共卫生事件报告和处理、卫生计生监督协管；后者所划分的十二项为：建立居民健康档案、健康教育与健康素养促进、传染病及突发公共卫生事件报告和处理、卫生监督协管服务、慢性病患者健康管理、地方病患者健康管理、严重精神障碍患者健康管理、结核病患者健康管理、艾滋病病毒感染者和病人随访管理、社区易感染艾滋病高危行为人群干预、基本药物供应保障服务、食品药品安全保障。

家卫生和计划生育委员会，于 2017 年 2 月 28 日发布，后者由国家发展改革委联合 20 个部门制定，其中基本公共卫生事权部分由国家卫生和健康委员会负责，并经国务院批复同意，于 2021 年 3 月 30 日发布。从出台时间看，发布于 2018 年 7 月 19 日的《医疗卫生领域中央与地方财政事权和支出责任划分改革方案》只能采用前者对基本公共卫生服务的划分标准。至于后者，其虽为较新规定且经过了国务院的批复同意，然而从法理上讲这并不会提升该文件的效力位阶。① 事实上，国务院于 2021 年 7 月 12 日发布的《关于做好 2021 年基本公共卫生服务项目工作的通知》中，仍然沿用《国家基本公共卫生服务规范（第三版）》所确立的分类和表述，0~6 岁儿童健康管理、老年人健康管理等未出现在《国家基本公共服务标准（2021 年版）》的公共卫生事权类型依旧出现在该通知中。本书将依托上述文件关于基本公共卫生事权的内容界定，注重将内涵相同、表述不同的事权类型加以整合，以尽量全面地提炼基本公共卫生事权的类型。

据此，基于相关公共卫生产品和服务的重要性，公共卫生事权可以被界分为重大公共卫生事权和基本公共卫生事权。重大公共卫生事权关系国计民生，旨在提升公民健康水平，推动健康中国战略。其包含免疫接种（包括纳入国家免疫规划的常规免疫接种、国家确定的群体性预防接种、重点人群应急接种所需疫苗和注射器购置）、全国性或跨区域性的重大疾病（包括但不限于艾滋病、结核病、血吸虫病、包虫病）防控、精神心理疾病综合管理、重大慢性病防控管理模式和适宜技术探索等。

基本公共卫生事权指向的是公益性的公共卫生服务，由国家免费提供，大体包括常态化卫生保障、紧急公共卫生事件处理、重大疾病防控等方面的内容。

在常态化卫生保障方面，政府承担建立居民健康档案、健康教育与健康素养促进、预防接种、儿童健康管理、孕产妇健康管理、基本避孕服务、老年人健康管理、中医药健康管理、卫生监督协管、基本药物供应保障、食品药品安全保障、计划生育事业费管理、孕前优生健康检查、医养结合等事权。公共卫生常态化保障旨在提高公众健康意识，建立健全卫生健康

---

① 侯卓：《"经国务院批准"的税法意涵》，载《法学评论》2020 年第 5 期，第 71~72 页。

的基本保障制度。其提供的服务多为纯公共产品，同时在健康管理、妇幼保健等方面存在一定数量的准公共产品和可由市场提供的私人产品。在紧急公共卫生事件处理方面，政府主要是承担传染病及突发公共卫生事件报告和处理的事权。其虽非常态化事权，但履行情况是评判一国治理能力尤其是应急管理能力很重要的方面。政府紧急处理公共卫生事件，也属于纯公共产品。在重大疾病防控方面，各级政府要承担慢性病患者健康管理、地方病患者健康管理、严重精神障碍患者健康管理、结核病患者健康管理、艾滋病病毒感染者和病人随访管理、社区易感艾滋病高危行为人群干预等事权。政府对常见病、重要疾病的干预与控制，能有效阻止传染病的传播，对病患、易感人群乃至全社会都具有重大意义。政府在履行重大疾病防控事权时所采取的具体措施，主要包括跟踪监测易感人群、对病患提供药品和基本医疗服务，其中监督检测和疾病防治属于纯公共产品，部分卫生检验服务属于准公共产品。

应注意的是，重大公共卫生事权和基本公共卫生事权之间的界限并非一成不变，随着公共卫生形势的变化，个别项目可能会被重新归类，比如健康素养促进、妇幼卫生、老年健康服务、医养结合、卫生应急等原属于重大公共卫生事权的项目现在已被划入基本公共卫生事权的范畴。在今后，若干具体项目在两类事权之间的归属调整仍可能持续发生。此外，《基本医疗卫生与健康促进法》赋予了省级政府增添地方公共卫生事权项目的权力。在省级政府出台的事权和支出责任划分方案中，除参照《医疗卫生领域中央与地方财政事权和支出责任划分改革方案》的内容外，部分省级政府行使了上述权力，给本级或下级政府增加了若干具体事权，由于各地实践未尽一致而不具有普适性，故本书不予详细罗列。

第二节　公共卫生事权府际纵向划分的现状及其改进

前文已在整体意义上明确政府所承担公共卫生事权的应然和实然范围。在此基础上，公共卫生事权在政府内部的划分格局，对其履行绩效干系甚大，故有必要予以检视。本部分首先从纵向维度考察各级政府承担公共卫生事权的状况，同级政府不同部门间的事权划分状况，则在下一部分加以考察。

一、纵向划分的基本格局

各国政府通常将公共卫生事权设置为中央和地方共同事权，中央政府负责三级医疗保健（控制传染病、医学研究），省级政府负责二级医疗保健（医院、治疗），省以下地方政府负责初级医疗保健。[①] 在各级政府间公共卫生事权划分方面，我国也采用类似的分级配置方法。根据《医疗卫生领域中央与地方财政事权和支出责任划分改革方案》，基本公共卫生服务为中央与地方共同事权，重大公共卫生服务为中央事权。在这一框架的基础上，再结合《国家基本公共服务标准（2021 年版）》《国家基本公共卫生服务规范（第三版）》等文件，可基本明确我国公共卫生事权的纵向配置格局如表 3-1 所示。

表 3-1　　　　　各类公共卫生事权和支出责任在政府间的纵向划分

	事权归属	支出责任	具体事项
重大公共卫生事权	中央事权	中央承担	免疫接种（包括纳入国家免疫规划的常规免疫及国家确定的群体性预防接种和重点人群应急接种所需疫苗和注射器购置）
			全国性或跨区域的重大疾病防控（包括但不限于艾滋病、结核病、血吸虫病、包虫病防控）
			精神心理疾病综合管理
			重大慢性病防控管理模式和适宜技术探索
基本公共卫生事权	中央事权	中央承担	艾滋病病毒感染者和病人随访管理
			社区易感染艾滋病高危行为人群干预
	央地共同事权	央地共同承担	建立居民健康档案
			健康教育与健康素养促进
			预防接种
			儿童健康管理

---

① 沈荣华：《各级政府公共服务职责划分的指导原则和改革方向》，载《中国行政管理》2007 年第 1 期，第 11 页。

事权归属	支出责任	具体事项
央地共同事权	央地共同承担	孕产妇健康管理
		基本避孕服务
		老年人健康管理
		中医药健康管理
		传染病及突发公共卫生事件报告和处理
		卫生监督协管
		慢性病患者健康管理
		严重精神障碍患者健康管理
		结核病患者健康管理
		计划生育事业费管理
		孕前优生健康检查
		医养结合
	央地分级分类承担	食品药品安全保障
地方事权	地方承担，中央适当补助	地方病患者健康管理
		基本药物供应保障
	地方承担	省级政府确定的地方公共卫生服务项目

注：表格第一列"基本公共卫生事权"跨"央地共同事权"与"地方事权"两行。

由表 3-1 可知，我国公共卫生事权的府际纵向划分可区分为如下五种情形。

第一，部分事权专属于中央政府，相关事项的决策、执行和监督权力均由中央政府享有，但可以委托地方政府具体执行，重大公共卫生事权便是如此。

第二，部分事权虽为中央事权，但中央政府主要承担的是决策权和监督权，执行权则由中央政府委托地方政府行使，中央政府需要承担相应的支出责任。艾滋病病毒感染者和病人随访管理，社区易感染艾滋病高危行为人群干预等事权属于此种情形。

第三，部分事权为央地共同事权，且支出责任也在央地政府间分担。在基本公共卫生事权中，建立居民健康档案、健康教育与健康素养促进、传染病及突发公共卫生事件报告和处理、预防接种、儿童健康管理、孕产妇健康管理、基本避孕服务、老年人健康管理、中医药健康管理、卫生监督协管、慢性病患者健康管理、严重精神障碍患者健康管理、结核病患者健康管理、计划生育事业费管理、孕前优生健康检查、医养结合等皆属于共同事权，中央政府主要承担决策和监督方面的权限，地方政府负责具体执行。在支出责任方面，由中央与地方分档按比例分担，第一档为 8 : 2，第二档为 6 : 4，第三档为 5 : 5，第四档为 3 : 7，第五档为 1 : 9。① 若相关事项上升到全国性和跨区域重大卫生事件的层级，则该项事权归属于中央政府，支出责任也由中央政府承担。

第四，部分事权虽然也是央地共同事权，但需要根据属地原则分级分类确定具体承担事权的主体，并由确定下来的事权主体承担相应支出责任，如食品药品安全保障事权即是如此。

第五，部分事权是纯粹的地方事权，由地方政府承担支出责任，中央财政适当补助。地方病患者健康管理、基本药物供应保障服务等系属此种情形。此外，省级政府确定的地方公共卫生服务项目自应归属地方事权，且支付责任由地方政府承担。

在此需要说明的是，除各级政府外，社区居民委员会、村民委员会作为非行政性的基层群众自治组织，事实上也承担了一定的公共卫生事权，如果不从狭义上去理解"事权"，那么这些组织同样是公共卫生事权纵向配置格局中的重要一环。社区作为人们聚集生活的常态化场所，② 是社会治理的最小单位，③ 其虽然不是一级政府，但是实际上承载着大量的基层公共卫生事权，

---

① 《医疗卫生领域中央与地方财政事权和支出责任划分改革方案》规定，基本公共卫生服务支出责任实行中央分档分担办法：第一档包括内蒙古、广西、重庆、四川、贵州、云南、西藏、陕西、甘肃、青海、宁夏、新疆 12 个省（自治区、直辖市），中央分担 80%；第二档包括河北、山西、吉林、黑龙江、安徽、江西、河南、湖北、湖南、海南 10 个省，中央分担 60%；第三档包括辽宁、福建、山东 3 个省，中央分担 50%；第四档包括天津、江苏、浙江、广东 4 个省（直辖市）和大连、宁波、厦门、青岛、深圳 5 个计划单列市，中央分担 30%；第五档包括北京、上海 2 个直辖市，中央分担 10%。

② Jim J. Walmsley, "Putting Community in Place", 25 (1) *Dialogue* 5-12 (2006).

③ 刘益灯、周易茗：《突发公共卫生事件处置中的社区应对与法治规束》，载《中南大学学报（社会科学版）》2021 年第 2 期，第 56 页。

处于提供公共卫生服务的前沿阵地。《城乡社区服务体系建设规划（2016—2020年）》明确提出，社区要以提供基本公共卫生服务作为其发展任务，具体包括建立居民健康档案、重点人群健康管理、计划生育等内容。除了常态化公共卫生事权之外，《传染病防治法》第9条规定，社区居民委员会、村民委员会应当组织居民、村民参与社区、农村的传染病预防与控制活动。《突发公共卫生事件应急条例》虽未明确指出社区应承担的事权，但其于第40条要求街道、乡镇、居民委员会、村民委员会协助卫生行政部门和卫生医疗机构做好疫情信息收集和报告、人员分散隔离、公共卫生措施落实等项工作。从中不难看出，在紧急公共卫生事件的应对过程中，社区居民委员会、村民委员会的公共卫生事权主体地位较之平常更为凸显。举例言之，在新冠肺炎疫情防控中，社区便处于联防联控工作机制的一线，负责本区域内的交通管控、信息采集、隔离人员管理、物资采购分配等行政管理事务，并在政府与民众间发挥上传下达的作用，事实上承担了大量的公共卫生事权。

二、存在的问题及其改进思路

客观地讲，公共卫生事权在各级政府间纵向划分的现行格局，对于促进公共卫生服务的高质量供给起到了很大作用。但若是根据事权划分的理想标准来衡量，则其也存在不少问题，有必要及时改进。

（一）公共卫生决策权集中于中央政府

从要素或者内容出发，可以将事权区分为决策权、执行权和监督权。由前文梳理不难发现，公共卫生领域各项具体事权中的决策权能多由中央政府掌握。易言之，决策权主体设置过高，公共卫生决策权呈现中央集权的态势，形成倒金字塔型配置。而这一状况，在实践中引发不少弊端，这在传染病及突发公共卫生事件报告和处理方面体现得尤为明显。根据《传染病防治法》第20条的规定，地方政府和相关机构接到国务院卫生行政主管部门或者省级政府发出的传染病预警后，才能采取相应的预防、控制措施。实践中，关于传染病防控的预警、疫区认定、疫区封锁等事项的决策权大多由中央政府行使，少数权力由省级政府掌握，市级、县级政府基本没有针对突发公共卫生事件的决策权，① 这既削弱了贴近事发地之基层政府实施应急处置的积极性和主动性，也不利于相关突发公共卫生事件的及时高效应对。事实上，《突发事件应对法》第 16 条和第 43 条有赋予县级以上政府针对突发事件发出预警、作出相关决定的权力，《传染病防治法》的特别规定虽然应予遵守，但其在合理性方面似有所不足。

横向对比，域外国家不乏将公共卫生决策权下放的实践。以加拿大为例，其大多数省份不同程度地将公共卫生领域的决策权力及相应的责任下放至区一级的政府，希望以此来确保政府对其提供的公共卫生产品和服务负责。在决策权下放的基础上，由于较低层级政府更加贴近普通公众，是以有条件通过公众参与的方式来提升决策的合理性和公正性，加拿大便是这样做的，区一级政府履行公共卫生事权时，广泛而有针对性的公众参与是其突出亮点之一。② 就我国而言，考虑到各地社会经济发展水平差异还比较大、不同地方政府治理能力也有不小差别的实际，将全部公共卫生决策权下放未必可取。从次优却可行的角度出发，在应然层面，建立居民健康档案、健康教育与健康素养促进、传染病及突发公共卫生事件报告和处理、儿童健康管理、孕产妇健康管理、基本避孕服务、老年人健康管理、中医药健康管理、卫生监督协管、慢性病患者健康管理、严重精神障碍患者健康管理、结核病患者健康管理、孕前优生健康检查等事项的决策权可以适当下放。这些事项的共性在于：均直接面向基层，区域性强，并且与当地居民密切相关，同时，对地方政府财力和治理能力的要求也不算太高。将其决策权下放的优势是，能够实现决策权和执行权的统一，使地方政府（主要是市县两级政府）更为高效地行使公共卫生事权。当然，决策权下放的同时也要建立相应的约束机制，就此而言，规范化、程式化的报告制度必不可少，也即法律应当明确地方政府行使哪些事项的决策权时应上报上级政府，特殊情况下可越级上报。上级政府乃至中央政府应切实履行好监督和保障的职责，一方面针对事权履行不力的情形启动究责程序，另一方面也须及时向地方政府提供必要的物质和技术支持，防止其履行某些公共卫生事权（如应对突发公共卫生事件）时陷入"有权无

---

① 参见刘丽：《论我国传染病防控公共卫生事权配置的优化》，载《湘潭大学学报（哲学社会科学版）》2021 年第 3 期，第 50 页。

② John Church et al，"Citizen Participation in Health Decision-Making：Past Experience and Future Prospects"，23（1）*Journal of Public Health Policy* 12-26（2002）.

能"的尴尬境地。

（二）上下级政府间共同事权分工不明

财政事权在各级政府间相对明确、清晰的界分，能够有效减少执行层面的相互推诿或是争抢情事。反之，若是事权界分不明，既容易引发争议，也可能因行政体系内部上下级之间的管理-服从属性而使实际承担事权的主体向下倾斜，同"适当集中事权"和"为基层减负"的初衷背道而驰。然而，我国公共卫生共同事权的府际纵向划分，恰恰存在不够明晰的问题。一方面，由表3-1可知，央地共同事权是公共卫生事权特别是其中基本公共卫生事权的主要组成部分，然而政策层面对相关事权的府际界分通常也止步于此，未对如何"共同承担"或"分级分类承担"有细致、可操作的规定，实践中很容易演绎为地方政府具体执行、中央政府制定标准并据此实施监督的格局；另一方面，在省以下划分公共卫生事权时，各级地方政府承担的具体项目具有高度的同质性。具言之，《医疗卫生领域中央与地方财政事权和支出责任划分改革方案》等顶层设计仅对央地财政事权进行明确划分，并未区分省以下各级政府之间的财政事权，《基本医疗卫生与健康促进法》《传染病防治法》《突发公共卫生事件应急条例》等公共卫生领域的法律法规也普遍采用"县级以上人民政府"的笼统表述。经由梳理30个省级政府①的情况可知，其均参照中央文件的划分方法，将各项公共卫生共同事权进一步划归省市（县）政府共同事权，部分市级政府又出台文件将其进一步纳入市县共同事权的范围，② 从而使共同事权的承担主体上下贯穿，某项具体事权由中央-省-市-县四级政府共同承担的情形屡见不鲜。

对此，"减少并规范共同财政事权"应当成为下阶段的改进方向。概括地

---

① 这30个省级政府包括：河北、山西、辽宁、吉林、黑龙江、江苏、浙江、安徽、福建、江西、山东、河南、湖南、湖北、广东、海南、四川、贵州、云南、陕西、甘肃、青海、内蒙古、广西、西藏、宁夏、新疆、天津、上海、重庆。主要依据的是这些省级政府发布的《财政事权与支出责任改革方案》《基本公共服务领域共同事权与支出责任改革方案》《医疗卫生领域财政事权和支出责任划分改革方案》等文件。

② 比如，基本公共卫生事权在国务院发布的《医疗卫生领域中央与地方财政事权和支出责任划分改革方案》中被确立为央地共同事权，在辽宁省发布的《医疗卫生领域省与市财政事权和支出责任划分改革方案》中被规定为省市共同事权，在大连市发布的《医疗卫生领域市与区市县（先导区）财政事权和支出责任划分改革实施方案》中又被明确为市县共同事权。

讲，要根据事权的构成要素、实施环节，分解细化各级政府承担的任务，避免由于职责不清造成政府间互相推诿。据此，可以制定公共卫生共同事权承担主体明确化的"三步走"战略。首先，将共同事权进行二次分割，提炼出若干子事权；其次，在厘清子事权具体内容的基础上，根据基本公共卫生服务的受益范围、影响程度，确定最适合的事权主体，从而减少共同事权的数量；最后，对于职能履行确实涉及不同层级政府，由多级政府共同负责更能保障行政效率的共同事权，确立各承担主体之间合理的分配机制，避免将决策权和执行权完全分离，就此而言，一种兼顾需要与可能的做法是，借鉴委托-代理的制度构造，[①] 塑造"上级委托下级，上级行使监督权，下级决策、执行"的权力分享模式。

（三）上下级政府间事权错位、缺位

依据事权划分的经济标准，应当基于相关公共卫生服务的外部性、对信息复杂程度的要求和激励相容原理，来确定各级政府应承担的事权内容。从外部性标准出发，要求由外部效益和成本内部化的最低层级政府提供相应公共卫生产品。[②] 从信息复杂性标准出发，一项具体事权的履行如果需要很复杂的信息，则适合由层级较低故而贴近一线的政府来承担，反之则可由较高层级的政府来承担。从激励相容原理出发，考虑到各级政府实际上也有自身的"利益诉求"，其也是理性的，当配属某级政府的事权是其根据自身利益也愿意承担时，事权履行的效率一般较高。根据这三项标准来检视，当前公共卫生事权的纵向配置确有若干不合理之处。比如，公共卫生领域某些事项有较强（但又未及于全国范围）的外溢性，是故相关事权适合由省级政府承担，然而在当前的事权划分实践中，省级政府更多扮演上传下达的角色，具体承担的事权主要集中在公共卫生政策制定、监督执行等方面，客观来讲有承担不足的嫌疑。又如，免疫接种属于中央事权，预防接种则是央地共同事权，两项事权虽然可以在理论上加以区分，但实践中难免存在重合之处，在该状况下，即便是基于行政机关上下级之间的服从关系而由地方政府承担相当一部分事权，其也可能并不情愿，这就和激励相容的要求有所背离。

---

① 参见李思思：《央地共同事权与支出责任划分政策考察、实施障碍及其改进》，载《地方财政研究》2020 年第 10 期，第 25 页。

② 参见李俊生、乔宝云、刘乐峥：《明晰政府间事权划分 构建现代化政府治理体系》，载《中央财经大学学报》2014 年第 3 期，第 4~5 页。

　　从事权划分三原则出发，公共卫生事权的府际划分不妨遵循如下路径：首先，中央政府承担跨区域性的免疫接种、传染病防控、精神疾病和慢性病管理等事权；其次，针对央地共同事权、省以下政府共同事权，以受益区域作为最基本的评判标准，确定最适合承担相关事权的政府层级，其上级政府职在监督；再次，兼顾行政职能和行政效率，将所需信息量大且信息获取困难的公共卫生事权下沉给市县两级政府；最后，考虑到理论和实践之间总会存在张力，事先确定的事权划分方案在遇到突发状况时可能不敷需要，故而也有必要建立动态的事权协调乃至调整机制，至于具体的协调思路和调整方案，仍应依托外部性、信息复杂性和激励相容这三项标准得出。

（四）基层政府承担过于繁重的公共卫生事权

　　总体上看，本轮财政事权和支出责任改革的一个方向便是适当加重高层级政府尤其是中央政府的事权承担，相应给基层政府减负。其背后的原因是多元的，当中很重要的一点在于，现行政府间财力配置向上倾斜，地方政府的固有财力较为不足，在履行职责时较为依赖来自上级政府的转移支付。在此背景下，承担过多事权和支出责任，可能是其不能承受之重。由此观之，我国公共卫生事权的纵向配置恰恰存在基层政府责任过重的问题，而该处所指的主要是县级政府。

　　通过对公共卫生事权纵向配置作定性和定量分析①，公共卫生事权下沉的主要表现有三。一者，从事权承担角度来看，外溢性较强的公共产品理论上应当由中央政府承担，但在我国，区域外溢性较强的公共卫生事权很多却是由县级政府承担的，② 导致事权履行过程中表现出明显的功能不适当。比如，县级政府是传染病报告和处理事权的主要承担者，传染病一旦流行开来，很容易发展为外溢性、紧急性、复杂性都很突出的公共卫生事件，而不少县级政府缺少处理此类事件所必需的公共卫生设施和专业人员，很多时候可能只

---

　　① 本书的定量分析主要关注以下两个指标：一是各级政府公共卫生支出所占比重，用以说明公共卫生事权和支出责任在国家、省、市、县四级政府的纵向分配；二是各级政府公共卫生支出与本级政府财力的关系，用以说明公共卫生事权和支出责任与财力的匹配程度，央地政府间财力采用财政收入数据进行量化，省以下政府间财力采用一般公共服务预算支出数据进行量化。

　　② 参见内蒙古财政厅课题组陈世杰、谭明达、周利光：《政府间公共事务责任与权限合理划分研究》，载《预算管理与会计》2017 年第 3 期，第 28 页。

得采取行政手段进行应对，而非科学、专业的传染病阻断卫生应急措施。二者，从支出责任角度来看，在央地政府之间，地方政府在公共卫生领域贡献了绝大部分的支出，如表3-2所示，自2010年以来，地方财政负担的公共卫生支出占比一直在99%左右高位徘徊，中央财政负担的公共卫生支出占比甚低。在省以下政府间，县级政府承担过多的公共卫生事权和支出责任，由表3-3可知，县级政府公共卫生支出比重远高于省市两级。三者，从财政压力角度来看，如表3-2所示，近十年间，中央政府公共卫生支出占同期财政收入的比重在0.12%~0.28%波动，地方政府公共卫生支出占财政收入的比重则在11.65%~16.24%波动，换言之，地方政府承担公共卫生事权的财政压力要远远大于中央政府。再根据表3-3中省以下政府公共卫生支出占一般公共预算支出比重的数据，县级政府在地方政府中财政压力最重。综合以上分析，不难看出公共卫生事权和支出责任的纵向划分呈现金字塔型的结构，县级政府公共卫生事权和支出责任繁重，事责财不匹配。

表3-2　　　**2010—2019年央地公共卫生支出情况（单位：亿元、%）**①

年份	公共卫生支出	中　　　央				地　　　方			
		财政收入	公共卫生支出	纵向卫生支出比重	卫生支出/财政收入	财政收入	公共卫生支出	纵向支出比	卫生支出/财政收入
2010	4804.18	42488.47	73.56	**1.53**	**0.17**	40613.04	4730.62	**98.47**	**11.65**
2011	6429.51	51327.32	71.32	**1.11**	**0.14**	52547.11	6358.19	**98.89**	**12.10**
2012	7245.11	56175.23	74.29	**1.03**	**0.13**	61078.29	7170.82	**98.97**	**11.74**
2013	8279.90	60198.48	76.7	**0.93**	**0.13**	69011.16	8203.2	**99.07**	**11.89**
2014	10176.81	64493.45	90.25	**0.89**	**0.14**	75876.58	10086.56	**99.11**	**13.29**
2015	11953.18	69267.19	84.51	**0.71**	**0.12**	83002.04	11868.67	**99.29**	**14.30**
2016	13158.77	72365.62	91.16	**0.69**	**0.13**	87239.35	13067.61	**99.31**	**14.98**
2017	14450.63	81123.36	107.6	**0.74**	**0.13**	91469.41	14343.03	**99.26**	**15.68**

---

① 数据来源：根据2011—2020年《中国统计年鉴》《中国财政年鉴》相关数据整理，本表公共卫生支出数据口径同财政部预算决算报告中卫生健康支出数据口径。

年份	公共卫生支出	中央				地方			
		财政收入	公共卫生支出	纵向卫生支出比重	卫生支出/财政收入	财政收入	公共卫生支出	纵向支出比	卫生支出/财政收入
2018	15623.55	85456.46	210.65	**1.35**	**0.25**	97903.38	15412.9	**98.65**	**15.74**
2019	16665.34	89309.47	247.72	**1.49**	**0.28**	101080.61	16417.62	**98.51**	**16.24**

表 3-3 **2018—2019 年部分省级单位公共卫生支出比重情况（单位：万元、%）**①

2018 年					
经济分区		东北地区	东部地区	中部地区	西部地区
地区		吉林	浙江	河南	重庆	广西
公共卫生支出		2816938	6261980	9289500	3727896	5465216
省级	财政支出	6758992	5769477	9934200	13295074	9321968
	卫生支出	308689	342533	458700	487998	456980
	卫生支出/财政支出	**4.57**	**5.94**	**4.62**	**3.67**	**4.90**
	纵向卫生支出比重	**10.98**	**5.47**	**4.94**	**13.09**	**8.36**
市级	财政支出	9615940	18777773	24155400	——	12378370
	卫生支出	636547	942826	1234200		788488
	卫生支出/财政支出	**6.62**	**5.02**	**5.11**		**6.37**
	纵向卫生支出比重	**22.64**	**15.06**	**13.29**	——	**14.43**
县级	财政支出	21520962	61748006	58087600	32114413	31407072
	卫生支出	1866924	4976621	7596600	3239898	4219748
	卫生支出/财政支出	**8.67**	**8.06**	**13.08**	**10.09**	**13.44**
	纵向卫生支出比重	**66.39**	**79.47**	**81.78**	**86.91**	**77.21**

---

① 数据来源：根据 2018 年、2019 年《吉林统计年鉴》《浙江财政年鉴》《河南统计年鉴》《重庆统计年鉴》《广西财政年鉴》相关数据整理。囿于篇幅所限，本章无法穷尽列举全部省级单位的相关数据，而是以经济分区为标准，在东北、东部、中部和西部地区分别选择有一定代表性的省级单位作为范本进行观察。另，本表财政支出数据口径同各省财政厅预算决算报告中一般公共服务预算支出数据口径。

续表

	2019 年				
经济分区	东北地区	东部地区	中部地区	西部地区	
地区	吉林	浙江	河南	重庆	广西
公共卫生支出	2812160	7356114	9867900	3832583	5652862

		吉林	浙江	河南	重庆	广西
省级	财政支出	7690584	6398706	10907600	13595573	9290337
	卫生支出	291152	369030	482400	384639	398068
	卫生支出/财政支出	3.79	5.77	4.42	2.83	4.28
	纵向卫生支出比重	10.34	5.02	4.89	10.04	7.04
市级	财政支出	9874824	21612948	26532000	——	14013692
	卫生支出	599025	1182778	1339500	——	790545
	卫生支出/财政支出	6.07	5.47	5.05	——	5.64
	纵向卫生支出比重	21.27	16.08	13.57	——	13.98
县级	财政支出	21768823	72518681	64199700	34881222	35205580
	卫生支出	1926761	5804306	8046000	3447944	4464249
	卫生支出/财政支出	8.85	8.00	12.53	9.88	12.68
	纵向卫生支出比重	68.40	78.90	81.54	89.96	78.97

　　针对基层政府负担过重的状况，要从事权和支出责任两个方面双管齐下加以破解。一方面，应强化省市政府在公共卫生领域的事权承担，将信息收集难度不大、具有一定外部性的公共卫生事权由县级政府转交省市政府履行，即便仍然作为省市县政府的共同事权，也可考虑由省市政府承担执行权的主体，县级政府则做好配合工作；另一方面，要在支出责任上做好文章，由表3-1可知，公共卫生共同事权对应的支出责任多为共同承担或是分级分类承担，其本身并不清晰从而在实践中易逐级下沉，所以，当前至关紧要的举措便是对支出责任如何共担的问题加以明确，能够对各自支出比例数量化的要予以数量化，并在此过程中向省市政府倾斜，形成省市为主、中央为辅、县级补充的支出责任新格局。同时，当上级政府将本该由自己履行的事权交由下级政府承担，或是下级政府也是共同事权承担者之一但缺乏必要财力时，都应发挥好转移支付的作用，使各级政府尤其是基层政府的权能相适应，减

轻基层政府财政压力。比如，若是上级政府指令下级政府执行重点人群健康管理、重大疾病管理等共同事权，应考虑下级政府的财力情况，是否能承担相应的支出责任，如若不能，上级政府通过转移支付的形式承担起支出责任，从而缓解下级政府财政压力，达到公共卫生事权和支出责任与财力相匹配的应然状态。①

（五）社区的事权主体地位缺少法律依据

由上文可知，社区居民委员会、村民委员会虽不是一级政权，但其实际上承担了不少的公共卫生事权。概括地讲，这体现在两个方面。一是社区居民委员会、村民委员会承担了部分常态化公共卫生事权，其所承担的事权主要偏重执行性事项，如建立居民健康档案、重点人群健康管理等。二是在非常态时期，此类组织通常要承担更为繁重的公共卫生事权，而且相关事权的性质已然超越执行范畴，部分进入决策的领域。譬如，在新冠疫情防控中，社区作为"联防联控工作机制"的一线，许多公共卫生事权由上级政府下沉到基层社区。发生局部疫情后，农村社区实施限制返乡、封村封路、封门上锁等措施，城市社区实施强制隔离、限制出行等措施屡见不鲜，② 已然为民众所熟知。从法理上讲，强制隔离、封门上锁属于限制人身自由的行政强制措施，其应是行政强制主体实施的具体行政行为。③ 换言之，基层社区实际上行使了行政机关专有的行政权力，这难免引发正当性问题。《立法法》第8条规定，对公民实施限制人身自由的强制措施应当依据法律的规定。然而，纵观我国现行法律，并未授予社区限制人身自由的行政权力。再者，《传染病防治法》第41条规定，县级以上政府可以实施强制隔离的措施，并应报上级政府批准。此条规定将强制隔离的权限配置给县级以上政府，乡镇、街道办尚无此项权力，社区行使强制隔离等强制措施的合法性更是存疑。由比较法视野观之，行政机关所采取的强制隔离等卫生强制措施尚且因为涉嫌侵犯人身自

---

① 参见周坚卫、罗辉：《从"事与权"双视角界定政府间事权建立财力与事权相匹配的转移支付制度》，载《财政研究》2011年第4期，第12页。

② 茅铭晨：《完善我国重大疫情防控法治体系研究》，载《法治研究》2021年第4期，第35~36页。

③ 金伟锋：《中国行政强制法律制度》，法律出版社2003年版，第3~4页。

由而备受质疑，① 当前这种未经法律授权，基层社区直接采取限制人身自由的强制措施的做法，属于"越权行政"，确有必要进行法律规制。

概言之，基层社区所采取的强制隔离措施可区分为对人身自由的限制和对场所的限制，从目的论的角度解释基层社区的行为，其旨在将潜在的疫情蔓延风险扼杀在最小范围内，以此来保护公共健康利益，这当然有一定合理性。然而从合法性的角度分析，基层社区的行为明显缺少法律依据。这种"合理不合法"的现象提示人们，此间很可能存在"立法滞后"的问题。由此出发，在法律层面明确基层社区的公共卫生事权主体地位是值得追求的目标。进言之，在此过程中，要仔细考量如何透过精细化设计以实现公共健康和个体人身利益的平衡。具体来说，不妨依循授权和控权并举的路径妥适确定基层社区的公共卫生事权主体地位。一方面，要在法律和实践两个层面上为社区赋能，明确并且强化其事权主体地位。在法律层面，以比例原则作为立法或修法的出发点，健全公共卫生法律体系，通过完善《突发事件应对法》《传染病防治法》等法律，明确承认基层社区在疫情防控等紧急公共卫生事件的处置中具有准行政主体的地位，② 赋予其应对紧急公共卫生事件的权力。同时，在程序方面简化基层社区采取部分行政措施的流程，比如在应对即时性、扩散性的紧急公共卫生事件时，可赋予其先执行、再报批的权力，这既能提升应对处置的绩效，也可将相关组织的人员从无必要的事务性工作中解脱出来，真正做到"为基层减负"。在实践层面，地方政府应加强对社区的人员配备、经费支持和业务培训，使其权能一致，具有承担并高效履行公共卫生事权的能力，尤其是在紧急公共卫生事件的处置中，地方政府在强化社区主体责任的同时，也应该向其提供应急物资和专业人员，确保人财物向社区下沉。但另一方面，也要健全群众监督、申诉途径，防止基层社区及其工作人员滥用权力，侵害居民的合法权益，一旦发生非法实施强制措施、限制人身自由的情况，根据其危害后果，对社区负责人、上级政府负责人以及相关单位启动"双轨制"追责，发挥法律"控权保民"的价值功能。

---

① Susan Lemar, "The Liberty to Spread Disaster: Campaigning for Compulsion in the Control of Venereal Diseases in Edinburgh in the 1920s", 19 (1) *Social History of Medicine the Journal of the Society for the Social History of Medicine* 73 (2006).

② 从行政法原理出发，可将其界定为"法律授权的组织"。

第三节　公共卫生事权部门间横向划分的现状及其改进

较之纵向划分，学界对公共卫生事权在同级政府不同部门之间的横向划分关注相对较少。事实上，妥适的府际横向划分，同样是公共卫生事权高效履行的基础和前提。若是划分不当，推进各项公共卫生事业均可能窒碍难行。

一、横向划分的基本格局

在我国，承担公共卫生事权的部门大体上有四种类型。一是卫生行政主管部门，卫生健康委员会是我国的卫生行政主管部门，也是公共卫生事权横向划分体系中重要的事权主体，总体负责公共卫生统筹规划、常态化管理和应急处置。二是卫生行政主管部门之外的政府职能部门，包括民政部门、海关、市场监督管理部门、医疗保障部门、药品监督管理部门、环境保护部门等职能涉及公共卫生的行政部门。其基于自身职权在传染病防控、食品药品管理、环境卫生监控等领域承担了一部分公共卫生方面的执法监督事权，[1] 如市场监督管理部门负责食品药品质量检测和安全管理等事项。三是专业公共卫生机构，包括各级疾病预防控制中心、妇幼保健机构、健康教育中心、急救中心、采供血机构、卫生监督机构、计划生育技术服务机构、中医药管理部门等。由于公共卫生涉及领域广、专业性强，专业公共卫生机构各自负责本领域的公共卫生事权，如疾病预防控制中心主要负责传染病、寄生虫病、慢性病、精神疾病等重大疾病防治事项。四是医疗卫生机构，包括基层医疗卫生机构、疗养院、医学科研机构等为社会提供医疗保健、疾病控制、卫生监督等公共产品和公共服务的医疗卫生机构，医疗卫生机构处于公共卫生事业一线，其通常具有事业单位的性质，从广义上讲也是公共卫生事权的承担主体。综上所述，卫生行政主管部门、其他政府职能部门、公共卫生专门机构以及医疗卫生机构相互配合，各尽其能，共同承担和履行各类公共卫生事

---

① 参见李广德：《我国公共卫生法治理论坐标与制度构建》，载《中国法学》2020年第 5 期，第 37 页。

权。根据我国公共卫生法律法规的规定,① 按照事权内容和归属,结合前文对公共卫生事权的类型化梳理,我国公共卫生事权横向划分的基本格局可以从疾病防控、常态化公共卫生管理、紧急公共卫生事件处理、公共卫生监督体系四个角度切入观察,以下逐一检视之。

第一,我国疾病防控体系主要覆盖传染病防控、寄生虫病防控、免疫规划、慢性病防控、地方病防控、精神卫生防治、癫痫防治等内容。在该体系中,各级疾病预防控制中心处于主导地位,卫生行政主管部门、政府职能部门、其他专业卫生机构、医疗卫生机构也会扮演一定角色,如在跨国(境)口岸传染病防控中,卫生行政主管部门、疾病预防控制中心与海关部门联合制定卫生政策,共同承担相关事权。

第二,在常态化公共卫生管理过程中,各类主体分别扮演一定角色。民政部门、基层医疗卫生机构承担老年人健康管理事权,妇幼保健机构、基层医疗卫生机构承担妇幼健康管理、孕产妇健康管理事权,基层医疗卫生机构、健康教育专业机构承担健康教育事权,计划生育机构、基层医疗卫生机构承担基本避孕服务、计划生育管理、孕前优生健康检查事权,基层医疗卫生机构承担医养结合、健康档案管理事权,中医药管理部门承担中医药健康管理事权。

第三,紧急公共卫生事件的处置由各级应急指挥中心和卫生行政主管部门、疾病控制中心以及其他卫生机构共同完成。在公共卫生应急领域,我国政府已建立了联防联控工作机制来应对紧急公共卫生事件,在联防联控工作机制的框架下,各部门协同配合,形成系统的突发公共卫生事件预警、报告、执行、处理机制。从2003年开始,我国逐渐形成了"一案三制"的公共卫生应急体系。② 在2003年抗击"非典"疫情的过程中,我国采取了"党委间接

---

① 参见《基本医疗与健康促进法》《药品管理法》《食品安全法》《中医药法》《精神卫生法》《献血法》《职业病防治法》《人口与计划生育法》《母婴保健法》《体育法》《传染病防治法》《突发事件应对法》《疫苗管理法》《国境卫生检疫法》《动物防疫法》《进出境动植物检疫法》《野生动物保护法》《环境保护法》《突发公共卫生事件应急条例》《艾滋病防治条例》《公共场所卫生管理条例》《废弃电器电子产品回收处理管理条例》《血吸虫病防治条例》等法律法规。

② 钟开斌:《回顾与前瞻:中国应急管理体系建设》,载《政治学研究》2009年第1期,第78页。

领导、政府统一指挥"的联防联控模式，在事权配置层面，党中央和国务院承担重大事件的决策权，临时应急指挥部统筹调度，内设防治组、科技攻关组、农村组、社会治安组、教育组、卫生检疫组、后勤保障组、宣传组、外事组、北京组等工作组，在事权范围内落实应急指挥部的指示。[①] 在应对2009 年 H1N1 流感时，则是由原卫生部牵头组建了以 38 个部门和单位为主体的 8 个工作组和 1 个专家委员会，形成了各部门参与的公共卫生联防联控格局。[②] 2020 年以来应对新冠肺炎疫情的过程中，联防联控工作机制进一步完善，在国家层面建立了国务院应对新型冠状病毒感染的肺炎疫情联防联控工作机制（以下简称国务院联防联控工作机制），由国家卫生健康委员会牵头，在中央层面形成了应对紧急公共卫生事件的多部门协调工作平台。在地方层面，各省市县（区）也分别成立新冠肺炎疫情防控指挥部等临时机构，落实本区域内联防联控工作机制，统筹协调以卫生行政部门为中心、多部门共同承担的紧急公共卫生事权。

第四，公共卫生监督监测的事权承担者主要是卫生行政主管部门、卫生监督机构和部分政府职能部门，如市场监督管理部门、药品监督管理部门、环境管理部门等，此外，纪委监委在其中也发挥一定作用，如对公共卫生领域出现的行政人员失职渎职、处理不善等行为进行监督处罚。

二、存在的问题及其改进思路

公共卫生事权部门间横向划分的现行格局主要存在五方面问题，亟待改进。

（一）常态化公共卫生管理事权主体在实践中缺位

在应然层面，我国建立了完善的常态化公共卫生管理机制，以基层医疗卫生机构为着力点，面向所有居民提供建立居民健康档案、预防接种、妇幼健康管理、老年人健康管理等公共卫生服务。但在实然层面，我国城乡之间、不同区域之间的公共卫生服务差异巨大，在东部经济发达地区，地方政府的财力较为充足，各类公共卫生事权主体基本如预期般履行职责，常态化公共

---

① 钟开斌：《国家应急指挥体制的"变"与"不变"——基于"非典"、甲流感、新冠肺炎疫情的案例比较研究》，载《行政法学研究》2020 年第 3 期，第 17 页。

② 薛澜、曾光：《防控"甲流"：中国内地甲型 H1N1 流感应对评估》，社会科学文献出版社 2014 年版，第 60 页。

卫生服务大体上能够进入社区，但是随着老龄化的加剧，老年人健康管理事权成为常态化公共卫生管理事权的短板，① 民政部门、基层医疗卫生机构未能充分发挥应有作用，事权主体呈现"点状缺位"的面貌。在中西部欠发达地区，诸多公共卫生服务未能下沉到社区、乡镇，造成常态化公共卫生管理事权主体"块状缺位"。

常态化公共卫生管理事权是公共卫生事权的基础，直接关系到政府提供公共卫生产品的质量，也因为受众广、项目多的特点而天然具有复杂性。因此，针对常态化公共卫生管理事权主体缺位的问题，不能采取一刀切的行政干预手段，而应根据各地的现状、需求和财力，因地制宜来制定切合实际的解决办法。其中，尤其要坚持系统思维，认识到地方财力的充裕程度和常态化公共卫生管理事权履行状况的紧密关联。就东部经济发达地区而言，针对老年人健康管理事权主体"点状缺位"的现状，可将老年人健康管理增设为地方公共卫生事权，让地方财政承担支付责任，强化公共卫生事权主体的责任意识。就中西部欠发达地区而言，针对常态化公共卫生管理事权主体"块状缺位"的现状，应先保障最基础的公共卫生服务的事权主体"到位"，首先解决基础性公共卫生需要。具体来讲，地方政府要加强重点领域的公共卫生健康管理，制定首要公共卫生事权清单，将人财物首先投入保障预防接种、儿童健康管理、孕产妇健康管理、基本避孕服务、食品药品安全保障等直接关系公众卫生健康质量的领域，同时，上级政府也要增加财政拨款和转移支付的力度。

（二）紧急公共卫生事权内部划分不明

重大突发事件是对一国政府治国理政能力的巨大考验，政府于此间通常会面临不确定性、过负荷运转、快速制定对策、公众沟通四个方面的行政危机，应对重大突发事件，政府不能仅立足于某一领域，而应具有跨领域应对危机的行政能力（Boundary-Spanning Capacities）。② 紧急公共卫生事件作为关系国计民生的重大突发事件，需要政府采取跨部门的应急措施，我国政府通

---

① 参见龚向光：《论政府在公共卫生领域的职能》，载《中国经济卫生》2003 年第11 期，第13 页。

② Chris Ansell, Arjen Boin & Ann Keller, "Managing Transboundary Crises: Identifying the Building Blocks of an Effective Response System", 18（4）*Journal of Contingencies and Crisis Management* 195-207（2010）.

常会成立临时性的指挥机构，[①] 其常常关涉多个部门，此时，公共卫生事权在各部门间的配置，尤其是临时性机构和常设部门之间的事权划分是需要解决的首要问题。在理想化设计中，常见的紧急公共卫生事件应对模式是以卫生行政主管部门主导，联合其他职能部门形成统一的卫生应急临时机构，在事权谱系中，各部门各司其职、共同协作。紧急公共卫生事权属于多部门联动的共同事权，具有急迫性、专业性的特点，我国所采取的联防联控工作机制确有其必要性，很多时候也发挥着不可替代的价值功能。但在实践中，联防联控工作机制尚处于实践先于理论的阶段，"联防联控"的概念停留在浅层次，其内涵和外延都尚未得到来自官方层面的解释，有些地方政府甚至都难以把控联防联控工作机制的核心要义。加之目前对联防联控的触发机制尚无明确规定，联防联控工作机制常被作为卫生应急的万能措施，而缺少制度化建构，这削弱了该机制本应发挥的效能。[②] 比如，突发公共卫生事件发生后，卫生行政主管部门可能会将联防联控机制的存在作为弱化自身事权和责任的借口。从行政效率的角度看，由一级政府牵头组建临时机构，固然有可能更高效地整合卫生资源，但缺乏规范性的触发机制会导致"联防联控工作机制"被应用过滥，卫生行政主管部门在紧急公共卫生事件处置方面的事权则有被主动或被动架空之虞，难以发挥应有的作用。国家卫生健康委员会是根据《中共中央深化党和国家机构改革方案》设立的国务院组成部门，各级卫生健康委员会共同构成我国卫生行政主管部门，如果政府设立的临时机构取代卫生行政主管部门成为紧急公共卫生事权的主体，那么就违背了设置职能部门的初衷，浪费行政资源。

　　就改进方向言之，可考虑将联防联控工作机制纳入公共卫生法律体系中，使其得以制度化、规范化，这当中最重要的是设定联防联控工作机制的触发条件。由此出发，"多主体主导"应当成为我国紧急公共卫生事权划分的要义。概言之，不妨基于所涉事项的性质和影响，将紧急公共卫生事权划分为三种类型，分别由不同主体承担主要的事权和支出责任。一是直接威胁国民健康且具有重大影响的紧急公共卫生事件的处置，如重大传染病疫情防控，

---

①　钟开斌：《国家应急指挥体制的"变"与"不变"——基于"非典"、甲流感、新冠肺炎疫情的案例比较研究》，载《行政法学研究》2020 年第 3 期，第 11 页。

②　陶鹏：《论突发事件联防联控制度多元建构的理论基础》，载《行政法学研究》2020 年第 3 期，第 39 页。

由于其对资源整合能力的要求颇高，适合由一级政府通过联防联控工作机制的方式承担主要的事权。二是专业性较强、与特定政府职能部门息息相关的事件处置，如突发食品中毒事件的处理，可由市场监督管理部门等对口部门主导。三是其他一般性紧急公共卫生事件的处置，可使卫生行政主管部门在其中扮演更重要的角色。需要说明的是，明确各项具体事权的主要承担者，不意味着其他主体在应对紧急公共卫生事权时就不再扮演任何角色，其同样要承担配合、协助的任务。强调"主责单位"，是为了尽量避免无相关规定时可能诱发之不同主体间相互推诿或是扯皮的情事。

（三）各事权主体间缺少信息交流机制

《"健康中国 2030"规划纲要》明确提出要"建设健康信息化服务体系"，《全国公共卫生信息化建设标准与规范（试行）》也要求"提高公共卫生机构信息化建设与应用能力"。在现代社会，信息化水平的高低，成为影响乃至决定政府事权执行绩效的关键因素。由前文论述可知，我国公共卫生事权的横向配置呈现分散化态势，不同性质的主体都承担一定事权，其中既有政府职能部门，也有专业公共卫生机构，还有医疗卫生机构。这本身没有问题，而且可能正是功能适当原理的应然要求，但如果众多主体间的信息交流不够畅通，水平型的横向信息传递便会出现"信息扭曲"，导致接收信息一方"信息失真"，[1] 进而在很大程度上制约相关事权的高效履行。然而，我国当前除在应对传染病等紧急公共卫生事件时，经由临时机构统一调配从而实现信息互通外，在常态化卫生管理、日常疾病防控、公共卫生监督等事权执行过程中，事权主体间各自为营，缺少规范化的信息交流机制，进而引发多个部门对同一信息反复收集、信息整理标准不同等问题，造成卫生行政资源浪费、各部门间信息不对称以至于治理失能等消极后果。

结合我国公共卫生信息化现状和公共卫生事权横向划分的基本格局，解决这一问题的关键在于完善信息收集标准、建立公共卫生信息化平台。根据《全国公共卫生信息化建设标准与规范（试行）》的内容，本研究对公共卫生信息化建设的建议如下：首先，将大数据、人工智能等信息技术推广应用

---

① 参见姚金伟：《克服现代治理困境中"信息不对称性"难题的路径选择——兼论有效应对疫情防控阻击战中的信息不对称性》，载《公共管理与政策评论》2020 年第 6 期，第 88 页。

到公共卫生各领域，发挥信息化建设在流行病学调查、病毒溯源调查、食品药品监督检测、公民健康档案建立等方面的支撑作用；其次，以"平战结合"为着力点，公共卫生信息化建设既要满足常态化公共卫生管理的信息需要，也要能够应对紧急公共卫生事件的处置；再次，加强疾病防控主体与各部门间的协调配合，实现疾病防控信息系统在各领域互通共享，就此而言，美国的地方应急管理机构与公共卫生机构在信息互通方面便做得较好，[1] 值得我国借鉴；最后，将卫生监督体系融入公共卫生信息化建设，既通过监督来倒逼信息化建设，也运用信息化建设的成果助力公共卫生监督权的高效行使。

（四）监督性事权的设置过于靠后

根据作用阶段的不同，监督有事前监督、事中监督和事后监督三种形式。[2] 作为一类事权，监督性事权在理想状态下也应该贯穿事前、事中、事后三个阶段。在公共卫生领域，事前监督的重点是对潜在公共卫生风险进行监督监测，事中监督侧重于依据相关行业标准对公共卫生措施、人员进行全方位、多领域的监控监管，事后监督则主要是对违反法律法规的公共卫生行为予以纠正，对失职失责的公共卫生人员进行监督处罚。然而，我国公共卫生领域的监督性事权基本表现为事后监督处罚，其固然能发挥对公共卫生事权执行的监督作用，但是在及时纠正不合理的做法、提高事权主体履职效率等方面，单纯的事后监督有不敷需要之嫌。

进言之，各项具体的公共卫生事权之间差异颇大，引致相应的监督性事权后置的原因亦不尽一致，故而改进思路也要强调辨证施治。

传染病预防控制隶属于紧急公共卫生事权，其具有传染病发生概率低、突发性强、投入成效不明显等特点，事权主体即便未能很好地履行自身职能，危害后果也不必然发生，因此卫生监督机构容易滋生懈怠、侥幸心理，不重视对相关事权执行情况的事前和事中监督，而更倾向于在发生事故后进行追责处理。如在"郑州六院院内感染事件"中，当地卫生行政主管部门事前、事中监督不到位，没有对医疗机构常态化疫情防控工作进行必要的监督检查

---

① Susan Wolf-Fordham, "Integrating Government Silos: Local Emergency Management and Public Health Department Collaboration for Emergency Planning and Response", 50 (6-7) *American Review of Public Administration* 561-562 (2020).

② 参见张成福：《责任政府论》，载《中国人民大学学报》2000 年第 2 期，第 75~76 页。

和指导，也未及时排查和发现风险，因此导致聚集性感染，进而使河南多地出现关联病例。事件发生后，当地纪委监委对卫生行政主管部门、医疗卫生机构多名相关人员进行追责问责，① 然而，事后问责追责并不能抵消事前、事中监督缺位造成的实际损失。针对此种情况，除加强卫生监督队伍建设、深化监督人员责任意识之外在制度层面建立并完善"卫生监督派驻"机制尤为必要，卫生行政主管部门和相关卫生监督机构采取人员派驻的方式，派遣卫生监督人员下沉到医疗机构，减少公共卫生监督的中间环节，切实保障公共卫生事前和事中监督。在此基础上，一旦发生重大卫生事件，坚持"一事一责"，不仅负有直接责任的事权主体要承担责任，负有卫生监督职责的人员也须根据其履职情况、有无过失而承担一定的政治和法律责任。

食品药品监督管理、环境监督监测等事权属于卫生行政主管部门和其他政府职能部门交叉管理的共同事权，对其执行情况进行监督的环节过于靠后很大程度上归因于食品药品监督管理与环境保护涉及领域过宽，监督事权主体承担监督责任过重，囿于行政能力所限而不得不有所偏重，由此引致事前监督和事后监督"政府失灵"。② 为解决这一问题，可考虑建立公共卫生监督平台，发挥各类市场主体乃至普通公众的积极性，以此来破解监督公共卫生事权执行状况时信息偏在和能力不足的难题，部分减轻有关部门的负担。同时，加强对涉及食品药品、环境保护等领域经营主体的事前监督审查，将潜在的公共卫生风险消弭于事前，从而实现监督重心由后置向前驱的转变。当然，事前监督审查也有前提条件，此即明确而稳定之监督审查标准的存在，以食品监督管理为例，澳大利亚和新西兰最常用的食品监管策略便被认为是标准制定，即由一个机构制定标准并将其纳入相关法律。③ 在这种条件下，事前监督审查方能持续而高效的开展。无论是食品药品安全还是环境保护领域，我国都有一系列的标准，这就为监督重心前置打下坚实的基础。

---

① 参见《河南省纪委监委关于郑州 9 名公职人员因疫情防控不力被严肃追责问责的通报》，载河南省纪委监委网站：https://www.hnsjw.gov.cn/sitesources/hnsjct/page_pc/jdzjzfyw/gnyw/article09edbe6839024632aeof077a33971fb3.html，最后访问时间：2021 年 9 月 13 日。

② 参见蒋慧：《论我国食品安全监管的症结和出路》，载《法律科学》2011 年第 6 期，第 156~161 页。

③ Mark Lawrence, *The Food Regulatory System—Is It Protecting Public Health and Safety?*, Food Security, Nutrition and Sustainability, 2013, pp. 163-164.

（五）医疗卫生机构的公共卫生事权亟待加强

公共卫生与临床医疗是两个虽被区分看待、实则存在密切关联的领域，二者间并不存在绝对清晰的界限。通常认为，医疗卫生机构主要从事临床医疗方面的工作，但实际上，其在公共卫生领域也应当扮演重要角色。在我国，大部分医疗卫生机构属于公益性的事业单位，具有一定行政职能，也承担着一定的公共卫生事权。《国家基本公共卫生服务规范（第三版）》规定了医疗卫生机构应承担的具体事权，但其中只涉及基层医疗卫生机构承担的常态化公共卫生事权，如基层医疗卫生机构承担老年人健康管理、妇幼健康管理、孕产妇健康管理、健康教育、基本避孕服务、计划生育管理、孕前优生健康检查、医养结合、健康档案管理等事权。至于基层以上的综合性医疗卫生机构，通常认为其在公共卫生领域扮演的角色十分有限，仅在公共卫生受到严重威胁或损害时，其需要承担一定事权，而且这部分事权主要也是临床医疗方面的，只不过同时带有某些公共卫生方面的色彩，如救治患者以防止疫情进一步扩散。这种习惯性做法在很大程度上忽视了医疗卫生机构在公共卫生领域所应当也能够发挥的功用，既浪费了相关医疗卫生机构的宝贵资源，也削弱了公共卫生产品的质效，还亟待有针对性地加以改进。

总体上讲，要以"医卫融合"作为我国医疗卫生机构的改革导向，填补公共卫生与临床医疗的中间地带，弥合二者间的鸿沟，强化医疗卫生机构的公共卫生服务效能。实现"医卫融合"的最终目标，应以《"十三五"国家医学中心及国家区域医疗中心设置规划》作为切入点，重新整合医疗卫生资源，建立国家级医学中心和区域医疗中心。现阶段我国已建立了国家心血管病中心、国家癌症中心、国家老年医学中心、国家儿童医学中心、国家创伤医学中心、国家呼吸医学中心、国家重大公共卫生事件医学中心、国家口腔医学中心、国家神经疾病医学中心、国家传染病医学中心。其中，国家重大公共卫生事件医学中心是我国最晚设立的国家级医学中心，是经过新冠肺炎疫情考验的最新"医卫融合"成果。国家重大公共卫生事件医学中心以华中科技大学附属同济医院为主体，以综合应对公共卫生事件为主要职能，在功能设置上已经超越了医疗卫生机构传统的职能范围。[1] 可以说，该中心的成立

---

① 蔡敏、田巧萍：《3天内可检测出新发现的病原体》，载《长江日报》2021年9月24日，第8版。

标志着"重医疗、轻公卫"的医疗卫生机构定位开始发生变革。但须注意的是，我国幅员辽阔，仅建立一个国家重大公共卫生事件医学中心和若干区域医疗中心，① 并不能从根本上改变医疗卫生机构游离在紧急公共卫生事件处置之外的普遍现实。未来努力的方向应该是进一步将《"十三五"国家医学中心及国家区域医疗中心设置规划》落到实处，重新整合国内医疗资源，依托现有的三级医疗卫生体系，建立"科层化"的重大公共卫生事件医学（医疗）中心。此外，除了重大公共卫生事件医学（医疗）中心外，医疗卫生机构也应肩负起常态化公共卫生事权，不能仅由基层医疗卫生机构提供基本公共卫生服务。在重点人群健康管理、慢性病管理、精神疾病管理等公共卫生领域，也应提高事权主体的层级，将其纳入国家医学中心与区域医疗中心建设体系，实现公共卫生与临床医疗的全方位、多领域对接。

第四节 小 结

政府承担一定的公共卫生事权，是弥补公共卫生领域产品和服务供给不足、缓释市场失灵的重要举措。市场失灵的具体表现决定了政府应承担公共卫生事权的范围和类型。从整体上把握，公共卫生事权可区分为重大公共卫生事权和基本公共卫生事权，其中基本公共卫生事权又能够进一步细分为常态化卫生保障事权、紧急公共卫生事件处理事权、重大疾病防控事权等类型。当前，根据事权的具体内容，我国公共卫生事权在纵向上分别配属中央事权、央地共同事权和地方事权，中央事权所对应的支出责任由中央承担，央地共同事权所对应的支出责任有央地共同承担和央地分级分类承担两类情形，地方事权所对应的支出责任则有地方承担和地方承担、中央适当补助两种方式。现行的事权纵向划分存在若干问题，其中较为突出的是决策权过于集中在中央政府、共同事权的分工不明、事权错位和缺位并存、基层政府负担过重、社区的事权主体地位缺少法律依据等，应立足于事权划分的基本原则，从责权利统一的角度出发，妥善地加以调适。在公共卫生事权横向配置的维度，卫生行政主管部门、其他政府职能部门、公共卫生专门机构、医疗卫生机构

---

① 王伟：《国家重大公共卫生事件医学中心建设的同济设想》，载《决策与信息》2021年第1期，第12页。

分别扮演一定角色，但事权配置同样反映出常态化公共卫生管理事权主体在实践中缺位、紧急公共卫生事权内部划分不明晰、公共卫生事权主体间信息交流不顺畅、监督性事权设置过于靠后、医疗卫生机构的公共卫生事权亟待加强等弊端，亟待有针对性地加以改进。

　　向全社会持续供给高质量的公共卫生产品和服务，是满足人民群众对美好生活的向往的重要前提和基本要求。然而，单靠市场力量，无法保证公共卫生产品和服务的高质量供给，政府积极主动地承担起相应事权，必不可少。近年来发生的多起公共卫生事件，在吸引人们关注目光的同时也启发人反思，现行公共卫生事权配置的基本格局是否已臻于完善，还有无改进空间。在此意义上，本章的研究既是由理论驱动的，更是以实践为导向的，文中提炼的相关对策建议是否合意，同样要基于客观实践来检视和评判。

第四章　高等教育事权府际划分的法治化路径

"人民对美好生活的向往，就是我们的奋斗目标。"能够有机会接受高质量的高等教育，是人民对美好生活向往的组成部分，故此，各级政府通过积极履职尽责，提供更高水平的高等教育这一公共产品，是坚持以人民为中心发展思想的题中应有之义。与此同时，从国家和全社会的角度看，教育和科研的意义是毋庸赘言的，二者俱是国家软实力的重要表征，而高等院校正是开展教育和科研活动的重要场域。所以，无论是基于个人发展还是国家进步的立场，推动高等教育事业健康发展，都是各级政府应尽的职责。然而，具体该由哪一级政府承担何种事权，单从前述分析无法得出结论，因此必须展开更为详尽的分析。本部分拟首先探明高等教育事权配置的逻辑起点和基本目标，进而考察我国这方面事权划分的现实样态并着重揭示其中不甚合理之处，最后根据应然层面事权划分的一般原理，尝试廓清高等教育事权府际划分在下阶段的优化方向。

第一节　高等教育事权配置的基点和方向

"事权"是与政府等公权力机关联系在一起的概念，各级政府承担事权的本质是在向社会提供公共产品。所谓"高等教育事权"，也便是政府在高等教育领域提供相关公共产品的职责。从理论上讲，仅仅在某些产品对于市场/社会甚为重要可市场主体又不愿意提供的情况下，政府方才应当主动提供。据此，高等教育事权的范围并非无远弗届，而必须依托一定的基准来界定其内涵和外延。同时，政府的履职过程乃至政府的存在本身都不是为了自己，而有着明确的目标导向，这也在一定程度上规定了高等教育事权配置的方向。

一、政府与市场关系原理在高等教育领域的体现

政府与市场的关系，是贯穿整个社会科学研究的核心命题，[①] 在探讨包括高等教育事权在内的各类事权时都不能脱离这一基本语境。[②] 自 20 世纪 90 年代开始，围绕"教育产业化"的争论即不绝如缕。"教育产业化"虽然有着十分丰富的内涵，但核心意旨是主张在非义务教育阶段引入更多的市场化因素，并且基于市场的逻辑来把握相关教育机构特别是高等院校的定位和行为。[③] 无论是支持还是反对这一观点，分析问题的出发点都是"应该如何处理好高等教育领域政府与市场的关系"。事实上，该问题的答案很大程度上决定了政府承担高等教育事权的范围，而只有首先明晰了事权的范围，方才谈得上在不同层级政府之间进行划分的问题。

在我国，高等院校有公办高校和民办高校之别，前者是由中央政府或地方政府出资创立维持的大学，从各级政府处获得的财政资金是其办学的重要物质基础；后者则是企业单位、社会团体和公民个人等市场主体主办的大学，一般没有政府稳定的资金支持，学校自负盈亏。对公办高校来讲，由于能够获得来自政府的各方面支持，也因而更受社会各界的认可，以致其市场意识、竞争意识和危机意识相对比较弱，甚至产生办学思路与社会脱节、教育质量不敷客观需要的风险。对民办高校来讲，其天然地较为亲近市场，能够敏锐地捕捉市场需求。但在较长一段时期内，民办高校不乏侵害学生权益的事例，各民办高校相互间也时常存在无序竞争的情形，这些都充分说明"市场失灵"在高等教育领域同样可能发生，而政府监管的缺失助长甚至加剧了前述情状。有鉴于此，政府应承担的高等教育事权，因其所针对的是公办高校抑或民办高校而有区别。

在公办高校的部分，理当贯彻党的十八届三中全会"使市场在资源配置中起决定性作用和更好发挥政府作用"，以及十九届三中全会"坚决破除制约

---

① 张守文：《政府与市场关系的法律调整》，载《中国法学》2014 年第 5 期，第 60 页。

② 本书在第三章探讨公共卫生事权时，也曾从政府与市场关系的角度切入，厘定政府应承担的这方面事权的范围。

③ 比如，对于高等院校从事与教育和科研不相关行为的包容、理解乃至鼓励，长期以来便被视作"教育产业化"的重要诉求。

使市场在资源配置中起决定性作用、更好发挥政府作用的体制机制弊端"的精神，引入更多的市场因素，将政府事权的重心置于补充性、保障性和监管性事项。为此，教育部等五部门发布了《关于深化高等教育领域简政放权放管结合优化服务改革的若干意见》（教政法〔2017〕7号），其间洋溢着转变政府职能的核心理念。从该意见的内容看，"放管服"可以说很好地概括了政府应当承担的高等教育事权："放"，即政府通过下放办学自主权激活市场，促进高等教育公平竞争；"管"，强调的是要创新监管体制，构建事中事后监管体系，综合采取完善信用机制、"双随机"抽查、行政执法、督导、巡视、第三方评估等手段积极履行政府职能；"服"，也即优化服务，在明确"管"所对应者是"监管"而非"管理"后便可知晓，各地各部门面对高等院校的主要职责是下放权力后的必要"监管"，而面对教学科研人员时的基本职责则在于做好服务工作，简化优化服务流程，精简和规范办事程序，缩短办理时限，改进服务质量正是其题中应有之义。在民办高校的部分，诚如《民办教育促进法》及相关新政所揭示的，"更好发挥政府作用"至关重要，政府一方面要鼓励和大力扶持民办高校，为其兴办和发展创造条件；另一方面也须切实担负起监管职能，规范其办学活动，及时发现并且纠正其中不规范乃至不合法的行为。由于公办高校当前在我国仍然居于主流地位，各级政府承担的高等教育事权主要针对的也是此类高校，故本章接下来的分析主要针对其而展开。

二、平等受教育权对高等教育事权划分的要求

政府事权的确立与划分，须以有利于公民基本权利的实现作为基本依据。平等权和受教育权都是公民的基本权利，作为二者的结合，平等受教育权既是平等权的重要内容，也属于受教育权的子项之一。高等教育事权配置很重要的一项目标，便是要保障公民平等受教育权的实现，这一目标导向实际上也给高等教育事权的划分提出若干要求。一方面，受教育权的实现不仅需要政府谦抑自制，对公民受教育权予以尊重和保障，还要求其积极作为，在必要时主动承担给付义务；[1] 另一方面，平等受教育权中的平等，主要是指教育

---

[1]　Sethi J. D. , "Human Rights and Development", 3（3）*Human Rights Quarterly* 11-24（1981）.

基本公共服务的均等化，随着人们生活水平和整体受教育水平的提高，"基本公共服务"的外延会有所拓展，高等教育供给也成为其题中应有之义，以基本公共服务均等化也当然要求不同区域公民有大体相近之接受高等教育的机会。由此出发，高等教育事权配置要有助于高等教育公共服务均等化的实现，当不同区域在这方面存在显著差异时，高层级的政府需要积极介入，实施必要的调控。

当前，我国正处于高等教育普及化的发展阶段，大众接受高等教育日益成为普遍性社会诉求，但高等教育发展地区不均衡和机会不均等问题依然存在。① 最直观的例证是，作为我国高等院校金字塔尖的"985""211"高校，② 集聚了大量的优质教学、科研资源，比如从 2021 年国家社科基金年度项目和青年项目③立项结果可知，高校系统总计获得 4642 个项目的立项，其中与"985"高校高度重合的世界一流大学建设高效获资助的项目占比便达到 30%。这些高校在各省级单位的分布即颇不均衡，北京、上海、江苏等地共计有 14 所"985"高校和 47 所"211"高校，反观安徽、山东等省份，虽然考生人数众多，可分别仅有 3 所"985"高校和 4 所"211"高校。至于河南、江西、云南等省份，均无一所"985"高校，而各自仅有一所"211"高校。各"985""211"高校属地招生规模偏大的现象普遍存在。其中，中山大学、华南理工大学属地招生规模更是超过 2008 年教育部规定的部属高校属地招生的比例上限也即 30%，而是已经达到 50% 以上。浙江大学属地招生规模亦高达到 48.2%。由此可见，部分"985"高校属地招生比重过大诚为不争的事实。④ 所谓"名校"的地域分布不均，加之此类高校属地招生比重通常较大，

---

① 钱祥升：《高等教育平等受教育权属性研究》，载《江苏科技大学学报（社会科学版）》2020 年第 4 期，第 12 页。

② 当前虽然不再新增"985"或"211"高校，而且在政策层面也已经以动态评审、有进有出的"双一流"高校替代"985"或"211"高校的提法，但客观地讲，民间仍然习惯于给高等院校贴上"985"或"211"之类的标签，而且，"985"高校和世界一流大学建设入选高校、"211"高校和世界一流学科建设入选高校之间有很大比例的重合。因此，如正文般将"985"或"211"高校称作我国高等院校金字塔尖，既是长期以来的习惯做法，也无违于当下的实际情况。

③ 国家社科基金项目的立项情况，普遍被认为能够较好地衡量一所高校的科研实力，而科研实力同该校的教学资源之间又有着强大的正相关关系。

④ 许长青、梅国帅、周丽萍：《教育公平与重点高校招生名额分配——基于国内 39 所"985"高校招生计划的实证研究》，载《教育与经济》2018 年第 2 期，第 10 页。

使得"名校"数量较少的省份，高考录取分数线常年居高不下，考生要付出远超过其他省份同龄考生的努力，方能被同一级别的高校录取。有研究数据显示，2009—2013 年，北京和上海考生的入学机会高出河南、河北等省份近 7 倍。[1] 后面这些省份的考生人数同样很多，河南在这方面甚至冠绝全国。单由此点便不难发现，平等受教育权的实现仍是任重道远，平等导向的高等教育事权划分，也有很长一段路要走。

第二节　我国高等教育事权划分的现行格局及其存在的问题

历经多年摸索，我国各级政府已在高等教育事权承担方面形成较为成熟的做法。高等教育事业在相当一段时间内持续迅猛发展的背后，也离不开政府的有力支持。从不同类型高校的事权归属入手，有助于对相关事权划分的现行格局产生直观认知，据此也较易发现其间存在的问题。

一、兴办不同类型高校的事权归属

我国高等院校的类型颇为多元，从不同角度出发可以有多种不同的界分方法。前文已经述及，以办学体制为标准，高等院校有公办高校和民办高校的区别。民办高校由市场主体兴办，各级政府在其间基本上仅有监管之责，而无专门的事权和支出责任。而在公办高校，各级政府则一方面具有"投资人"的身份，另一方面也扮演着管理者的角色，自应承担更多的事权。就公办高校而言，若是以办学层次为准，其可被区分为本科院校和高职院校，后者通常也被称为"专科院校"。若是以隶属关系为准，则有教育部直属高校、其他部委所属高校、省属高校、市属院校等多种类型。实践中，由于教育部直属高校的数量甚少，[2] 而有一部分省属高校的教学科研实力较强，故而也衍生出省部共建和部省合建这两种类型。其中，"省部共建"这一概念的使用有过于泛滥的嫌疑，其同时被用来指称教育部和地方政府共同建设的"双一流"

---

[1]　汪梦姗、马莉萍：《重点高校招生名额分配——基于 2009—2013 年 12 所"985"高校招生数据的实证研究》，载《清华大学教育研究》2016 年第 3 期，第 64 页。

[2]　截至 2021 年，我国共计有 75 所教育部直属高校（不含国际关系学院），且自 2005 年起，该数量即一直未有增长。

高校、教育部或行业部门参与共建的行业特色型一流学科建设高校等多种类型，但最为典型、也是该概念最为原初的含义，应当还是指部分实力较强的省属高校，除地方政府外，教育部和其他部委也提供相应支持。为使探讨更为清晰，本书从狭义上理解省部共建的高校。至于部省合建高校，是在省部共建的高校中综合考虑多方面因素后选择若干所，[1] 采取"以部为主、部省合建"的方式进行建设，其多被认为是省部共建的升级版，主要政策依据是"中西部高校综合实力提升工程"。

　　基于上述，本研究初步将高等院校划分为教育部直属高校、部省合建高校、省部共建高校、省属高校等五种类型。需要说明的是，严格来讲省属高校是包含部省合建、省部共建高校的，对此前文也已有阐明，故此处探讨的省属高校是剔除进入部省合建、省部共建序列之后的省属高校。接下来分别对此五类高等院校相应的事权归属情况加以剖视。

　　就教育部直属高校而言，其隶属于教育部并由中央直接管理，具有"中央事业单位"的身份，在很长一段时间内与地方政府之间相互独立。20世纪90年代以来，随着高等教育体制改革的深化以及"省部共建"的逐渐推进，地方政府对区域内的中央高校有了更多的统筹权。我国按照"共建、调整、合并、合作"的方针，逐步确立了"两级管理、以省为主"的管理制度，地方政府开始承担教育直部属高校的部分事权，相应的支出责任主要包括地方教育经费拨款、地方科研经费拨款以及地方其他经费拨款。近几年，为落实建设世界一流大学和一流学科的发展战略目标，地方政府和教育部共建部属"双一流"高校，地方政府在中央政府政策激励下给予部属高校更多的配套资金，加大了投资力度。

　　就狭义上的省部共建高校而言，其隶属于省级地方政府，由省级地方政府承担相应的高等教育事权，但由于较之教育部直属高校，大多数省属高校得到的财政支持较少，致其发展受到限制，教育部及其他部委对部分实力较强的省属高校予以资金支持与相关指导。然而，就事权承担而言，此类高校相关的事权绝大部分仍然归属于当地的省级政府。

　　就部省合建高校而言，其相关事权根据隶属关系划分，教育部及其他部委承担主要事权，地方政府给予相应的支持。部省合建高校有着部委专项经

---

① 截至2021年，我国共计有14所部省合建的高校。

费和地方政府财政资金的支持，并且近年来经费逐年上升，以郑州大学为例，其 2020 年经费预算超 60 亿元，甚至高于很多教育部直属院校。

就省属高校而言，以省级地方管理为主，主要靠省级财政供养，其绝大多数由省级政府投资建设，部分实现地方与中央共同投资（即"省部共建""部省共建"两种形式）。省属高校占我国高校总数的绝大多数，是我国高等教育体系的主体部分，承担着为区域培养人才以及服务于地方经济和社会发展的任务。

就市属院校而言，首先需要明确，该处的"市"特指地级市，含行政级别上的副省级城市，而不含直辖市。诸如北京、上海等直辖市所属的高等院校，属于省属高校的范畴。市属高校的事权由市一级的政府负担，其办学经费也主要来源于市级财政。相较于部属和省属高校，无论是经费资助还是政策扶持，市属高校都难有优势可言，故其在发展过程中难免会有一定局限性。由此出发，立足本地、凸显特色和走差异化发展道路，应当是市属高校较为理想的战略选择。实践中，许多市属高校定位于高等职业教育，着力培养的是符合社会需求的应用型人才。

二、现行事权划分模式的弊端

我国现行高等教育事权划分是以隶属关系为依据，如前文所述，教育部直属高校和部省共建高校的事权主要归属于中央政府，地方政府负担省属高校和省部共建高校、市属高校的大部分事权。这种划分模式基本上遵循"谁举办，谁负责"的思路，从操作便利的角度看，该做法有一定合理性，但是由于高等教育在不同程度上具有正外部性，加之省级政府事权负担过重以及地区间经济发展水平差距较大等现实因素的客观存在，现行事权划分模式显然不够科学和严谨，实践中已经呈现诸多弊端。

第一，部属高校数量较少，省属高校占比最高，地方政府承担了高等教育事权的主体部分。① 地方政府在获得辖区内大多数高等院校规划和统筹权利的同时，也加重了自身的财政压力。此外，实践中还存在决策权和执行权不

---

① 需要提请注意的是，本章在前文也已阐明，即便是部属高校，地方政府也承担了一定的事权和支出责任。所以，单纯看省属高校在高等院校序列中的占比，尚不足以反映地方政府承担高等教育事权的全貌，还需要体认到地方政府就部属高校也承担部分事权这一情况。

统一的现象，中央"点菜"，地方"买单"的情形时有发生。① 中央政府所作统筹规划，地方政府需要贯彻执行，在前者下达指标时，后者也要组织落实，进一步加重地方政府的负担。

第二，高等教育资源特别是优质资源的区域分布本就不均衡，根据隶属关系划分事权会进一步加剧这种失衡态势。一者，位于东部发达地区的部属高校在数量上远多过位于中西部地区的部属高校，中央财政负担部属高校经费的后果是，在整体上看，其投放到东部发达地区的金额远超中西部地区，这也意味着，最需要得到中央财政支持的区域，真正获得支持的力度却相对较小。二者，对省属高校这一高等院校的主体类型来讲，主要由各省级政府承担事权和支出责任，而各省级单位的财力差距颇大，同为省属高校，财力基础却可能有天渊之别，进而对办学水平产生很大影响。比如在许多省份，省属高校的财力甚至比部属高校还要更为雄厚，而且在不少考生及其家长看来，一线城市的省属高校在吸引力上也完全不逊色于欠发达地区的部属高校。

第三，省属高校能够争取的经费和资源相较于部属高校更加紧缺，以至于各高校之间为了争夺总量有限的教育资源和办学经费，盲目追求提升办学层次求大求全，希冀办综合性大学，导致各高校办学模式千篇一律，千人一面。如此发展，各高校难以形成核心竞争力和特色，自然不能很好履行高等教育多元化的要求，造成了教育资源的浪费和教学质量的下降。

在具体配置事权时，现行模式在技术层面也存在如下的不足：其一，对于多级政府共同承担的事权，缺乏较为精细的规定，致使各级政府对自身应承担事权的边界缺乏清晰认知，进而在实践中诱发诸多问题，如《高等教育法》规定，国务院统一领导管理，省级政府统筹协调高等教育事业，但对于高等教育领域的哪些事权分别该由哪一级政府负责，没有作出明确的规定，导致相互推诿或者多头管理的现象不绝如缕；② 其二，在全国范围内推行大致相同的事权划分方案，对地区差异关注不足，我国高等教育事权划分采取"一刀切"的方式，对经济发达和欠发达地区未作区别对待，导致同一层次但

---

① 周坚卫、罗辉：《从事与权双视角界定政府间事权建立财力与事权相匹配的转移支付制度》，载《财政研究》2011 年第 4 期，第 11 页。

② 比如，2006 年 5 月，教育部突然收回 3 个专业硕士生入学考试的专业课命题权限，便曾引发各界的关注和热议。

坐落于不同区域的高等院校，在发展水平方面逐渐产生较大差异；① 其三，高等教育事权划分缺乏必要的保障机制，一是当各级政府间对某项具体事权的归属发生争议时，缺乏制度化的协调机制，二是转移支付体系的不健全和力道的不足，也会让部分地方政府承担高等教育事权时的无力感难以得到缓释。

第三节　高等教育事权府际划分的优化路径

十八届四中全会决定要求各级政府事权规范化、法律化。这既强调规范化的制度构建，又重视制度运行的法治保障。高等教育事权的府际划分也应被纳入法治轨道，这需要在制度层面明确各级政府所承担事权的具体内容，并对地区间差异有足够关切。在此基础上，健全的府际协调机制和转移支付制度，是使高等教育事权得到有效履行的关键。

一、在制度层面明确共同事权的内容及其配置

整体上讲，高等教育事权是典型的央地共同事权，中央政府和地方各级政府在兴办高等教育的进程中都不能缺席。但仅仅抽象地指出高等教育事权由各级政府共享显然无济于事，只有更为细致地梳理高等教育事权的具体内容，在此基础上考量哪些应由中央政府承担，哪些应该配置给地方政府，以及交给哪一级地方政府，才能使制度实践有更为明确的规则指引。概括地讲，高等教育事权配置需要遵循经济原则和法律原则，即根据外部性原则、信息复杂性原则、激励相容原则，科学经济地配置事权，再予以法律层面上的确认。②

对于中央政府而言，能够充分彰显其高层级性的事权适合由其承担。宏观调控通常被限定在经济领域，但实际上，如果不是过于严格地从狭义角度理解，那么宏观调控也未必不能被理解成对经济、社会等各领域所实施的具有高层级性的调节和控制。由此出发，宏观调控作为一类公共产品，具有高层级性，理应由高层级政府、特别是中央政府来承担。在高等教育领域，中

① 外界关注较多的优质生源和高层次人才"孔雀东南飞"的现象，在很大程度上便是由经费支持和办学水平等方面的差异所引致。

② 刘剑文、侯卓：《事权划分法治化的中国路径》，载《中国社会科学》2017 年第 2 期，第 102 页。

央政府除对部属高校和部省共建高校的建设承担主要事权外，还需要负担高等教育中全国范围内的公平性事权以及对地方政府履权过程中的监管和保障事权。① 具体而言，中央要充分考虑地区间差异性和高等教育空间外溢性，强化中央对经济欠发达地区和溢出性较强地区（此二者常常重合）的事权和支出责任。中央政府负责制定普通高等教育的国家基本标准，并为政策的最终落实承担经费保障义务，其需要通过转移支付的方式保障中西部地区的基本办学经费，保证地方政府高等教育事权与财力相匹配。② 同时，中央政府还需要对地方政府履行高等教育事权的情形实施监督，确保省属高校和市属高校的教学管理质量和资金合理有效使用。

对于地方政府而言，其需要发挥自身贴近基层一线、对相关信息的掌握更为全面而便利的优势。③ 故此，对信息复杂性要求较高的事权适合由地方政府来承担。考虑到地方政府也分为多个层级，在其内部，对信息复杂性要求越高的事权，一般来讲越适合由较低层级的政府承担，相对高层级的地方政府则相应承担有一定外部性或者体现一定高层级性的事权。④ 作为整体的地方政府是和中央政府相对应的，其需要基于国家高等教育基本标准因地制宜指定地区标准，并承担保障政策落实的相关事权，主要是围绕如何提升办学水平和教学质量，加大在高校师资队伍、学科建设、教学与实践等方面的事权承担。虽然在地方政府内部，省级政府要对辖区内的高等教育事权进行统筹协调，但目前缺乏这方面的系统规定，而主要是散见于各类政策文件。国务院教育督导委员会每年都会印发《对省级人民政府履行教育职责的评价方案》，以 2020 年版本评价方案为例，其所附评价重点中罗列了 12 个方面，但除"高校毕业生就业创业工作进展情况"一项外基本没有专门针对高等教育事权的内容。在国务院教育督导委员会办公室发布的《对省级人民政府履行教育职责评价的测评体系》中，省级政府高等教育统筹对象主要涉及省属高

---

① 魏建国：《教育事权与财政支出责任划分的法治化——基于一个理解框架的分析》，载《北京大学教育评论》2019 年第 1 期，第 75 页。

② Ketleen Florestali & Robb Cooper, *Decentralization of Education*: *Legal Issue*, The World Bank, 1997, p. 2.

③ Wallace E. Oates, *Fiscal Federalism*, Edward Elgar Publishing, 1972, pp. 66-76.

④ ［日］礒崎初仁、金井利之、伊藤正次：《日本地方自治》，张青松译，社会科学文献出版社 2010 年版，第 29 页。

校、省部共建高校和市属高校，其事权也应该包括院校设置、学科专业结构优化、招生计划调控、学位点调整、学校内部管理体制设计、高校干部调配、经费调节等高等教育教学安排、指导方面的事权。[1] 从逻辑上讲，要对相关事项进行测评的前提，是这些事项应由被测评单位承担，但从规范性的角度出发，首先在相关制度规范中明确此类事权应由省级政府承担，方能更好地使相关政府明确自身的权责，事后评价和可能的责任追究也才有章可循。

至于市级政府，在当前主要承担市属高校建设的事权之外，还可以考虑将部分高等教育监督测评以及吸引社会主体多元筹措教育经费等事权配置给市级政府，以与其信息占有更为充分的特质相适应。但整体上，不宜给市级政府配置过多事权，以免超出其财力所能承担的范围。

二、适当推行差异化事权配置

我国幅员辽阔，不同地区的发展水平差异较大，对于坐落在不同地区的高等院校，相应财政事权的配置不宜完全一致。适度的差异化配置，是更值得追求的方案。

差异化事权配置首先表现为，中央政府应当就位于经济发展相对滞后地区的高等院校，承担更多的事权和支出责任。这不仅仅是缘于财力方面的考量，而更主要是从外部性和激励相容这两个角度切入分析的结果。在传统语境下，一所高等院校会给所在城市贡献大量的人才和智力资源，甚至成为当地经济发展的重要引擎。然而当前，随着经济发达地区大城市的集聚效应不断增强，中西部地区高等院校的毕业生大规模地向前者流动，反倒是本地就业者的占比不断下降，而且越是高水平大学，前述情状越是突出。比如，在哈尔滨工业大学 2019 届毕业生就业质量报告中，本硕博毕业生留在东北三省的比例仅为 17.49%，将近 30% 的毕业生选择在华东地区签约就业，从整体上，接近九成的毕业生选择出省发展，极少一部分会留在黑龙江本地为当地的经济社会发展做贡献。[2] 如此一来，在经济发展相对滞后地区建设高水平大

---

[1]　刘国瑞：《法治化建设：省级政府高等教育统筹的现实短板与提升重点》，载《中国高教研究》2020 年第 6 期，第 9 页。

[2]　数据来源于《哈尔滨工业大学 2019 届毕业生就业质量报告》，载哈尔滨工业大学官网学工处：http://today.hit.edu.cn/article/2019/12/31/74133，最后访问时间：2021 年 8 月 24 日。

学的外部性，就要比在经济发达地区建设同类型大学来得更强。同时，这些地区投入较多成本，却只能分享远低于预期的人才红利，长此以往也将挫伤地方政府对高等教育投入的积极性，进而使相关事权的承担之于其而言成为激励不相容的。所以，从外部性和激励相容的原理出发，针对发达和欠发达地区，实施有所区隔的高等教育事权划分方案，既适应客观实际，也符合事物的本质属性。域外实践中，日本即在高等教育领域实行差异化的财政分配机制，其对于非大都市地区的高等教育投入更多资源，承担更多的事权和支出责任，以此来促进该地区高等教育事业的发展，[①] 缓释这些地区兴办高等教育事业的财力困难，也为不同高等院校之间的公平竞争创造条件。这种做法值得我国参酌借鉴。

三、建立事权履行过程中的协调机制

当前，包括高等教育事权在内的许多事权划分，因其相对模糊性而几乎必定导致各级政府具体承担事权时产生争议。事实上，基于有限理性假设，以及事先设计规则时保持一定程度模糊的必要性，无论怎样尝试清楚界定各级政府的事权，在某些具体事项上的交叉或是空白仍然难以避免。此时，规范健全的府际协调机制，便成为加强府际合作、推动事权协调、保障事权有效履行的关键。

就府际事权争议而言，协商解决无疑是最理想的选择，其作为一种柔性参与机制，在我国中央政府具有高度权威的背景之下，更具有现实可行性，协商结果也更容易被争议各方所接受。因此，本节所谓"协调机制"主要指代的便是协商解决争议的制度安排。早在 20 世纪 50 年代，毛泽东同志便在《论十大关系》中提出，处理好中央和地方的关系，"历来的原则，就是提倡顾全大局，互助互让"。[②] 这就被认为是蕴含有鼓励协商的思想。协商民主可被用作一种决策形式，有学者提倡将其运用于府际纠纷解决的场域。[③] 具体来

---

① Fumi Kitagawa & Jun Oba, "Managing Differentiation of Higher Education System in Japan: Connecting Excellence and Diversity", 59 (4) *Higher Educcation* 510-515 (2010).

② 中共中央文献研究室编：《建国以来重要文献选编》（第八册），中央文献出版社1994年版，第253页。

③ 熊文钊主编：《大国地方——中央与地方关系法治化研究》，中国政法大学出版社2012年版，第439页。

讲，事权履行过程中协商机制的有效运行，需要建立在承认争议各方法律地位相对平等的基础上，因为只有各方平等自由地进行利益表达和理性辩论，[1]才能避免纯粹自利导向的博弈与讨价还价，争议也才能得到实质性的解决。进言之，通过设立第三方争议解决机构、提供协商沟通的平台这种方式，能够在一定程度上使争议各方从行政体系中的角色抽离出来，平等对话。事实上，域外国家已有这方面的制度实践，如日本在总务省下设国家地方纷争处理委员会，专门处理府际争议事件，其中多数争议与事权履行有关；[2]美国更是专门针对各级政府间教育事权争议较多的实际情况，以"学区政府"作为专门的府际协调机构，负责评估与解决相关争议。[3]在高等教育领域，前述协调机构不仅可以评估中央对地方实施的高等教育事权划分的政策决策，还可以收集、解决中央与地方政府关于某项具体事权划分和执行所存在的争议，是解决府际事权履行争议的关键所在。

目前针对协调机构的设置，根据2016年《国务院关于推进中央与地方财政事权和支出责任划分改革的指导意见》，我国央地财政事权划分争议由中央政府裁定，省以下的财政事权划分争议由省级政府裁定。为践行该意见，从尽可能减少行政干预和充分体现协商民主出发，在全国人大设置专门委员会性质的"央地关系委员会"[4]，由其处理包括高等教育事权在内的央地事权争议，是较为理想的选择。至于省级政府和市级政府之间的高等教育事权争议，本质上属于由省级政府统筹的内部事务，故而可以考虑在省级政府内部设立相应的协调机构，处理相关的事权争议。

四、健全高等教育相关专项转移支付

当地方政府承担共同事权或是委托事权时，由中央政府对其实施专项转移支付是很有必要的。前文已述及，高等教育事权从整体上看是央地共同事

---

① Jack Knight & James Johnson, "Aggregation and Deliberation: On the Possibility of Democratic Legitimacy", 22（2）*Political Theory* 277-296（1994）.

② 浅野一弘：『現代地方自治の現状と課題』，同文館2004年版，第39页。

③ Henry Suzzallo, *The Rise of Local School Supervision in Massachusetts（the School Committee, 1635-1827）*, Columbia University Press, 1906, p. 60.

④ 沈斌：《央地事权划分争议解决的法律程序途径——以协商程序制度为中心》，载《中南大学学报（社会科学报）》2018年第6期，第14页。

权，故而高等教育相关的专项转移支付对于缩小地区间财力差异，推进高等教育这一公共产品的均等化有着不可替代的作用。当前，我国高等教育相关的专项转移支付还存在资金分配不透明且随意性大、覆盖范围不足等一系列问题，亟待有针对性地加以优化。总体上看，改进应当依循如下两个方向进行。

第一，建立规范化、制度化的共建高校专项转移支付。1999 年《中共中央国务院关于深化教育改革，全面推进素质教育的决定》提出，要继续按照"共建、调整、合作、合并"的方式，基本完成高等教育管理体制的调整。中央部属高校在进行管理体制调整时，中央财政按照上年的院校经费向地方财政进行结算，但该做法并非无限期推行。与此同时，部属高校通过共建的形式向地方政府下放管理权限，中央对共建高校的资金支持也只是体现在中央财政于每年底根据当年结余向共建高校提供部分资助，未形成制度化的专项转移支付，资金分配不透明、随意性大。对此，应健全对共建高校制度化的专项转移支付，将转移支付标准和支付额度予以公开透明，并通过监督检查制度进行严格规范。这样一来，不仅可以充分发挥共建高校特色，推动高等教育发展，还可以对下放院校较多但自身财力较弱的地区给予适当的倾斜扶持，推动高等教育均衡化发展。[①]

第二，设立针对中西部地区省属重点高校的专项转移支付。目前，中央财政重点支持的"双一流"建设项目仅覆盖 42 所高等院校，而我国现有高校数量达 2738 所，[②] 其所占比重颇低。而且，大多数"双一流"高校集中分布在北京、江苏、上海等几个省级行政区域，某些中西部省份高等教育优质资源匮乏，部属高校稀缺，很多急需经费发展的省属重点高校没有得到经费支持。在当前以省为主的高等教育管理体制下，省属高校与部属高校相比，无论在资源获取还是经费资助方面始终处于劣势地位，难以担当起省域高等教育发展的领军角色。有鉴于此，中央政府可考虑建立对高等教育薄弱地区（如江西、河南、广西等地）省属重点高校的专项扶持机制，将财力方面的专项转移支付作为扶持机制的重要内容，这样不仅可以缩小全国地方高校生均

---

① 胡耀宗：《府际间高等教育财政转移支付制度基本框架设想》，载《中国高教研究》2012 年第 5 期，第 7 页。

② 教育部：《2020 年全国教育事业统计主要结果》，载《光明日报》2021 年 3 月 2日，第 11 版。

支出的省际差异，还可以促进相关地区的优质高等教育资源聚集和培育，以满足当地民众对优质高等教育的需求。

第四节　小　结

在高等教育领域，政府应当在市场机制力所不能及的场合承担相应事权，针对公立高校的兴办，政府承担的事权主要是补充性、保障性和监管性的。而在各级政府间划分高等教育事权时，则应当将平等受教育权的更好实现作为目标导向。我国当前的高等院校类型多元，基于不同的标准可以做多种界分，针对不同类型的高校，各级政府承担的事权和支出责任存在较大差异，总体上遵循"谁举办，谁负责"的原则。该做法虽清晰明确而易于操作，但使地方政府承担过多事权，进而因区域间经济发展不均衡而导致高等教育发展也产生显著的地域差异。此外，现行高等教育事权的府际划分还存在对共同事权的界分不够明确、在全国范围内整齐划一而对地区间差异关注不足、配套保障机制缺失等方面的弊端。针对这些问题，当前应着力在制度层面明确共同事权的内容及其配置，凸显中央政府在其中的角色担当，推行适度差异化的事权配置，对发达地区和欠发达地区作区别对待。同时，从健全保障机制的角度看，可考虑设立第三方争议解决机构，由其主导推进事权履行过程中的协调，并健全高等教育相关专项转移支付，为各地特别是欠发达地区政府履行高等教育事权，提供充足的财力支持。

第五章　国际体育赛事承办的事权划分与府际协调

伴随着综合国力的增强和国际地位的提升，我国近年来承办了一系列重大国际体育赛事，其包括但不限于 2004 年亚洲杯足球赛、2008 年北京奥运会、2010 年广州亚运会、2014 年南京青奥会、2022 年举办的北京-张家口冬奥会和杭州亚运会等。此外，申办世界杯足球赛在可预期的未来也有可能成为现实。承办重大国际体育赛事有着多方面的价值，如增加城市投资和消费、优化产业结构、促进城市基础设施现代化，[①] 乃至提高居民的幸福感，[②] 但与此同时，将每一次赛事都变成体育盛会也并非易事，需要相当数额的财政投入和各级政府的勠力同心。纵观前述重大国际体育赛事，主办国虽是中国，但具体承办的多是一个或少数几个城市，其既可能是作为省级单位的直辖市，也可能是副部级城市，甚至仅仅是地级市，[③] 其中不乏经济欠发达城市。[④] 很多时候，仅靠这些城市本身的财力不足以办好赛事，高层及政府的事权承担和财力投入不可或缺，这便引发不同层级政府如何划分国际体育赛事承办权（以下简称"承办事权"）的问题。与此同时，当一项赛事由多个城市共同承办时，厘清各自事权，避免事权重叠和罅隙，也颇为必要。由此观之，围绕国际体育赛事的承办，基于政府间财政事权妥善划分的立场，由纵向和横向两个角度切入研究，有着突出的现实必要性。

观诸既有文献，兰自力等（2016）基于公共服务理论，提出应通过合理

---

① 毛丰付等：《重大体育赛事对城市经济发展的影响》，载《上海体育学院学报》2020 年第 5 期，第 24 页。

② 王智慧：《大型赛事举办后对承办地区居民幸福指数影响的实证研究》，载《体育科学》2012 年第 3 期，第 37~38 页。

③ 如作为 2019 年国际篮联篮球世界杯承办城市之一的东莞市。

④ 如作为 2022 年冬奥会承办城市之一的张家口市。

划分事权为"公共体育服务"提供财政保障,① 但未明确划分标准;刘景裕和王祖山（2020）提出体制权力结构、体育法制水平和社会组织发展水平会影响体育事权的划分,② 但一方面,其仍将体育事权视为整体,未作精细化研究;另一方面,也未考虑到体育赛事的经济属性,从而制约了研究的深度;余守文和王经纬（2020）以 2022 年冬奥会为例,具体研究体育事权中的承办事权,并引入经济学的视角,将体育赛事视为一种准公共产品,提出以受益范围作为承办事权纵向划分的基本原则。③ 但是,其仅仅基于事权划分三原则中的外部性原则展开探讨,未考虑到信息复杂性和激励相容这两项原则对承办事权划分的影响,亦未涉及承办事权横向划分的问题。为弥补前述不足,本章拟从事权划分三原则出发,结合承办事权的特性,在抽象层面明确承办事权划分的基本思路,进而基于数个案例考察承办事权在我国的实然配置模式,最后,尝试提炼承办事权府际划分的应然模式,以助力国际体育赛事在我国的顺利举办。

第一节　事权划分的一般原理及其在国际体育赛事承办场域的适用

承办国际体育赛事是政府承担的各项事权之一,自然也要遵循财政事权在政府间进行划分时的共通性原理。

一、事权划分三原则的指引价值

现代政府因享有公共权力而背负提供公共服务的职责,而公共服务是一种公共产品,为更高效地提供此种产品,各级政府应合理划定各自的提供范

① 兰自力等:《基于事权划分的公共体育服务财政保障》,载《体育学刊》2016 年第 6 期,第 35 页。

② 刘景裕、王祖山:《体育事权划分的国别差异及对我国的启示》,载《中南民族大学学报（人文社会科学版）》2021 年第 1 期,第 147 页。

③ 余守文、王经纬:《我国体育赛事财政事权与支出责任划分研究》,载《学习与探索》2020 年第 6 期,第 125 页。

围以实现有效分工。① 传统的经济学理论强调，公共产品需具备非排他性和非竞争性，但后来的经济学理论已然修正前述观点，转而认为公共产品是用于满足社会共同需要、市场又难以提供的产品。② 国际体育赛事具有复杂性、经济性和社会性的特点，这决定了其组织与运作离不开政府的支持，③ 故而也属于公共产品的范畴，其承办需要由国家财力提供支持。

一般认为，事权划分应基于三项原则。④ 一是外部性原则。政府提供的公共服务可能产生超越辖区的影响，进而导致服务成本的承受者（辖区内居民）与经济利益的获取者（辖区内外居民）之间出现错位，扭曲市场的资源配置机制，故应尽量"根据公共服务的受益范围确定公共服务成本的辖区范围"。二是信息复杂性原则。相较于高层级政府，低层级政府特别是其中的基层政府拥有更强的信息搜集与处理能力，也更了解辖区居民的需求偏好，因而信息复杂程度较高的服务应尽量由其提供，信息复杂程度较低的服务则适合更多由高层级政府提供。三是激励相容原则。虽然公众希望各级政府的一切行为均以公共利益为依归，但公共选择理论早已揭示，各级政府事实上拥有属于自身的"私利益"，事权配置要尽量使特定政府出于自身利益考量也有充足动力履行好配置给自己的事权，避免引发履行法定事权将损害自身利益的情形，从而提高各级政府履行事权的积极性。

虽然上述事权划分三原则侧重于从经济效率的角度出发考虑问题，可能与包容多元价值的现代治理语境相龃龉而招致了部分批评，但公允地讲，其仍然堪当事权划分的基础性标准。对此可从三个角度加以把握。其一，公共财政理论是当下财政学界的主流，且广为实践所接纳，其认为财政必须以满足公共需求为主旨，⑤ 通过分配、再分配社会资源来优化资源配置、

---

① 刘剑文、侯卓：《事权划分法治化的中国路径》，载《中国社会科学》2017年第2期，第107页。

② 秦颖：《论公共产品的本质》，载《经济学家》2006年第3期，第80页。

③ 朱洪军、张林：《大型体育赛事与举办地政府责任、政府形象研究》，载《沈阳体育学院学报》2013年第5期，第32~34页。

④ 楼继伟：《中国政府间财政关系再思考》，中国财政经济出版社2013年版，第145~151页。本课题第二章对此已有较为细致的论述，为使后续论述更为便利，正文仍简要复述之。

⑤ 高培勇：《公共财政：概念界说与演变脉络》，载《经济研究》2008年第12期，第12页。

缓释市场失灵。① 从中可以一窥公共财政理论所蕴含的效率逻辑——提供公共服务旨在减少因市场失灵造成的资源损失，相比于私主体，政府可以更高效地提供某些类型的服务，就此而言，整个公共财政理论都可说是"效率财政"的理论。② 其二，财政资源有限，而公共需求数量庞大，且正如瓦格纳法则所指出的，其会随经济增长而持续膨胀，故政府在提供公共服务时也不得不将效率作为基本考量。其三，通过在经济性原则的基础上引入事权划分的法律原则，可以使其兼顾效率之外的其他价值，③ 从而也反过来稳固了前述事权划分三原则的基础地位。观诸现实，我国现阶段正在推进的事权与支出责任划分改革便是以此三项原则为基本遵循：《关于推进中央与地方财政事权和支出责任划分改革的指导意见》明确事权和支出责任划分的基本原则为体现基本公共服务受益范围、兼顾政府职能和行政效率、实现权责利相统一、激励地方政府主动作为、做到支出责任与财政事权相适应，此五者正是前述三原则的具体化。以教育事权的划分为例，一方面，教育的外溢效应显著，其所引致的人口素质提升等正外部性，常使相当范围内的区域受益，且因现代社会的人口流动性极强，即便是义务教育也具有较强的外部性，若将兴办教育事业的事权完全配置给地方政府，也难以满足激励相容原则的要求；另一方面，教育事项相对复杂，吁求较强的信息处理能力，纯由中央政府承担相关事权也不现实。有鉴于此，教育事权（包括义务教育、学生资助和其他教育三项子事权）总体上属于央地共同财政事权。④

二、对国际体育赛事承办事权的具体分析

由事权划分三原则出发，承办事权应如何配置方可称妥适？首先需分析国际体育赛事这一公共产品的外部性。程维峰、张贵敏（2004）将体育赛事

---

① 谷成、王巍：《从政府收支到国家治理——新中国主流财政理论演进与现代财政制度构建》，载《社会科学》2021 年第 4 期，第 50 页。

② 马国贤：《效率——公共财政建设的核心问题》，载《财贸经济》2000 年第 10 期，第 40 页。

③ 刘剑文、侯卓：《事权划分法治化的中国路径》，载《中国社会科学》2017 年第 2 期，第 108 页。

④ 参见《国务院办公厅关于印发教育领域中央与地方财政事权和支出责任划分改革方案的通知》（国办发〔2019〕27 号）。

产品概括地划分为核心产品（体育竞技表演）与衍生产品（冠名权等依托核心产品而再生的新产品），[1] 余守文、王经纬（2020）引入科勒特的产品五层次结构理论，将体育赛事产品细致地区分为核心利益（体育赛事的核心价值观）、一般产品（现场表演）、期望产品（对体育竞赛的期待和要求）、附加产品（传媒产品、博彩和纪念产品等）和潜在产品（城市文化宣传、城市竞争力等），并以此为基础分析体育赛事产品的受益范围。[2] 但一方面，此种分类侧重于文化视角，对体育赛事产品的宏观经济效益分析不足，而事权划分恰以经济考量为基础标准；另一方面，其仅考虑体育赛事带来的效益，而未详细分析这些效益指向哪些主体，而这正是基于外部性标准划分事权的核心要素。为弥补前述不足，本书立足于从受益主体的角度分析国际体育赛事产品的经济效益。大体上讲，从国际体育赛事的举办中受益的主体有四类：当地民众、[3] 全国其他区域的民众、当地政府和中央政府。前述主体所获利益则大致可分为经济价值、文化价值、政治价值与其他价值。

就经济价值而言，一方面，举办国际体育赛事可以满足当地、全国乃至全世界观众对高质量体育竞技表演的消费需求。国际体育赛事级别高、参赛国家多，国家级别的媒体往往会转播，并免费或以低价提供给观众欣赏，故当地民众和全国民众都可从国际体育赛事的举办中获益。但当地民众从中获益更多，因为其占据地利，现场观赛的机会更多而成本更低。另一方面，举办国际体育赛事可以带动承办地的经济发展，促进经济发展和税收增加。为确保赛事成功举办，政府一般会投入巨额资金以修建体育场馆、改造基础设施，且赛事举办期间会有大量游客和运动员涌入承办地，这都将有效带动当地的建筑、交通、通信、旅游、餐饮、住宿、体育用品等产业的发展，并增加大量就业岗位。此外，当地政府为保证赛事举办期间的环境质量，往往会限制工业的发展，这有助于当地的产业转型。[4] 经验研究表明，体育赛事的级

---

[1]　程维峰、张贵敏：《竞技赛事产品的经济特性》，载《沈阳体育学院学报》2004年第5期，第657页。

[2]　余守文、王经纬：《我国体育赛事财政事权与支出责任划分研究》，载《学习与探索》2020年第6期，第126页。

[3]　该处的"民众"包括企业等市场主体。

[4]　成功、于慧：《体育赛事与城市发展》，载《体育与科学》2013年第4期，第34页。

别和规模显著影响经济效应，国际级别的体育赛事对当地经济的带动效果最为明显。[1] 据测算，2015—2022 年，冬奥会筹办支出年均拉动北京 GDP 增长约 0.28%，拉动张家口 GDP 增长约 5.58%。[2] 虽然理论上讲，全国的相关产业都能从中受益，但由于我国经济体量庞大，此种带动效应主要体现在承办地。[3] 经济增长扩张了税源，自然带动税收增加，我国税收的前两大税种（增值税和企业所得税）均是央地共享税，故地方财政和中央财政均可以直接受益于国际体育赛事的举办。此外，经济发展状况是地方政府的重要政绩考核指标，[4] 故经济收益的主要受益人是当地民众、当地政府，次受益人是全国民众和中央政府。

就文化价值而言，一方面，举办国际体育赛事可以使更多人接受体育竞赛的核心价值（如奥运会提倡的"更高、更快、更强"），培育热爱运动、超越自我的文化氛围；另一方面，国际体育赛事提供了一个向世界传递承办地文化和价值观的窗口，而且这远不局限在体育领域，比如每届奥运会、世界杯等重大赛事的开幕式都成为宣扬各举办地独特文化、价值观乃至优美风景的场合，而且其效果通常很显著。当地民众因地利之便，无论是在接受体育文化熏陶还是在从软实力提升中受益的角度，都属于文化收益的主要受益人，全国民众、当地政府和中央政府也分别有一定获益。

就政治价值而言，举办国际体育赛事可以增强自豪感和认同感。某座城市成功取得国际体育赛事的承办资格，往往象征着其所在国家的经济、政治地位得到广泛认可，如果该国代表队在赛事中取得不俗成绩，更能有效强化国民的自豪感和国家认同感。[5] 此外，有关经验研究表明，举办国际体育赛事

---

① 聂海峰等：《举办体育赛事能促进经济增长吗?》，载《经济学报》2016 年第 4 期，第 111 页。

② 阮飞等：《2022 年冬奥会对京张地区的经济影响研究》，载《天津体育学院学报》2021 年第 2 期，第 176~177 页。

③ 程燕飞、邓梅花：《北京奥运的投资状况与经济效应分析》，载《体育与科学》2009 年第 1 期，第 36 页；ShiNa Li et al, *Modelling The Economic Impact of Sports Events: The Case of the Beijing Olympics*, 30 Economic Modelling 235 (2013).

④ 沈承诚：《经济绩效是主政官员晋升的最关键指标吗?》，载《中国行政管理》2019 年第 12 期，第 113 页。

⑤ 李春华：《体育在国家认同形成与强化中的功能》，载《武汉体育学院学报》2007 年第 7 期，第 21 页。

有助于强化居民的地方认同,① 也能提升举办城市在所在国的地位,比如亚特兰大在 1996 年成功举办奥运会后,其在美国的政治、经济地位持续上升,至今日常被称作"南方首都"。因此,当地民众、全国民众、地方政府和中央政府均是政治收益的主要受益人。

就其他价值而言,其一,举办国际体育赛事可以一定程度上保障承办地居民的身体健康。一方面,为营造良好的赛事环境,当地政府或中央政府倾向于出台更为严格的环保政策,例如,北京市政府在筹办及举办 2008 年奥运会期间出台一系列防控空气污染的政策,有效改善了空气质量;② 另一方面,举办国际体育赛事可能会一定程度上带动大众体育的发展。分别基于我国与英国经验的实证研究都表明,国际体育赛事的举办可以有效带动民众关注、参与体育运动。③ 当然,由于大众的体育参与度受多种因素影响,此种带动效应在不同国家的表现存在差别,④ 但新建赛事场馆可为承办地居民提供更多的体育资源,从而增加其潜在的参与体育活动的机会,则是肯定的。⑤ 前述两方面因素既有助于提高承办地居民的身体素质,减少因疾病而产生的社会损失,也可以节约政府在公共卫生和医疗保障领域投入的公共开支。其二,举办国际体育赛事可以为应对突发公共事件提供重要的场地资源。国际体育赛事结束后,体育场馆不仅可服务于当地居民的日常锻炼,当突发公共事件发生时,其还可服务于救灾、防疫,无论是在 2008 年的汶川地震,还是 2020 年的新冠疫情中,体育场馆都是重要的场地资源。⑥ 由前述可知,这两类收益的主要受益人是当地民众和当地政府。

---

① 陈卓、陈林华:《感知价值视角下赛事体验与居民地方认同感关系研究》,载《体育成人教育学刊》2018 年第 2 期,第 36 页。

② 郭新彪、吴少伟:《大气质量改善的健康效益——北京奥运的宝贵遗产》,载《北京大学学报(医学版)》2011 年第 3 期,第 328 页。

③ 王结春:《竞技体育社会效应研究》,载《北京体育大学学报》2017 年第 6 期,第 39 页;Themis Kokolakaki et al, *Did London 2012 Deliver a Sports Participation Legacy*, 22 (2) Sports Manager Review 10 (2019).

④ [瑞] 卡迪娅·英格丽切娃等:《奥运会前后主办国家的体育参与》,载《体育与科学》2020 年第 4 期,第 87 页。

⑤ 曲毅:《体育场地设施与大众体育的发展》,载《成都体育学院学报》1997 年第 1 期,第 93 页。

⑥ 武陈:《体育场馆作为救灾的避难场所的功能和作用研究》,载《灾害学》2018 年第 4 期,第 177~178 页。

　　基于上述分析不难发现，国际体育赛事的外部性有限。在最为核心的经济价值中，当地民众和当地政府是主要受益人，在文化价值、政治价值和其他价值中，当地民众和当地政府的获益也多于全国民众和中央政府。当然，上述结论可能因具体情形的不同而存在一定差异。比如，若是举办地已有较为完善的体育场馆和基础设施，或旅游产业本就发达，那么举办国际体育赛事对当地经济的拉动作用便相对较小。又如，举办国际体育赛事对强化居民地方认同的效益也符合边际递减规律。本章旨在提炼一个在我国具有典型意义的承办事权划分模型，故无意证明国际体育赛事"必定"能给地方带来更多利益，但受益的不确定性也意味着，勾勒模型时应预留更多机动空间，以免使非合意的事权配置格局被固化。

　　从信息复杂性原则出发，举办国际体育赛事是一个关涉筹办、组织、运营、安保、消防、交通、基建、环境等多环节的系统工程，所需处理的信息高度密集且复杂。比如在筹办环节，北京奥运会开幕前，北京公安部门制定了 910 个安保方案，而广州警方在广州亚运会开幕前制定了超过 1700 个方案。[1] 又如，为避免体育场馆在赛后被闲置，规划体育场馆建设时应注意平衡场馆规模和场馆设备质量，优化场馆选址，健全配套的交通和服务体系。[2] 在赛事举办期间更是如此，紧急状况随时可能发生，准确掌握和及时处理都立基于大量的复杂信息之上。高高在上的中央政府自然难以消化这些信息，即便是接近信息源的地方政府，也需要社会力量的协助才能施以有效处理。例如，广州亚运会期间，广东省餐饮协会、广东省旅游协会等行业协会实质性地承担了避免物价急剧上涨的任务。[3]

　　从激励相容原则出发，前文在分析中已揭示，赛事承办地的地方政府较之其他政府，从赛事中获益更多。该处的获益既可能是显性的，也可能是隐性的。此外，大多数国家会让承办地政府要员在组委会中担任重要乃至核心角色，获得赛事承办权后通常有一段既不太长、也不太短的时间来筹办，这

---

　　① 成功、于永慧：《体育赛事与城市发展》，载《体育与科学》2013 年第 4 期，第 37 页。

　　② 金银哲：《新时代体育场馆困境及发展路径研究》，载《沈阳体育学院学报》2019 年第 6 期，第 58 页。

　　③ 朱洪军：《非政府组织参与大型体育赛事运作的功能、困境与对策》，载《上海体育学院学报》2014 年第 2 期，第 30 页。

既使相关人员有较为充足的发挥自身能力的空间和资源，也一般不会出现"为后人做嫁衣裳"的情形，从而有动力善尽心力办好赛事，① 故此，将大部分承办事权配置给承办地的地方政府符合激励相容的原则。

综合上述，从外部性、信息复杂性和激励相容的原则出发，国际体育赛事承办应当践行"地方为主、中央为辅"的事权配置模式。以此来衡量，我国的实践还存在若干待完善之处。

第二节　我国现行实践的基本模式：规律与不足

历经多年实践，我国当前在承办国际体育赛事时，业已于府际分工和协作方面摸索出不少有益经验，形成一套具有鲜明辨识度的常规做法。总结经验、发现其中存在的不足并且在理论指引下及时"补短板"，颇为必要。

一、实证考察

国际体育赛事的举办是一项系统工程，因而本章所归纳的承办事权，除与赛事直接相关者外，还包括交通运输、通信管理、公共卫生等与赛事间接相关的事权。这使得仅从范围来看，承办事权更像是诸事权的集合。然而必须注意到，国际体育赛事的承办是一种"特殊状态"，这意味着各级政府要在一定时间内更高质、多量地履行事权，继续沿用原有的事权划分模式，易造成政府运转的低效率，因此必然有所调整。但《体育法》《体育赛事活动管理办法》仅规定各级体育管理部门的职权范围，未明确承办事权的划分标准，也囿于其规范对象的局限性而未对与赛事间接相关的事权归属作出安排。有鉴于此，从我国既往或即将承办的国际体育赛事的事权划分实况、而非静态的制度文本入手展开检视，是较为理想的选择。

基于以下考虑，本书选取 2008 年北京奥运会、2022 年北京-张家口冬奥会和 2022 年杭州亚运会作为考察对象：第一，国际体育赛事的级别越高，组织协调的难度越大，越能从中发现既有事权配置模式的不足；第二，为便于审视承办事权的横向配置，选取的对象最好由多个城市联合举办；第三，应

---

① 无论是从获得今后的晋升机会，还是从办好一届打上鲜明个人烙印的赛事的角度，都是如此。

129

尽量选取行将举办的赛事，以便提供针对性的建议；第四，相关的文献资料应便于检索。此外，本研究将国家体育赛事组织委员会所承担的事权归属为地方事权，其原因在于，北京奥组委、北京冬奥组委和杭州亚组委均是由国家机关利用国有资产举办的事业单位，旨在提供特定公共产品，故而其所承担的相关任务也可纳入"事权"的范畴。同时，虽然从公开资料无法准确得知其主管单位，但从文件和新闻报道来看，其往往与当地市政府、市委联合办公，是故以"地方事权"指称较为合理。

表 5-1　　　　　　　　　**2008 年北京奥运会的事权划分情况**①

与赛事直接相关的事权	场馆建设	北京负责新建和改造 32 个比赛场馆，青岛、香港、上海、天津、沈阳、秦皇岛各负责建设 1 个，66 个独立训练馆和国家队训练基地新建和改造的事权归属不明。总花费 194.9 亿元，其中中央财政安排 35.05 亿元，地方财政安排 82.64 亿元。
	人才培养	地方政府主要负责人才的选拔和初步培养，中央政府主要负责国家队的培养和训练，双方投入资金共建训练基地。地方的总经费投入高于中央。②
	组织竞赛	由北京奥组委负责，属于地方事权。
	转播报道	由北京奥林匹克转播有限公司负责，其由北京奥组委和国际奥委会创立的奥林匹克广播服务公司共同设立，③ 部分属于地方事权。
与赛事间接相关的事权	交通运输	地方政府负责本地的交通运输，如实行交通管制、安排农产品运输路线、快速处理交通事故；中央政府负责城际或省际的运输协调工作，如交通部要负责奥运会及其测试赛所涉城际间公路交通保障和道路运输服务的组织与协调工作、开辟电煤运输"绿色通道"。
	通信管理	承办城市在赛前开展无线电台站数据清理登记工作，营造良好电磁环境，并在奥运会举办期间加强对无线电的管理。

---

① 本表系笔者根据在"北大法宝"数据库以"奥运会"为关键词检索得到的文件归纳而成，由于部分文件未公开，故归纳未必完全。

② 李丽、张林：《体育事业公共财政支出研究》，载《体育科学》2010 年第 12 期，第 27 页。

③ 黄世席：《奥运会法律问题》，法律出版社 2008 年版，第 138 页。

续表

与赛事间接相关的事权	来访接待	中央政府负责来华采访外国记者的签证办理业务，以及审批外国媒体来华拍摄文物事项；地方政府（主要是北京）负责安排具体的拍摄事宜，如拍摄内容和方式。
	奥运宣传	央地共同推动出版奥运题材出版物，举办"全民健身与奥运同行"系列群体活动，强化媒体宣传①；中央开展全国中小学生迎奥运作文大赛。
	环境保护	地方政府重点治理大气污染和水污染，北京的任务最重，如对工厂实行减产、停产、外迁，控制尾气排放，增加使用天然气等清洁能源，加强城市绿化建设；青岛推行改造燃煤锅炉、更新公交车辆、防治扬尘污染、检测海域排污等多项举措。中央政府允许北京和上海提前执行国家机动车排放标准，并允许京津冀各上报6个大气污染防治项目。
	公共卫生	央地共同开展主要动物疫病流行病学调查；地方政府（北京和上海的任务较重）开展传染病防控工作；北京集中清洗空调通风系统，并强化对病原微生物实验室的安全管理；地方政府（北京的任务最重）开展食品和饮用水安全监督管理、含兴奋剂成分的食品药品管理等工作，中央另开展全国饮用水卫生专项监督检查。
	应急医疗	地方政府赛前做好血液、药品的储备和供应工作，保障赛场周边救护车数量，协助奥运定点医院指定和完善奥运医疗服务保障方案。
	志愿服务	由北京奥组委负责志愿服务的行政管理工作。
	财税优惠	由中央政府负责。
	景观改造	北京负责的任务最重，其开展建筑改造（多层楼房屋顶平改坡）和加固、景观绿化和树木修剪、公共厕所和道路清扫、整顿户外大型广告和小广告等多项工作。
	城市安保	地方政府（北京的任务最重）开展特种设备隐患排查、危险化学品和烟花爆竹管理、消防力量强化等多项工作；中央政府负责强化中等职业学校保安服务业紧缺人才培养培训、在首都机场实行特别安检措施等工作。

---

①　如《青岛日报》开设环保奥运专栏。

续表

与赛事间接相关的事权	规范市场	承办城市保障产品供应、稳定物价，建立价格应急联动机制；北京强化对文化经营的管理和对公园风景名胜区工作人员的培训。
	能源保障	地方政府负责估算奥运会期间的能源需求和监督能源企业稳定生产；中央政府负责协调各地能源生产，并对能源企业生产情况进行二次监督。

　　审视表 5-1 可知，2008 年北京奥运会的承办事权划分具有以下三个特点。第一，地方为主，中央为辅。场馆建设、人才培养等与赛事直接相关的事权大部分归属于地方，交通运输、通信管理等与赛事间接相关的事权同样如此，中央政府负责协调各地方政府、监督地方政府、履行全国性事权和实行财政转移支付。第二，各承办城市的事权同质化，但履行事权的力度有所差异。无论是主办城市还是协办城市，须履行的事权范围都是一致的，但就履行力度而言，身为首都和主办城市的北京居首，身为经济中心的上海次之。第三，各承办城市之间的协调机制较为单一。承办城市相互间多通过中央政府进行工作协调，仅就物价问题建立北戴河价格高层论坛和价格应急联动机制。

表 5-2　　　　　　　　**2022 年北京-张家口冬奥会的事权划分情况**[①]

与赛事直接相关的事权	场馆建设	北京负责建设、改造 30 个场馆，张家口负责建设、改造 9 个场馆。中央补助部分资金。
	人才培养	地方政府主要负责人才的选拔和初步培养，中央政府主要负责国家队的培养和训练。为满足转训备战需求，中央政府划拨专项资金改善重点转训基地和国家体育总局命名的国家体育训练基地、比赛场馆及附属设施的条件，并提高国家队的膳食和伤病防治待遇。北京还负责培训冰雪运动的社会体育指导员。
	组织竞赛	由北京冬奥组委负责，属于地方事权。
	转播报道	由北京冬奥组委和国际奥委会创立的奥林匹克广播服务公司共同负责，部分属于地方事权。

---

　　①　表 5-2 系笔者根据在"北大法宝"数据库以"北京奥运会""冬奥会"为关键词检索得到的文件归纳而成，亦有参考余守文、王经纬：《我国体育赛事财政事权与支出责任划分研究》，载《学习与探索》2020 年第 6 期，第 130 页。

续表

与赛事间接相关的事权	交通运输	北京、河北推进区域交通建设，如开展路运一体化车路协同试点，加快建设京张高铁；北京加强物流基础设施建设，疏导市内交通；海关开通冬奥会物资报关绿色通道。
	通信管理	工业和信息化部、北京冬奥组委、北京市人民政府、河北省人民政府建立无线电管理协调小组，负责无线电的管制工作。
	来访接待	地方政府印发双语标识、开展卫生健康机构双语培训工作；北京以财政资金补助旅游酒店升级改造，张家口给予符合评定标准的酒店、饭店以现金奖励，并建设度假村和滑雪小镇。
	奥运宣传	央地共同开展"中小学生奥林匹克教育计划"，推动出版冬奥题材出版物，强化媒体宣传；地方政府开展"社会文明行动""奥运文化'五进'活动"，执行"群众冬季运动推广普及计划"。
	环境保护	北京禁限燃放烟花爆竹，增加使用清洁能源，建设充电基础设施，增加使用新能源车，在中央政府允许下提前实施国家第四阶段非道路移动机械排放标准，改善赛场周边水环境；张家口推进绿化工程，推广光伏发电。
	公共卫生	地方政府制定食品安全标准，与食品来源城市签订食品安全监管协议，主要从指定的基地企业购进食品，强化检测和执法力量，并开展传染病防控工作和含兴奋剂成分的食品药品检查工作。
	应急医疗	地方政府强化冬奥会的卫生应急服务能力，深化京张医疗卫生合作，更新医疗设备。
	志愿服务	由冬奥组委和地方政府共同负责志愿服务的行政管理工作。
	器材场地	地方政府鼓励冰雪运动相关器材的生产，改造老旧小区，增设健身设施，建设冰雪运动场地并补助其运营。
	财税优惠	主要由中央政府负责，地方政府出台少量优惠政策，如北京免征冬奥赛事用水的水资源税。
	景观改造	北京净化赛区及交通干道环境，实现架空线入地；张家口修缮本地文物。
	城市安保	北京加强对危险化学品的管理；张家口在冬奥赛事核心区实行春季森林草原封山防火管制，并加强对租赁房屋的治安和消防管理。
	规范市场	地方政府严厉打击哄抬物价行为。
	能源保障	地方政府负责协调电力需求和电力供给。

由表 5-2 可知，相比于 2008 年北京奥运会，2022 年北京-张家口冬奥会的承办事权划分呈现以下三个新特点：第一，纳入部分新事权，如对于志愿服务管理事权的划分系 2008 年时所不具有的；第二，中央政府承担具体事权的数量有所减少，更加聚焦对赛事的统筹规划；第三，承办城市之间的协调机制更加多元化，无论是冬奥组委这样的大平台还是无线电管理协调小组这样的小平台，都包含有北京市和河北省的党政要员。

表 5-3　2022 年杭州亚运会（后推迟至 2023 年举办）的事权划分情况①

与赛事直接相关的事权	场馆建设	杭州负责新建、改造 40 个比赛场馆及其设施，以及 7 个训练场馆；宁波、温州、金华、绍兴、德清等协办城市负责新建、改造 19 个比赛场馆及其设施，以及 8 个训练场馆，16 个省属高校训练场馆改造事权归属不明。
	人才培养	地方政府主要负责人才的选拔和初步培养，中央政府主要负责国家队的培养和训练，另负责部分小众运动（如壁球）的运动员培训工作。
	组织竞赛	由杭州亚组委负责，属于地方事权。
	转播报道	不明，理论上应由杭州亚组委与亚奥理事会共同负责，但在 2010 年广州亚运会中，亚奥理事会曾将市场开发权完全让渡给广州亚组委。
与赛事间接相关的事权	交通运输	杭州推进杭州城市轨道交通建设，修缮市内道路，建设临建高速。
	通信管理	杭州开展保护公众移动通信频率专项行动，积极构建安全有序的电磁环境。
	亚运宣传	央地共同强化媒体宣传，如杭州电视台少儿频道被调整为青少·体育频道，杭州亚组委举办倒计时一周年交响音乐会、亚运特许游园会、亚运圆梦行动等系列活动。

① 表 5-3 系笔者根据在"北大法宝"数据库以"杭州""亚运会"为关键词检索得到的文件、在浙江省人民政府和杭州市人民政府官网检索得到的文件，以及相关新闻报道归纳而成。

续表

与赛事间接相关的事权	环境保护	杭州促进绿色工业生产，加快车船尾气治理，强化扬尘灰气治理和城乡排气治理，加强饮用水水源保护和污水统筹治理，推进地铁建设绿色施工，加强塑料污染治理，实现绿色供电，亚运村和大型比赛场馆区域通勤采用新能源车辆；完善环杭州湾大气区域污染防治协作机制，加强与周边地市的大气污染联防联控。
	公共卫生	杭州出台关于突发公共卫生事件的应急预案，控制公共场所吸烟，建设无规定马属动物疫病区。
	应急医疗	杭州增加急救车辆配置预算。
	志愿服务	由杭州亚组委负责志愿服务的行政管理工作。
	器材场地	杭州加强公共体育设施建设，新改建并投入使用 30 个左右群众性大型综合健身场馆。
	财税优惠	由中央政府负责。
	景观改造	杭州布置公共艺术装置、夜景灯光等。
	城市安保	杭州出台关于突发社会安全事件的应急预案，强化赛场附近的安保工作，增强对消防基础设施建设的经费投入。
	能源保障	杭州建设天然气配套工程，举行杭州市大面积停电事件应急联合演练。

由表 5-3 可知，较之 2008 年北京奥运会和 2022 年北京-张家口冬奥会，杭州亚运会承办事权的府际划分表现出一定特殊性。其一，专门针对承办事权划分的文件数量较少，根据这些文件似不足以全面反映杭州市具体承担事权的情况，其他协办城市的事权配属情况更不明朗。其二，杭州市和其他协办城市之间，似乎不存在系统性的协调机制（当然，也可能是笔者对相关信息的掌握尚不够全面），而事实上存在此类机制。其三，中央政府承担的具体事权为数甚少，即便是在统筹协调方面的角色亦不突出，这也可能是因为亚运会的赛事级别相对奥运会而言要低一些，同时各承办城市均位于浙江省内，未跨省域以致并无太强的协调需求。

综合上述，大致可以总结出我国关于承办事权的划分规律：第一，承办事权大体上包含场馆建设、人才培养、组织竞赛、转播报道、交通运输、通

135

信管理、来访接待、赛事宣传、环境保护、公共卫生、应急医疗、志愿服务、器材场地、财税优惠、景观改造、城市安保、规范市场和能源保障等18项具体事权。第二，事权划分向地方政府倾斜，中央政府主要扮演辅助者的角色，且其承担事权的内容随国际赛事级别的提高而增加。第三，赛事主办城市与协办城市承担事权的范围相近，但在履行事权的力度方面，则受相关城市的财力是否雄厚、是否主办城市的影响较大。

二、存在的问题

通过前文的梳理不难看出，我国当前关于承办事权的府际划分存在五方面的问题，以下简要分述之。

其一，承办事权范围较为模糊，且未形成稳定的划分格局。有关承办事权划分的规定大多散布在地方规范性文件或内部工作文件中，且往往仅有寥寥数语。一方面，这意味着相关规定缺乏完整性、体系性和针对性，事权划分格局因而不尽彰明，如北京奥运会和北京-张家口冬奥会均有关于稳定物价的规定，杭州亚运会却没有，这究竟是因为亚运会级别较低、对物价冲击较小，还是有其他缘故，不得而知；另一方面，相关文件的级别较低，效力仅限于当时当地，事权划分格局自然难以稳固，对比三大国际体育赛事的承办事权划分可知，事权的具体内容存在较大差异。客观地讲，承办事权的具体内容因时因地而异是合理的，如北京-张家口冬奥会不涉及马术运动，自然无须像北京奥运会或杭州亚运会一般开展动物流行病学调查或建设无规定马属动物疫病区，但从特殊经验中提炼出妥适、稳定的承办事权划分的一般模型，进而以制度的形式固定下来，既有助于鉴往知来、提高效率，也是财政法定主义的必然要求。

其二，中央政府承担事权的合理性有一定缺失，既承担了某些不应由其承担的事权，也对若干应由其承担的事权承担不足。例言之，从事权划分三原则出发，中央政府仅需协调各地能源企业的生产即可，而无必要对生产情况作二次监督，但在北京奥运会的承办事权划分谱系中，中央政府却承担了这方面的事权；又如，市场是一个有机的统一体，应由中央政府负责协调赛事举办期间的物价稳定工作，但该项事权目前仅由地方政府承担，在全国范围内市场开放、统一的背景下，这项任务显然超出了地方政府的能力范围。

其三，中央政府承担的支出责任过少。财政法理论认为事权须与支出责任相适应，故前文未特别区分二者，"地方为主、中央为辅"是承办事权划分的总基调，且细察之下不难发现，需要财政资金较多的事权更多被配置给地方政府，故而中央政府仅承担很有限的支出责任。然而如前文所述，从经济价值、文化价值、政治价值和其他价值出发，中央政府都从国际体育赛事的承办中获得多方面的益处，其固然不是首要的获益主体，而且从信息复杂性和激励相容等原则出发，许多事权也确应被配置给地方政府，但中央政府至少应通过转移支付等方式承担更多的支出责任，这一来合乎外部性原则的要求，二来也可以使更多城市有能力承办国际体育赛事，避免因为赛事承办过于集中在少数城市，而放大城市之间乃至地区之间的实力差距。

其四，存在多个承办城市时，某些具体事权在央地政府间进行划分时遵循整齐划一的规则，对不同城市各自情况的考量不够充分。前文已述及，诸如2008年北京奥运会和2022年北京-张家口冬奥会这样的重大国际体育赛事常由多个城市共同承办，其中有主办城市，也有辅助承办的城市，如2008年的青岛、上海、秦皇岛等地。从赛事举办对相关城市的影响看，主办城市和辅助承办的城市能够分享的"红利"显然有较大差异。进言之，即便同样是辅助承办的城市，相互间在经济实力等方面的差距也不小。然而由前文的三个表格可以知晓，承办事权基本上是按照统一的标准在央地政府间作划分，对于被界定为地方事权的承办事权，再根据属地原则被配置给相应的地方政府，整个过程中较少考虑特定地方政府的特殊性，在承担支出责任的维度亦无甚差异。从某种意义上来看，这可能导致某些地方政府承担相应事权力不从心，也有悖于激励相容的要求。

其五，承办城市之间的协调机制不够完善。前文已提及，赛事各承办城市之间有通过相关平台来加强协调，该处的平台有大平台和小平台的区别。就大平台而言，在2008年北京奥运会的奥组委中，除时任青岛市副市长担任帆船委员会常务副主席外，别无协办城市或其所属省份的代表；类似的情形可见于在杭州亚组委中，其组成人员仅包含中央政府、浙江省政府和杭州市政府的领导干部，未见协办城市的领导干部，不能说不是明显的缺失。就小平台而言，虽然北京奥运会期间各承办城市建立了北戴河价格高层论坛和价格应急联动机制，北京-张家口冬奥会组织、筹备阶段也已然建立无线电管理协调小组，其中包含北京市政府和河北省政府的领导干部，但此类平台总体上看仍十分稀缺。中央政府固然可以在宏观层面发挥协调作用，但不可能事无巨细地协调各类事项，故而还是应强化各承办城市之间的直接沟通，即便今后难以在组委会中引入更多协办城市代表，也应就具体事项建设更多有针对性的小平台。

第三节　事权妥适划分与府际高效协调的可能路径

前文的考察已为提炼一般性的承办事权划分模型、优化现有承办事权划分格局提出方向性的指引，下文将循此脉络，在结合域外经验的基础上提出更为具体的建议。

一、承办事权在纵横维度的应然配置

讨论承办事权的应然配置之前，有必要先讨论其具体范围。前已述及，我国的承办事权包括场馆建设、人才培养等 18 项具体事权。域外国家的认知则略有不同，如承办 2020 年东京奥运会的日本将经费支出分为永久设施、临时设施、能源基础设施、科学技术、运输、安保、运营、管理与宣传、市场营销、其他、新冠疫情防控、紧急对应 12 个项目，[①] 大体对应我国的场馆建设、组织竞赛、转播报道、交通运输、来访接待、赛事宣传、能源保障 7 项事权，建设与赛事非直接相关的基础设施和完善公共服务等方面的事权未被列入。造成此种差异的原因可能有二：其一，日本中央政府对于上述 7 项事权均承担一定的支出责任，这意味着日本可能仅将需要央地共同履行或共同承担的事权视为承办事权，是故不必过多观照根据事权划分三原则应归属于地方事权的基建和公共服务等事权；其二，日本的基础设施建设较为完善，公共服务水平较高，故不必为赛事的顺利举办而专门拨付资金。考虑到我国的城市基础设施与公共服务仍有进步空间，且承办国际体育赛事是提升基建和公共服务水平的重要契机，将之列入承办事权是合理的。在此基础上，本章接下来对承办事权在纵横维度应如何配置，分别作一探讨。

（一）纵向维度

从事权划分三原则出发，承办事权的纵向划分总体上应该呈现"地方为

---

① 東京 2020 組織委員会：《組織委員会およびその他の経費》，https：//olympics. com/tokyo-2020/ja/organising-committee/budgets/，最后访问时间：2020 年 12 月 22 日。

主、中央为辅"的格局，但各类事权的具体归属，仍有待进一步提炼。首先，从外部性原则出发，由于国际体育赛事本身具有外部性，中央政府和全国民众都可从中受益，故而与赛事直接相关的场馆建设、人才培养、组织竞赛、转播报道四项事权都可能被列为中央事权，或是由中央政府承担部分支出责任。同样地，交通运输、通信管理、赛事宣传、环境保护、公共卫生、财税优惠、规范市场和能源保障或多或少具有外部性，也应如是处理。其次，从信息复杂性原则出发，除财税优惠外，其他事权所对应的事项均具有较高程度的复杂性，只有地方政府才具有相应的信息搜集和处理能力，故这些事权原则上应配置给地方政府。最后，从激励相容原则出发，国际体育赛事的举办成功与否影响地方政府政绩，故而与赛事直接相关的场馆建设、人才培养、组织竞赛、转播报道四项事权应归属于地方政府，与赛事间接相关的事权由于全都涉及地方的经济发展和公共服务，故而也应配置给地方政府。

　　虽然由三原则分别导出的事权划分格局有异，但考虑到以下原因，其仍存在统合的可能：即外部性原则与信息复杂性原则、激励相容原则所指向的事权划分格局虽然存在较大冲突，但可以首先基于信息复杂性原则和激励相容原则推导事权划分格局，在此基础上经由转移支付的方式体现外部性原则的要求，以此达致兼顾三项原则的目标。据此，可以勾勒出承办事权划分的一般模型。首先，应急医疗、志愿服务、器材场地、景观改造属于纯地方事权。其次，场馆建设、组织竞赛、转播报道、交通运输、来访接待、环境保护、城市安保原则上属于地方事权，但中央政府可承担部分的支出责任，或承担事权中的部分事项。以城市安保事权为例，在2008年北京奥运会的赛事承办过程中，隶属于中央政府的中国民用航空局曾对首都机场、上海虹桥机场等部分机场实施特别检查工作措施。再次，人才培养、通信管理、赛事宣传、公共卫生、规范市场和能源保障原则上属于央地共同事权。最后，财税优惠原则上属于中央事权，但从效率角度出发可部分下放给地方。

　　将前述应然格局同当前的实践做比较，不难归纳出现行承办事权划分模式的有待改进之处。这集中体现在三个方面。第一，中央政府应承担更多事权。对比应然模式和实践现况，可知中央政府所承担的规范市场等方面的事权较为不足，应予以加强。第二，中央政府应增加对地方政府的转移支付。从已有信息来看，中央政府仅就场馆建设和人才培养两项事权为地方政府提供一定的转移支付资金，总金额极其有限。[①] 从域外视角观之，伦敦奥运会中政府的总投入为 92.98 亿英镑，中央政府负担其中的 67%，伦敦政府负担 10%；[②] 东京奥运会中政府的总投入为 9230 亿日元，中央政府负担 24%，东京及周边县市承担 76%。[③] 也即，无论是伦敦奥运会还是东京奥运会，中央政府承担事权的比重都要远远超过我国承办相关赛事时中央政府承担事权的比重。今后，中央政府可考虑就组织竞赛、交通运输、来访接待、环境保护和城市安保等事权，以转移支付的方式承担更多支出责任。第三，中央政府应下放部分财税优惠事权给地方政府。与国际体育赛事相关的税收优惠政策几乎全部由中央政府颁布，这些政策范围狭窄，所指向的税基多限于与国际体育赛事直接相关的收入（如纪念邮票收入、企业捐赠收入），所涉纳税人则主要是与赛事直接相关的组织与人员（如国际奥委会、奥组委、运动员），[④] 但靡费巨大的基建、环保等领域却缺乏有针对性的优惠政策。承办国际体育赛事是一项系统工程，政府不可能面面俱到，势必要借助民间力量以收"四两拨千斤"之效，税收优惠是重要的诱导工具，却仅发挥极其有限的作用，实有损于财政效率。从事权划分三原则出发，若要拓宽税收优惠的范围，强化其诱导功能，势必要使地方政府承担部分财税优惠事权。我国曾因地方税收优惠过滥以致诱发"税收洼地"、省际不当竞争等诸多问题，[⑤] 但一禁了之并非正确的处理之道，应从形式的税收法定与实质的可税性和成比例性出发，

---

① 我国中央政府与地方政府分别就国际体育赛事承担的支出责任，仍未有完整的统计，但从已知的信息来看中央政府承担的部分似不超过 10%。

② DCMS, *London 2012 Olympic and Paralympic Games Quarterly Report-October 2012*, https：//assets. publishing. service. gov. uk/government/uploads/system/uploads/attachment _ data/file/78251/DCMS_GOE_Quarterly_Report_Q3. pdf, 2020-12-23 last visited.

③ 東京 2020 組織委員会：《組織委員会およびその他の経費》，https：//olympics. com/tokyo-2020/ja/organising-committee/budgets/，最后访问时间：2020 年 12 月 23 日。

④ 进言之，这部分政策究竟能否被视为"税收优惠"都是值得怀疑的。虽然赛事组委会的收入甚少来源于财政，但政府需对赛事承担资金兜底责任，如果因征税而导致收不抵支，政府依然要提供资金。因此，此类政策更像是把本来就应放在右边口袋的钱又放回右边口袋。

⑤ 对相关问题的讨论，可以参见徐阳光：《政府间财政关系法治化研究》，法律出版社 2016 年版，第 75~77 页。

强化税收优惠的正当性基础，使其得以名正言顺地发挥诱导功能。[①] 但现实与此相距甚远，财税优惠事权在规范的层面更多由中央政府掌握，而实践中地方政府却有很强烈的出台相关优惠措施的需求，二者相背离的结果，要么是地方政府的需求得不到满足，要么就是其可能要超越自身的权限从事相关行为。比如，在筹办 2022 年北京–张家口冬奥会期间，北京市依据《北京市水资源税改革试点实施办法》第 14 条第 1 款第 5 项，对用于 2022 年北京–张家口冬奥会、冬残奥会场馆（场地）建设以及试运营、测试赛和赛事期间的取用水，免征水资源税，该文件第 1 条明确其依据为《财政部、税务总局、水利部关于印发〈扩大水资源税改革试点实施办法〉的通知》，但后者第 15 条所罗列之减、免征情形并不包含奥运用水，即便依据该条中的兜底条款，有权确定"其他情形"的也仅是财政部和国家税务总局，而非北京市政府。这意味着，北京市推出的该项优惠措施严格来讲有越权嫌疑。就改进方向而言，中央政府将赛事承办期间的财税优惠事权更多下放给地方政府，是较为合理的选择，其更应承担的任务是监督地方政府出台之优惠政策是否合乎实质正义的标准。

（二）横向维度

从前文考察的情况来看，主办城市与协办城市履行的承办事权呈同质化现象。归根到底，这是基于事权划分三项原则在央地政府间配置事权所必然导向的结果。这是因为为办好一场国际体育赛事，各承办城市需要处理的事务范围都是一样的，不会因具体承办项目的多少而有很大的不同，只是在工作量的方面因主办/协办之分而有所差异。但据此便在定性的层面对主办城市与协办城市应承担的事权一视同仁，仍非合意。

大体上讲，除足球世界杯之类对相同类型体育场地有较高程度数量要求的情形外，奥运会等国际体育赛事的大部分项目都可以在一个大城市进行，该城市便是主办城市，而之所以需要有协办城市参与其间，通常有三方面的原因。其一，受自然条件限制，部分项目的比赛只能在其他城市进行。以 2008 年北京奥运会为例，北京市不临海，周围也缺乏满足条件的湖泊，自然只能将帆船项目交由临海城市协办。其二，受主办城市环境条件和技术限制，

---

① 侯卓：《税收优惠的正当性基础》，载《广东社会科学》2020 年第 1 期，第 243 页。

需要引入某些协办城市。同样以 2008 年北京奥运会为例,赛马项目之所以由香港协办,一方面是因为根据建立"无疫区"的要求,在赛场周围方圆 35 平方公里范围内,不能有其他偶蹄动物,而此类动物在京郊很常见,建立"无疫区"的难度极大;另一方面,即便北京成功建立"无疫区",因当时我国大陆对动物疫病的管理能力尚不符合世界动物卫生组织的要求以致无法成为其成员,所以一旦各国的参赛马匹进入北京比赛,就无法返回本国,这是各国无法接受的。[①] 相比之下,在香港举办赛马项目的比赛,就不存在这些方面的问题。其三,受边际效应和财政能力限制,在主办城市之外另设协办城市是合乎理性的。虽然举办国际体育赛事能够为承办城市带来收益,如推动经济发展和基础设施建设等,但此种收益存在边际递减效应,[②] 这意味着如果引入协办城市承办部分项目,既有助于实现国际体育赛事的总效益最大化,也有助于缓解主办城市的财政压力。无论在何种情形下,协办城市的加入都有效降低了主办城市的承办成本,试想,若北京为了举办 2008 年奥运会而修建适合开展帆船运动的人工湖,其建造成本必然高昂。但于协办城市而言,承办国际体育赛事却未必合算,一方面,鉴于国际体育赛事的高规格,即便是协办城市,也常要承担高昂的支出;另一方面,无论是赛事本身还是媒体宣传,都聚焦于主办城市。以杭州亚运会为例,温州仅承办足球和龙舟两个项目,媒体也很少报道温州在赛事承办上的付出,甚至大部分人都不知道温州在杭州亚运会的举办中也有角色,这些都意味着协办城市从赛事中获得的收益是有限的,以至于未必能覆盖成本。由此出发,主办城市结合自身与协办城市的财力情况,对协办城市的承办事权承担一定的支出责任,不仅无违于"事权和支出责任相适应"的法则,还具有相当程度的必要性和合理性。

二、作为配套机制的财政转移支付

承前,合理分配各级政府的支出责任,是完善承办事权配置的重要一环,上级政府或主办城市政府有时得以提供转移支付资金的方式,承担一定的支

① 唐磊:《奥运马术赛场,香港准备好了吗?》,载《中国新闻周刊》2007 年第 18 期,第 76 页。

② 詹新寰:《大型体育赛事的成本收益分析》,载《北京体育大学学报》2011 年第 11 期,第 46 页。

出责任。

根据财政资金府际流动方向的不同，转移支付有纵向转移支付和横向转移支付的区别。其中，纵向转移支付又可划分为一般性转移支付和专项转移支付两种类型，赛事转移支付应属于后者。这主要是因为：其一，前文在应然层面提炼的承办事权划分格局仅要求中央政府就归属于地方政府的部分事权承担一定支出责任，故赛事转移支付以补助部分公共服务为目标，并非如一般性转移支付那样以（所有）公共服务的均等化为宗旨；其二，一般性转移支付资金在使用时不受限制，而赛事转移支付的用途虽然也很广泛，但毕竟有一个范围的限定，是故更契合专项转移支付的性质；其三，一般性转移支付通过计算所有公共服务的资金缺口来确定转移支付总额，一方面，这容易导致导致转移支付金额过高；另一方面，承办国际体育赛事靡费巨大，确定赛事转移支付总金额时须考虑中央政府的财力，但一般性转移支付在计算金额时并不考虑此点，相比之下，专项转移支付的金额主要由中央确定，可以避免前述问题。

进言之，优化赛事转移支付的重点在于构建一套客观、长久且能兼顾地方政府需求与中央政府财力的资金配置体系。专项转移支付的资金配置采取中央确定总额、后依特定方法将资金配置给地方的模式。确定总额时既要考虑许多难以量化的因素，如国家的政策导向、相关赛事在全国层面上的意义，又涉及央地之间的协调问题，故《中央对地方专项转移支付管理办法》并未规定总额的确定方法，而更多瞩目于资金分配的问题。就此而言，《中央对地方专项转移支付管理办法》第 25 条原则性地规定了三种分配方法，分别是因素法①、项目法②、因素法和项目法相结合。根据项目法得出的转移支付金额往往是各方协调的结果，若欲品评金额的合理性，只能逐一而议，而因素法更具客观性和一般性，故下文重点考察如何在斟酌赛事转移支付的金额时善用因素法，以求取更为理想的结果。

前文已述及，场馆建设、组织竞赛、转播报道、交通运输、来访接待、环境保护、城市安保 7 项事权属于中央政府可能要承担一定支出责任的事

---

　　①　因素法是指根据与支出相关的因素及其被赋予的权重或标准，对专项转移支付资金进行分配的方法。

　　②　项目法是指根据相关规划、竞争性评审等方式将专项转移支付资金分配到特定项目的方法。

权，故而计算转移支付金额时应考虑地方现有场馆情况、赛事承办经验、交通运输条件、旅游条件、环境安全状况和安保能力，若地方的相关条件较好，则应分得较少的资金。就权重而言，与赛事直接相关的事权是最重要的，故现有场馆情况、赛事承办经验的权重应最高；城市安保一旦出现问题，将直接影响赛事的成败，最直观的例子莫如1972年慕尼黑奥运会时安保漏洞造成的重大人员伤亡，故而其权重应次高；环境安全状况可能妨碍赛事开展，如2020年东京奥运会的铁人三项项目便被认为受到比赛水域水质的影响，因之产生颇为负面的影响，故而这一因素的权重应位于第三；交通运输条件与旅游条件属于"锦上添花"的因素，理当分享相对最低的权重。

以上所讨论的主要是中央对赛事承办地的纵向转移支付，与此同时，前文也已提及，赛事主办城市和协办城市之间亦可能存在转移支付的必要，这便涉及横向转移支付的问题。我国目前尚无关于横向转移支付的一般性规定，故而未有关于总额确定与资金分配方法的统一规定。从生态横向补偿和对口支援的实际运作情况来看，转移支付的总额有时由中央政府确定，[①] 有时由两地政府协商确定。[②] 考虑到地方政府更了解自身财政状况与实际需要，故赛事承办过程中，在确有必要的情况下，应以主办城市政府和协办城市政府协商确定转移支付方式和金额作为优先选择，在此前提下，为保障协办城市利益，中央政府可规定最低的转移支付额度。至于资金的分配，本书同样仅讨论如何准确适用因素法。横向赛事转移支付并不限于特定承办事权，故相关因素可依权重排序如下：第一梯队，地方现有场馆情况、人才培养与训练情况、赛事承办经验；第二梯队，安保能力、环境安全状况、公共卫生状况和能源保障能力；第三梯队，应急医疗能力、赛事宣传能力、志愿服务管理能力；第四梯队，交通运输条件、旅游条件、城市美观程度；第五梯队，现有健身设备情况和通信管理能力。

---

① 例如，依中央规定，对汶川地震灾后重建的对口支援，额度不低于支援方上年度地方财政收入的1%。杨龙、李培：《府际关系视角下的对口支援系列政策》，载《理论探讨》2018年第1期，第153页。

② 例如，河北省与北京市于2018年共同签署《密云水库上游潮白河流域水源涵养区横向生态保护补偿协议》，北京市原则上每年向河北省补偿3亿元，河北省每年提供1亿元的配套资金。

第四节　小　　结

一场又一场国际体育赛事的成功举办，昭示着我国已然成为国际体育赛事的承办大国，这当然有着多方面的重大意义。但与此同时，鉴于各级政府的财政压力确为客观存在的约束条件，引入一种立基于财政效率的视角，尽量高效地在各级政府之间配置好承办事权，有助于节约本就不甚宽裕的财政资源，增强赛事承办的可持续性。从针对北京奥运会、北京-张家口冬奥会和杭州亚运会承办情况的考察揭示出，我国承办事权的划分格局大体符合外部性、信息复杂性和激励相容三原则的要求，但仍存在承办事权范围不甚明确、划分格局难谓稳固、部分事权配置不善、协调机制有待健全等问题。为优化现行承办事权划分格局，本书在统合事权划分三原则的基础上尝试构建承办事权纵向划分的典型模型，其要求中央承担更多的规范市场事权，将财税优惠事权部分下放给地方，并通过增加对地方转移支付的方式，弥合外部性原则和信息复杂性、激励相容原则制度取向的张力。但应强调的是，该模型仅具有典型意义，由其导出的事权划分格局并非在任何情形下都是合适的，故而在将其制度化、法定化的过程中，应预留一定的权变空间。在横向层面，协办城市的引入于主办城市而言必然是有利的，但于前者而言则未必如此，故主办城市原则上应给予协办城市一定的转移支付。在完善作为配套机制的赛事转移支付时，应准确选定影响转移支付数额的因素及其权重，使资金的分配尽量合意。

本章虽聚焦于承办事权划分格局的优化，但也侧面揭示并部分回应了一个财政法上的重要问题：近年来，随着《国务院关于推进中央与地方财政事权和支出责任划分改革的指导意见》《医疗卫生领域中央与地方财政事权和支出责任划分改革方案》等文件逐步出台，我国逐渐形成了较为明确、稳定的事权划分格局，但该格局总体上可以说是面向"常态"的，当面对"非常态"事件时，前述格局是否应作调整？若是，又应作怎样的调整？重大国际体育赛事的承办，便可谓是一个"非常态"事件，由本章的论述可知，其具有"牵一发而动全身"的影响，除直接与赛事承办相关的各项事权外，各级政府承担的许多事权都会因赛事的承办而受到牵动。从财政和财政法的角度看，这属于既有事权划分格局在非常态下的必要调整。由此可见，在理解和把握政府间事权划分格局时，依循"常态–非常态"二分的思维进路，应当是符合客观实际的做法，对于优化事权划分格局，这一思路也有着指引价值。

第六章　应急管理事权府际划分的现状及其改进

2020年7月24日，国务院办公厅印发《应急救援领域中央与地方财政事权和支出责任划分改革方案》（国办发〔2020〕22号）（以下简称《改革方案》），就应急救援领域中央与地方财政事权和支出责任划分改革制定了具体方案，明确了以"预防与应急准备、灾害事故风险隐患调查及监测预警、应急处置与救援救灾"为主要内容的事权划分思路。应当说，《改革方案》的出台既有大的时代背景，其乃是我国自2016年以来推进政府间财政事权划分改革①的一环，同时也有着特殊的触发机制，2020年年初突如其来的新冠疫情，是对我国应急管理体制的一场"大考"，虽然取得了应对疫情的伟大胜利，但在此过程中也反映出我国应急管理体制仍有待优化的空间。《改革方案》的出台对于强化中央层面的事权承担，明确央地各级政府的支出责任，俱有所助益。但是，仅靠该方案尚不足以使应急管理事权的府际划分趋于清晰、合理，况且该方案的部分内容也仍有改进余地。这都意味着，从事物本质属性出发，因应客观需求，进一步优化应急管理事权划分，颇为必要。本书在第三章曾对公共卫生领域的应急事权有所涉及，但需要政府进行应急管理的事项远远超出公共卫生的范畴，应急管理事权的外延也远大于公共卫生应急事权，本章即系统地对其加以检视。

第一节　应急管理事权划分的历史沿革

"应急管理"并非新生事物，不同时空条件下的不同政府在施政过程中都

---

① 参见《国务院关于推进中央与地方财政事权和支出责任划分改革的指导意见》（国发〔2016〕49号）

会承担这方面的职责。但客观来讲，将其作为一项独立、明确的政府事权提炼出来，则还是相对晚近的事情。直到 2003 年，我国方才提出全面建设应急管理体系的任务，① 这也是官方层面首次使用"应急管理"的表述，在 2005 年，我国首次召开全国应急管理工作会议，迟至 2015 年后才形成每年召开一次的惯例。受此影响，我国在很长一段时间内并未对应急管理事权的府际划分多加着墨，仅仅是在言说相关具体事权时有所涉及。而且，由于彼时对事权划分明晰之必要性的认识不足，各项具体事权的府际划分呈现高度同质化的现象。比如，1989 年《传染病防治法》便规定"各级政府领导传染病防治工作""各级政府卫生行政部门对传染病防治工作实施统一监督管理""各级政府应当开展预防传染病的卫生健康教育"，相关事权由"各级政府"承担的制度安排实际上意味着事权划分的混沌不明。进言之，上下级行政机关之间存在"管理—服从"的关系，府际事权划分不明很容易诱致的结果是低层级政府承担事权的主体部分，而在改革开放之后、1994 年之前，中央政府财政收入占整体财政收入的比重相对较低，也为地方政府承担更多应急管理事权提供了合理性注脚。

1994 年的分税制财政管理体制改革及其后包括所得税收入分享体制改革在内的一系列改革，使得中央政府集中了更多财力，其宏观调控能力得到显著增强。针对突发事件实施应急管理，属于广义上宏观调控的组成部分，是故中央层级承担更多的应急管理事权，某种意义上可以视为中央政府强化宏观调控能力后的当然举措。同时，分税制下政府间财政关系的总体框架强调规范性，倾向于尽量在事前明确各级政府的收支范围，而力图改变过去那种"一事一议""一年或数年一变"的模式。事实上，我国在这一时期的事权划分实践确实符合该理论预设。较之原先混沌不明的应急管理事权划分，在相关法律法规乃至政策文件中，基本不再模糊表述"各级政府"，而是对不同层级政府的角色作出差异化安排。2007 年的《突发事件应对法》实际上是将突发事件的应对作为央地共同事权看待，但根据该法，不同层级政府具体承担的事权有所不同。该法第 7 条就突发事件应对事权在各级政府间的分配作了

① 高小平：《中国特色应急管理体系建设的成就和发展》，载《中国行政管理》2008 年第 4 期，第 18 页。

原则性规定，该法后续条文中常见之"履行统一领导职责的人民政府"便据此确定。在此基础上，各项具体的应急管理事权也往往是由多级政府共同承担，比如在事后恢复与重建的部分，除履行统一领导职责的人民政府外，该法第59、60、61条分别规定了受突发事件影响地区的人民政府、其上一级人民政府和国务院的相关事权。值得注意的是，该时期多部立法都可被视作应急管理领域的立法，如1997年制定、2008年修改的《防震减灾法》，1997年制定的《防洪法》等①。综观这些法律，针对应急管理事权划分的制度设计呈现异曲同工的样态，《防洪法》第8条和《防震减灾法》第5、6条都对各级政府的事权作了概括式表述，且均涉及国务院、国务院有关组成部门、地方人民政府等主体。

应当说，上述规定有助于明确各级政府在应急管理场域有一定的角色扮演，在强调"依法行政"的语境下，此举颇为必要，但从合理性的角度出发，相关规定本身也存在诸多问题，其包括但不限于：第一，事权划分向下倾斜，地方政府的职责较重，中央政府承担的职责同其所掌握之相对充沛的财力不相匹配，也和应急管理常常要调动各方力量且吁求较高权威的状况不相适应，如《突发事件应对法》在第7条界定履行统一领导职责的人民政府时，基本上遵循的是低层级政府优先的思路，通常由县级政府承担主要责任，仅在影响范围跨区域或县级政府不能处置等特殊情况下，事权承担主体才可能转变为上级政府。第二，较低层级的政府虽然承担了应急管理事权中的大部分，但某些"关键缺失"的存在可能根本性地妨害应急管理工作的绩效，举例言之，《传染病防治法》中规定下级政府须报请上级政府决定才能采取相应的应急处理措施，仅授予中央及省级政府以传染病预警权限，而未对省级以下地方政府的预警事权作出规定，导致地方政府在应对新型传染病时，丧失"早发现、早报告、早隔离、早治疗"的预防控制先机。② 第三，对应急管理事权作细分时的体系性不够，致使各级政府依文本承担事权后仍然存在疏而有漏的现象，这其中表现至为明显的便是对事后处置的关注程度远甚于事前预防，如《防震减灾法》在修改前便未

①　该部法律在2009、2015、2016年被三次修改。

②　肖尤丹：《新冠肺炎疫情对公共卫生应急法治的重大挑战及对策建议》，载《中国科学院院刊》2020年第3期，第241页。

对预防与应急准备工作有足够关切，其中对应急救援设施装备的调运和储备事权承担未作安排，以至于 2008 年汶川大地震导致灾区通信中断时，四川省内竟没有一台应急通信车。[①] 第四，部分事权划分未能很好地观照客观实际，致使推行不易，比如前述各法律文本中不乏上级政府乃至中央政府承担物资调拨等方面事权的规定，但由于财政核算机制不健全，物资调拨相应的成本补偿规则也未见明确，从激励相容的角度看，这使得上级政府乃至中央政府如此行事的动力易打折扣。[②]

　　2016 年推进中央与地方财政事权和支出责任划分改革以来，应急管理领域的事权划分也呈现诸多新面貌，其标志性成果即《改革方案》的出台。根据《改革方案》，应急管理事权的府际划分有如下新变化：首先，初步建构起应急管理事权的体系，也即将应急管理事权划分为预备与应急准备、灾害事故风险隐患调查及监测预警、应急处置与救援救灾三大模块，这就改变了既往应急管理事权散见于各单行法律、同时法律中对其所作规定也甚为零散的状况。其次，更为重视灾害预防方面的事权承担，从管理制度、救援能力、信息系统、安全生产监督等方面配置相应事权。再次，一定程度上充实了由中央政府承担的事权，这表现为，将外部性范围较大、地方政府难以统筹的应急管理事权，如全国统一的应急管理信息系统设计配备及维护、中央对各地方及央企工作的指导监督等事权划归中央；同时，指明省级政府负有推动省以下应急管理事权改革的职责，并强调要减少基层政府承担的支出责任。最后，联动考虑应急管理领域的财政事权和支出责任，从而避免"执行难"的情况发生，比如《改革方案》中专门明确了跨区域调动救援队伍按照"谁调动，谁补偿"的原则承担相应支出责任。

　　经由上述历史梳理可知，我国应急管理领域府际事权划分的规范性程度在不断提升，中央政府承担的事权也如同预期一般持续增加。合理划分中央与地方财政事权和支出责任，既是政府有效提供基本公共服务的前提和保障，

---

　　① 黄顺康：《从唐家山堰塞湖抢险看我国应急预控机制的完善》，载《甘肃社会科学》2009 年第 3 期，第 72 页。

　　② 冯俏彬、郑朝阳：《我国应急物资储备中的相关财政问题研究》，载《地方财政研究》2014 年第 1 期，第 55 页。

也是建立现代财政制度、推动国家治理体系和治理能力现代化的客观需要。①如果用这一标准来衡量，则应急管理事权划分的现行模式仍然存在不少问题亟待优化。

第二节　应急管理事权划分现行模式的不足

《改革方案》确立的应急管理事权划分模式，在文本层面即至少存在两方面的缺失：一是中央层级承担事权的比重仍然不高，且科学化精细化程度也相对较低；二是将省以下应急管理事权划分的权力授予省级政府，却未规定相应的法治化标准和监督机制。同时，囿于配套机制的欠缺，应急管理事权的运行实践也呈现出若干弊端。

一、中央层级承担事权的不足

概言之，《改革方案》配置给中央层级的应急管理事权有三方面不足。

其一，相较于中央层级能够支配的财力，其所承担的事权偏少。客观地讲，《改革方案》在配置应急管理事权时基本上遵循的是外部性标准，按照所发生事件的影响范围界定相应事权的归属。这种做法本无问题，但必须考虑到我国的政治体制和基本国情。概括地讲，社会主义体制的一大优越性即在于其能够调动各方资源，集中力量办大事。从这一立场出发，我国在考量府际财力配置时适当地向上倾斜便可谓有其必要性。这也决定了，我国在界定各级政府应当承担的事权时，不能简单地依据外部性等经济学标准，还应在此基础上适当加强中央层级的角色。加之应急管理事权所指向的常常是关系人民群众切身利益的突发事件处置，中央层级的地位就更应得到凸显。由此看来，《改革方案》涉及的若干事权划分，纵使无违于外部性等经济学标准，却也未必就是允当的。譬如，并非重大或者特别重大的事故调查处理、自然灾害调查评估、灾害事故应急救援救灾等，从事故、灾害的影响范围看，或许确实只局限在特定区域而很难产生外溢效果，《改革方案》因而将其全部确

---

① 周阳：《科学界定央地权责 推进应急管理体制现代化——解读〈应急救援领域中央与地方财政事权和支出责任划分改革方案〉》，载《中国应急管理》2020 年第 8 期，第 8 页。

认为地方事权，但这可能给部分经济不发达地区造成较为沉重的财政负担。又如，根据具体事项的性质不同，应急救援能力建设事权所对应的既有中央事权，也有地方事权和共同事权，其中属于共同事权的主要包括国家区域应急救援中心建设与运行维护、国家综合性消防救援队伍建设、国家级专业应急救援队伍建设等。诚然，无论是救援中心还是救援队伍的建设，都必定会坐落在一定的地区，也需要地方政府的协作和配合，但这不意味着相关事权便应当作为共同事权。事权是同支出责任联系在一起的概念，确定事权归属主要是为明确支出责任的承担主体，即便是中央事权同样可以要求地方政府参与其中，中央政府以专项转移支付等方式履行自身的支出责任即可。对于这一点，本书在第一章即已有所阐发。事实上，救援中心和救援队伍的建设牵连甚广，也是应急管理中至为重要的一环，将相关事权配置给中央层级是更为合理的做法。

其二，现行配置给中央层级的应急管理事权，不乏内涵和外延模糊不清的情形。根据《改革方案》，中央层级承担的事权主要指向特别重大的灾害事故，但是何为"特别重大"，何为相对应的"重大"或者"一般"灾害事故，在《改革方案》和相关法律法规中均未见明确规定。《突发事件应对法》第3条授权国务院或其确定的部门制定突发事件分级标准，但国务院也未实际行使这项权力，在2013年制定的《突发事件应急预案管理办法》中，其又将预案应急响应分级的确定权授予预案制定单位。其后，国务院虽然在2014年制定《国家突发环境事件应急预案的通知》，在其中以附件的形式对特别重大、重大、较大和一般的突发事件作出了四级的分类，但该通知仅针对环境领域的突发事件，覆盖范围有限。实践中，依据各级专项预案制定突发事件分级标准的做法，还可能导致中央政府与地方政府在具体工作、职能分工、绩效情况、财力配给等方面产生分歧。①

其三，基本未将灾后重建纳入应急管理事权体系，使中央层级在这部

---

① 如《山西省人民政府办公厅关于印发山西省大面积停电事件应急预案的通知》（晋政办发〔2021〕59号）规定山西省大面积停电事件分级标准依照《国家大面积停电事件应急预案》执行，而《湖北省人民政府办公厅关于印发湖北省大面积停电事件应急预案的通知》（鄂政办函〔2016〕88号）则在附件中对湖北省大面积停电事件分级标准直接加以规定。

分工作中没能发挥应有的作用。《改革方案》在"主要内容"部分将应急管理事权大致区分为三个维度，贯穿事前预防和事后处置，可恰恰忽略了灾后重建的内容。理论上讲，灾后重建是使灾区民众的生存权和财产权等基本权利从现实或潜在受威胁的风险状态中解脱出来的关键，故也应属于应急管理的范畴。如果纯粹从外部性等标准出发，灾民安置、生态环境恢复、基层社区医疗救助等事项的区域性特质较强，将相关事权配属地方政府有其合理性。可问题在于，不少地方政府的财力有限，尤其是在受灾之后，地方财政可能要面临收入萎缩、财力枯竭等问题，灾区民众的生活救助、灾区企业的生产恢复和灾区基础设施的重建都可能因为资金不足而陷入困境。在该背景下，由上级政府特别是中央政府承担部分事权很有必要。实践中，我国推行过替代性机制以缓释灾区地方政府的财力困境，如在汶川大地震过后，曾采取一种对口支援的方式，也即由东部、中部的省级单位对口支援受灾严重地区的县级单位，[1] 此举保障了灾区民众享受各项基本公共服务的权利，[2] 但随着府际竞争日趋激烈，支援省份积极性下降、支援项目减少和效率低下等问题日益凸显。在缺乏中央统一管控、激励措施不足的情况下，该模式在灾后重建中的实际效果大打折扣。[3] 由此看来，中央层级承担起灾后重建的部分事权，是其职责所在，或许难以通过其他方式将这部分职责转嫁出去。

二、各级地方政府间的事权划分失范

诚如前述，省级政府根据《改革方案》获得划分省以下应急管理事权的权力，实践中，多地据此确定了省以下应急管理事权划分的格局。本书以福建、浙江、天津三地为例进行梳理，尝试发掘其中存在的问题。

---

① 参见《国务院办公厅关于印发汶川地震灾后恢复重建对口支援方案的通知》（国办发〔2008〕53 号）。

② 刘铁：《试论对口支援与分税制下财政均衡的关系——以〈汶川地震灾后恢复重建对口支援方案〉为例的实证分析》，载《软科学》2010 年第 6 期，第 60 页。

③ 李楠楠：《对口支援机制：法学检视、困境与出路》，载《地方财政研究》2020年第 4 期，第 56~57 页。

表 6-1　　　　　　部分省级单位省以下应急管理事权划分的格局①

事权归属	事权内容		
	省级事权	省（直辖市）与市县（区）共同事权	市县（区）级事权
福建省	1. 省级规范制定；2. 省级预案编制和演练；3. 省级协调联动机制建设；4. 省级应急指挥中心建设与维护；5. 省级应急物资储备；6. 省级安全生产监督、检查、考核；7. 全省性应急宣传教育培训；8. 重大事故调查处理；9. 重大事故评估	1. 区域应急救援中心建设与维护；2. 驻闽综合性消防救援队伍建设；3. 国家级专业应急救援队伍建设央地共同事权中地方负责部分；4. 省级专业应急救援队伍建设；5. 统一应急管理信息系统建设央地共同事权中地方负责部分；6. 全省应急管理信息系统建设；7. 全国灾害事故风险调查和重点隐患排查央地共同事权中地方负责部分；8. 灾害监测预警体系建设央地共同事权中地方负责部分；9. 煤矿事故调查处理；10. 特大灾害事故救援救灾事权中地方负责部分；11. 省级特大事故救灾	1. 市县级规范制定；2. 地区性预案编制与演练；3. 市县级安全生产监督；4. 市县级应急宣传教育培训；5. 其他事故调查处理；6. 其他自然灾害调查评估；7. 其他灾害事故应急救援救灾
天津市	1. 市级规范制定；2. 市级预案编制与演练；3. 应急预案综合协调衔接；4. 事故协调联动机制建设；5. 市级应急指挥中心建设与维护；6. 市级物资储备；7. 市级救援队伍与避难场所管理；8. 市级安全生产监督、检查、考核；9. 市级应急宣传教育培训；10. 重大、较大事故调查处理；11. 重大自然灾害调查评估；12. 省际救援	1. 区域应急救援中心建设与维护；2. 驻津综合性消防救援队伍建设；3. 国家级专业应急救援队伍建设央地共同事权中地方负责部分；4. 市级专业应急救援队伍建设；5. 统一应急管理信息系统建设央地共同事权中地方负责部分；6. 全国灾害事故风险调查和重点隐患排查央地共同事权中地方负责部分；7. 灾害监测预警体系建设央地共同事权中地方负责部分；8. 特大灾害事故救援救灾事权中地方负责部分；9. 市级特大事故救灾	1. 区级规范制定；2. 区级预案编制与演练；3. 区级应急指挥平台建设；4. 区级应急避难场所与救援队伍建设；5. 区级安全生产监管；6. 区级应急宣传教育培训；7. 其他事故调查处理与其他自然灾害调查评估；8. 一般性灾害事故应急救援救灾

① 参见《天津市人民政府办公厅关于印发天津市应急救援领域财政事权和支出责任划分改革方案的通知》（津政办发〔2021〕7号）；《浙江省应急救援领域省以下财政事权和支出责任划分改革方案》，http://czt.zj.gov.cn/art/2020/11/18/art_1229541492_886.html，最后访问时间：2021年7月29日；《福建省人民政府办公厅关于印发福建省应急救援领域省与市县财政事权和支出责任划分改革实施方案的通知》（闽政办〔2021〕7号）。

事权归属	事 权 内 容		
	省级事权	省（直辖市）与市县（区）共同事权	市县（区）级事权
浙江省	1. 省级规范制定；2. 省级预案编制与演练；3. 应急预案综合协调衔接；4. 基层防汛防台体系建设顶层设计；5. 省级防汛防台物资补充；6. 事故协调联动机制建设；7. 省级应急指挥中心建设与维护；8. 省级应急指挥部、救援指挥中心、物资储备、应急救援队伍建设；9. 省级安全生产监督、检查、考核；10. 省级应急宣传教育培训；11. 高危行业企业有关人员的考核；12. 省级安全生产风险普查工具开发；13. 为国家有关数据库提供数据；14. 重特大自然灾害调查评估；15. 跨区域和重点地区灾害风险调查评估与隐患排查；16. 重大事故调查处理	1. 省级防汛防台体系及其他平台、数据库建设；2. 驻浙区域应急救援中心、综合性消防救援队伍建设与应急物资储备；3. 国家级专业应急救援队伍建设央地共同事权中地方负责部分；4. 省级专业应急救援队伍建设；5. 社会救援力量培育扶持；6. 全省统一应急管理信息系统建设；7. 指导相关企业安全生产标准化与安全生产社会化服务；8. 安全预防控制体系建设；9. 重大隐患挂牌督办整治；10. 省市联合进行的新闻宣传；11. 特种作业人员的操作资格考核；12. 高危行业其他企业有关人员的考核；13. 全省监测预警体系建设；14. 特大灾害事故救援救灾事权中地方负责部分；15. 省级启重大事故救灾	1. 市县级规范制定；2. 市县级预案编制与演练；3. 基层防汛防台体系建设、责任完善、形势图绘制、监测预警与组织指挥设施维护及更新、物资补充、信息系统维护；4. 市县级应急救援指挥中心、物资储备、避难场所、航空备降点、应急救援队伍建设；5. 市县级安全生产监督、专项执法；6. 市县级应急宣传教育培训、宣教场所建设；7. 一般、较大灾害事故的调查评估；8. 为国家和省级有关数据库提供数据；9. 其他事故调查处理与其他自然灾害调查评估；10. 一般性灾害事故应急救援救灾

基于表 6-1，可初步察知省以下应急管理事权的划分有至少四方面的突出问题。

第一，虽然《改革决定》授权省级政府结合本地实际划分省以下事权，但各地所作应急管理事权的划分高度同质化。如福建省与天津市出台的省以下应急管理事权划分方案，除行政区划有所不同外，二者在预防、监控、处置等三类事权的划分上都颇为近似。但事实上，仅浙江省、江苏省、海南省等少数沿海省份，有基于本地所要面对的特殊情况，而新增了防汛防台体系建设、应急领域科技研究推广应用、海上搜救等方面的事权划分，而其他大部分省份制定的应急管理方案所指向的事权基本照搬《改革方案》的规定，未能做到因地制宜。

第二，部分省级单位在划分省以下应急管理事权时失之粗疏，可能引发事权履行过程中的争议。比如，天津市在划分应急物资储备事权时，只是笼统规定了市级和区级政府分别承担一定事权，但未对具体如何划分作细化规定。与之形成对比的是，福建省在其出台的划分方案中虽也仅有原则性表述，却通过《福建省突发事件应对办法》（福建省人民政府令第200号）第16条、《福建省人民政府办公厅关于印发福建省加强公共卫生应急管理体系建设行动计划的通知》（闽政办〔2021〕11号）第13条，完善了建立应急物资储备目录清单、按照突发公共卫生事件日均消耗医用物资上限不少于1个月的规模进行物资储备等细节，这使得相关事权的履行和来自上级的监督都更具有可操作性。

第三，划分应急管理事权时整体上向下级政府、尤其是基层政府倾斜。如果只是看市县级事权的内容，似乎并不算多，但必须注意到，在各省级单位内部的应急管理事权划分谱系中，省与市县（在天津等直辖市为市与区）共同事权的占比颇高。一个耐人寻味的现象是，针对《改革方案》中所涉央地共同事权，在省以下事权划分时多将其中由地方承担的部分界定为省与市县的共同事权，[1] 同时又缺乏对各级政府应承担部分的明确规定。实践中，共同事权的设定容易诱发事权下压的结果。[2] 如此一来，较低层级的地方政府承担的应急管理事权实际上是较为繁重的。《改革方案》要求，省级以下事权划分应当避免基层政府承担过多支出责任，前述情状与该要求之间显然存在一定落差。

第四，多项事权的承担主体为"市县级"，但除县级市这种情形外，市级和县级政府是行政层级不同的两个主体，相关事权具体由谁承担，从现有规定看并不明晰。应当说，各地的事权划分方案中普遍存在此种状况，[3] 如福建

---

[1] 如福建省与天津市都将国家级专业应急救援队伍建设央地共同事权中由地方负责承担的部分，规定为省与市县（市与区）的共同事权。

[2] 刘剑文、侯卓：《事权划分法治化的中国路径》，载《中国社会科学》2017年第2期，第113页。

[3] 由本书前面章节的内容也能知晓，在财政事权划分时将市县视为一体，不独应急管理领域如此，大多数领域皆莫能外。

省将全国灾害事故风险调查和重点隐患排查中央与地方共同事权中由地方承担的部分确认为省与市县共同财政事权，却没有明确规定市级政府与县级政府各自承担事权的范围。"县"在我国的行政和财政体制上有特殊的一面，从行政上看，其通常隶属于地级市，可是在所承担事权的层面，其不同于市辖区，往往有相对更大的自主权限。比如蓝田县和碑林区同样隶属于陕西省西安市，可是在承担的财政事权方面却有较大差异，仅以食品安全方面的事权为例，蓝田县承担了食品安全宣传、食品安全考核评议、打击食品安全犯罪等近百项事权，① 而碑林区则仅承担西安市下放的食品小作坊小餐饮及摊贩的批准、食品（含保健品）经营许可这两项事权。② 且近年来，随着"省直管县"③"撤县设区"④ 等扁平化公共行政体制改革的推进，地级市对辖区内县级政府的干预能力进一步削弱。在这种县级政府承担和履行事权本就相对独立的语境下，若是不对市级和县级事权作明确界分，在实践中则很容易诱发相互推诿或是争抢事权的情形。此外，从我国城乡差距在短期内还很难得到根本消除这一背景出发，市级政府和县级政府所承担的事权亦应有所不同。市级政府的建制同比较发达的工商业经济基础密切相关，而县级政府则更多以农业和农业相关的经济形态作为基础，有鉴于此，二者各自应承担的事权理应有所区隔。⑤ 至于县级市，遵循前述分析进路，虽然其在行政级别上低于地级市，但其之所以成其为"市"而非"县"，根本原因还是在于其已然具备一定的工商业经济基础，是故在事权配置方面可按"市"处理。明晰该点，对于后续考量应急管理事权在市级政府和县级政府之间应如何分配的问题，有所助益。

需要说明的是，从更广阔的视域来看，省级政府在府际财政事权配置和

① 参见《蓝田县人民政府办公室关于印发蓝田县食品安全事权清单的通知》（蓝政办发〔2020〕9号）。

② 参见《西安市碑林区人民政府办公室关于做好第十二批市政府下放行政事权落实承接工作的通知》（碑政办发〔2020〕19号）。

③ 参见《财政部关于推进省直接管理县财政改革的意见》（财预〔2009〕78号）。

④ 参见《国家发展改革委关于实施2018年推进新型城镇化建设重点任务的通知》，http://www.gov.cn/xinwen/2018-03/13/content_5273637.htm，最后访问时间：2021年8月5日。

⑤ 周刚志：《财政分权的宪政原理——政府间财政关系之宪法比较研究》，法律出版社2010年版，第214页。

运行中的地位是不容小觑的，① 本章所关注者只是其中很小一个切面。囿于研讨主旨所限，这里不作展开。

三、事权划分的配套机制有待健全

《改革方案》中也有关于"配套措施"的规定，但其主要指涉组织领导、支出责任等事项。应急管理事权在划分后要能得到良好遵行，所吁求的配套机制显然不止《改革方案》中载明的这些内容。首先，事权划分关系到各级政府的职能范围，从依法行政的角度出发，用法律的形式对各级政府须承担的应急管理事权加以明确是最妥适的选择，在《改革方案》从顶层设计的高度勾勒出事权划分总体格局的基础上，通过制定或者修改相关法律的方式，进一步明确各级政府应承担的职责，可谓是必经之途，这是应急管理事权划分的制度保障。其次，根据事权和支出责任相适应的原则，各级政府承担一定事权，也就意味着要履行相应的支出责任，这要求有必要的财力支持，具言之，针对应急管理事权的履行，须有对应的可支配财力，此乃应急管理事权划分的财力支持。再次，应急管理工作的一大特殊性在于其往往要调动各方资源，是故相关事权在"分下去"之后，也要有能"拢起来"的渠道和机制，此即事权划分的府际协调尤其是横向协调机制。最后，事权划分并非终极目标，各级政府积极、稳妥、高效地履行配属自身承担的相应事权，更为重要，这吁求强健有力的监督考察机制。然而客观地讲，我国应急管理事权划分的这四方面配套机制都尚未很好地建立起来。

就制度保障而言，《改革方案》的出台其实对多部法律、法规提出了修改要求，但截至当下，相关法律、法规积极回应不够，致使其具体规定和《改革方案》的精神不仅未能很好契合，反倒有明显的冲突。如《改革方案》将监测预警建设确认为中央与地方的共同事权，由中央负责国家级监测预警系统与检测预警制度建设支出；而《防洪法》第31条则是将通信、预警以及洪涝灾害监测系统全部确认为地方事权，二者的不一致颇为明显。同时，如果将《改革方案》视为顶层设计文件，而其内容本身又规定得较为原则、抽象，

① 有学者在考察我国的中央-地方关系时，便将省级政府的行为取向作为观察重心。参见郑永年：《中国的"行为联邦制"：中央地方关系的变革与动力》，东方出版社2013年版，第300~308页。

那么很自然地，应该考虑经由制定法律、法规，使抽象的应急管理事权划分得以具体化。可事实上，这方面工作目前尚未开展。

就财力支持而言，应急管理显然是"非常态"的，既然如此，就需要有"非常之举措"来保障相关工作的开展能获得足够的财力支持。当前这方面存在的突出问题有二：一是预备费作为应急管理的基本财力，根据《预算法》仅占本级一般公共预算支出额的1%~3%，其在应对重大突发事件时可能不敷需要，且预备费设定使用时间的相对确定性与灾害的不可预测性内含张力，[①] 也会削弱其运用于应急管理时的绩效；二是应急管理类的转移支付尚未形成稳定机制，面对影响相近的突发事件，来自中央政府的转移支付时而较多、时而较少，[②] 且该类型的转移支付仅针对突发事件的应急处置与救援救灾，[③] 未覆盖预防、应急准备、监控调查等事项，同时，大多数省级政府也未在制度层面明确向下级政府实行应急管理类转移支付的机制安排，即使有个别省级政府做了相关规定，[④] 其在标准、幅度、程序等方面的规定也尚待细化。

就府际协调机制而言，目前尚无这方面的制度安排，这也引致一系列问题。实践中跨区域的应急管理常会受到多方面的阻碍，如新冠疫情时期大理市卫生健康局截留过境的防疫物资、电子健康通行码仅在部分地方互认等现象，即是典型表现。

就监督考察机制而言，《改革方案》强调地方政府要"加强组织领导""切实履行职责"，却没有设定标准化的监督考核机制，中央对地方、上级对下级执行应急管理事权的组织领导、监督检查，均缺乏必要的评价标准。在

---

① 参见陈正武：《预算法预备费应对自然灾害有关法律问题思考》，载《经济体制改革》2009年第5期，第46页。

② 如2014年10月云南景谷发生6.6级地震后，中央财政紧急拨付云南应急救灾资金2亿元；2013年7月甘肃岷县发生6.6级地震后，中央财政紧急拨付应急救灾综合补助5亿元；2013年4月四川芦山发生7.0级地震后，中央财政紧急拨付应急救灾综合补助10亿元。三次地震的震级和所带来的损失较为相近，且均发生于西部地区，三地的经济发展水平也相差不大，但中央转移支付的金额则有很大的差距。

③ 参见《中央对地方专项转移支付管理办法》（财预〔2015〕230号）第3条、第6条。

④ 如《天津市人民政府办公厅关于印发天津市应急救援领域财政事权和支出责任划分改革方案的通知》（津政办发〔2021〕7号）规定，市级财政通过转移支付，视情况对蓟州区、滨海新区给予支持。

新冠肺炎疫情期间，各级政府对下级政府应对和处置疫情情况的监督，就只能以纪委、监察委为主体，通过立案、诫勉谈话、通报批评、警告等方式，对干部个人进行追责，缺乏对应急管理事权执行情况本身的专门性监督和处置机制。

第三节 应急管理事权划分的基本思路

应急管理事权的划分，应当从事物本质属性出发，充分考量"应急管理"的特征，观照"事权"的要义，在此基础上提炼应急管理事权府际划分的应有思路。概言之，应急管理首先是各级政府提供的一类公共产品，是故从公共产品的范围及其分层理论出发，对应急管理事权的划分可形成整体认知。同时，既然是由政府承担的事权，各级政府与相应事权之间的匹配度也是需要慎重考虑的问题，这就牵涉到功能适当和财力支持两方面的因素。

一、从公共产品的角度考量应急管理事权划分

公共产品理论源于对国家具有生产性的认识，强调政府主动支出的积极效用。[①] 萨缪尔森、布坎南等学者认为，公共产品的供给旨在消弭市场失灵，政府提供公共产品的范围通常限于市场主体无法或者不愿自主提供的场域。[②] 在此基础上，财政学界普遍认为可根据公共产品的覆盖范围和可能产生的外溢性，[③] 将公共产品划分为地方提供的公共产品、地方与中央共同提供的公共产品和中央提供的公共产品等三种类型。地方提供仅覆盖本地区而不对其他地方产生外溢性的公共产品，[④] 地方与中央共同提供主要覆盖特定地区、但可能对其他地区产生外溢性的公共产品，中央提供外溢效应及于全国的公共

---

① Richard. A. Musgrave, "The Public Interest: Efficiency in the Creation and Maintenance of Material Welfare", 5 *NOMOS* 107 (1962).

② Paul A. Samuelson, "Pitfalls in the Analysis of Public Goods", 10 *The Journal of Law & Economics* 199 (1967); James M. Buchanan, "The Minimal Politics of Market Order", 11 *Cato Journal* 215 (1991).

③ Alan Williams, "The Optimal Provision of Public Goods in a System of Local Government", 74 (1) *Journal of Political Economy* 18-33 (1966).

④ 蒂伯特等学者对此讨论较多，本课题在导论部分已有所述及。Charles M. Tiebout, "A Pure Theory of Local Expenditures", 64 (5) *Journal of Political Economy* 416-424 (1956).

产品。

应急管理本质上也属于一类公共产品。无论传统社会还是现代社会，大多数市场主体的力量是有限的，其很难有效应对突然发生的灾害事故，这时便需要政府主动介入，通过采取应对措施来使受灾害事故影响的经济社会秩序和公众生活尽快回归常态。大体上，作为应急管理对象的突发事件通常具有两个显著特征——巨大的社会危害性和不可预测性。这两方面特质对应急管理这一公共产品在量和质的维度分别提出要求：在前者，巨大的社会危害性意味着，如果应急管理的强度不够，即可能造成人员大量伤亡、公共财产严重毁损甚至经济衰退的消极后果；在后者，灾害事故的发生常常是猝然临之，很多时候无法监控和预警，仅在快要爆发或爆发之后才能被发现，这要求政府必须拥有充足的财力和应急救援能力，能迅速调动各方资源在短时间内及时实施救援。经由上述检视不难发现，从整体上考察应急管理这一公共产品的供给，中央和地方政府均不应缺位。从信息掌握相对充分故可及时应对的角度看，地方政府有先天优势，可从资源丰沛的角度看，中央政府也有地方政府远远不可比拟之处。故此，应急管理事权在宏观层面应当作为中央和地方的共同事权。

进言之，若是对应急管理事权作细致剖视，则应急管理领域各具体事权在应然层面的归属主体也不尽一致。对此，仍然从应急管理作为一类公共产品的属性出发，以其覆盖范围和可能的利益外溢为准，大体上可形成如下判断：一是将诸如地区性规划编制、地方应急预案编制、地方应急预案演练之类地方政府有能力提供、覆盖范围也仅限于地方层级的事权，划归地方政府承担；二是将国家级规划编制、国家总体应急预案和各类专项预案编制、应急预案综合协调衔接等覆盖范围及于全国的事权，明确为中央事权；三是将国家级灾害事故风险调查、重点隐患排查、自然灾害监测预警体系建设等主要覆盖特定地区、但对其他地区有显著外溢效应的事权，设定为央地共同事权。

二、从功能适当的角度考量应急管理事权划分

功能适当原理系由德国联邦宪法法院提出，其常被用于分析国家机构的职能问题，其基本要求是为尽可能正确决策，国家权力行使须由具有最优前

提条件的机关按照它们的组织、组成、功能和程序作出决策。① 故在探讨应急管理事权的府际划分时,不可避免地要基于功能适当原理展开分析。通常认为,各级政府适合或者擅长从事的活动有所不同,基层政府适合从事日常、简单、机械的活动,中间层级政府适合处理在本辖区内有较大影响且具有一定复杂性的事务,中央政府则适合承担具有应急性、全国性特质并且呼求高度权威性的工作。由此出发,在应急管理领域的各项具体事权中,应急宣传教育、安全生产监督等执行起来较为简单的服务型事权可划归基层政府;应急管理制度建设、应急管理信息系统建设、灾害事故检测等技术难度较高的事权不妨由中间层级政府承担;相应地,将统筹应急信息、全国统一的制度建设、重特大事故调查处理等事权配置给中央政府是较为合理的。当然,以上格局是理想中的状况,也没有过多考虑其他方面的因素。在实践中,同一事权由多级政府承担的情形颇为普遍,但即便如此,仍然可以基于前述分析来明确应由哪级政府承担主要责任。

进言之,即便明确某项事权适合由哪一级政府来承担,也只是解决了第一层次的问题。在此前提下,应当由该级政府内部具体哪个部门来承担相应事权,也是很重要的问题。比如,地方预警事权的配置需要警惕地方主义倾向,如果考虑到地方政府整体上也具有"自利"倾向,为避免其顾及乃至顾忌经济发展、社会稳定、重要会议顺利举行等方面因素而干扰预警的及时发出,将该项事权交由具有一定独立性的机构来承担是相对理想的选择。② 就此而言,功能适当原理的指引作用愈发凸显。事实上,如果在具体配置事权时偏离功能适当原理,应急管理过程中常会呈现种种弊端。比如在7·20郑州暴雨发生前,郑州市气象局曾连续签发五道暴雨红色预警,明确建议要停课停运,但停课停运属于教育局、交通运输局等其他部门的职权,在这些部门未作出相应决定之前,许多单位不敢也很难真正如此行事,最终引致严重的消极后果。该事件即从反面揭示出,基于功能适当原理配置事权的极端必要性。

---

① 张翔:《国家权力配置的功能适当原则——以德国法为中心》,载《比较法研究》2018年第3期,第150~151页。

② 参见王建学:《论突发公共卫生事件预警中的央地权限配置》,载《当代法学》2020年第3期,第58页。

三、从支出责任落实的角度考量应急管理事权划分

财政事权的划分形式上是在政府内部进行的，其直接影响的对象却是社会公众。无论事权划分在理论上如何趋于完美，如果承担事权的主体最终缺乏履行的能力，那么社会公众的福利受损庶可预期。因此，在探讨府际事权划分时必须要秉持系统观念，尤其是要自觉嵌入各级政府间财力对比的格局中加以考量。考虑到我国当前财政收入向上级政府，尤其是中央政府集中的背景条件，应急管理事权的配置在由理论推导所得出结论的基础上，再适当地向上级政府倾斜，应当是较为合理的选择。

从现实情况看，近年来地方政府在应对突发事件时的能力短缺已体现得愈发明显，资金不足、物资短缺、应急救援力量薄弱等问题引人注目。以2021年7月发生在河南郑州、新乡等多地的暴雨及洪涝灾害为例，虽然中央气象台、河南省气象台、郑州市气象台先后发布多条暴雨红色预警，郑州更是在五个半小时内将应急响应连提三级，但由于当地应急救援能力不足，仍然造成较为严重的人员伤亡。在整个事件过程中，反映出当地在应急管理方面存在多方面的不足，比如冲锋舟、橡皮艇、便携式水泵、发电机等物资短缺，用于洪涝灾救援的物资捉襟见肘，又如灾害事故风险隐患调查机制不完善，地铁设计存在的重大风险未被及时监测，导致郑州地铁5号线海滩寺站至沙口路站区间列车被淹。实际上，类似"7·20郑州"这般强度的特大暴雨降落在任何一座城市，都是对当地应急管理的严峻考验，"宁可十防九空、不可一时放松"的教谕固然正确，但要求地方政府事先做好超常规且大概率派不上用场的应急准备，[①] 显然是与激励不相容的。相较之下，在全国范围内发生一次超常规灾害的概率远比在特定地区为大，加之中央政府的财力也要更为雄厚，故而由其更多承担相应的应急管理事权，更能够真正落实支出责任，哪怕与公共产品理论等经典模型不相契合，也是值得推崇的做法。

第四节　优化应急管理事权划分的整体路径

为优化我国应急管理事权的划分格局，需要在静态和动态两个维度上做

---

① 这意味着财力和人力的投入、对其他资源的挤占，而且相关投入也不是一次性的，日常维护和定期更新都是必不可少的。

文章。一方面，要在前一部分所提炼基本思路的指引下，仔细推敲各项具体事权的归属；另一方面，考虑到应急管理工作需要在短时间内调动大量资源，预先设定的事权划分格局在有些场合可能不敷需要而必须加以调整，其对财力的吁求有时也会格外强烈，故而健全的事权动态调整和转移支付机制必不可少。

一、理顺各级政府应当承担的应急管理事权

根据前文的论述，划分应急管理事权时要注重体现三方面的原则：一是基于特定应急管理事项的外溢范围，确定应承担相关事权的政府级次；二是将某项事权配属特定政府，须是功能适当的；三是要适度强化高层级尤其是中央政府的事权承担，以有利于支出责任的落实。据此，本研究对各级政府应承担的应急管理事权提出如下建议。

就中央政府而言，首先，要充实其所承担应急管理事权的内容，目前主要被划归地方政府承担的国家区域应急救援中心建设与运行维护、国家综合性消防救援队伍建设、国家级专业应急救援队伍建设、全国灾害事故风险调查和重点隐患排查、全国统一的应急管理信息系统建设等事权，应改由中央政府承担。其次，应当制定规则以明确中央政府自身应承担事权的内涵和外延，进而统一应急管理事权的相关标准，为地方政府也提供基本遵循，比如，对于突发事件的等级划分标准即应有明确的规则。最后，凸显灾后重建在应急管理事权体系中的地位，并强化中央政府的角色，如针对重特大突发事件的灾后重建，可由中央统一筹措部署，以更好保障受灾地区社会经济生活的稳定。

就省级政府而言，其掌握着划分省以下应急管理事权的权力，此间应注意因地制宜，结合本地实际，避免在划分方案中出现模糊表述，同时还要切实体现为基层政府减负的精神。概括地讲，省级政府可更多承担省级专业应急救援队伍建设、全省应急管理信息系统建设、煤矿事故调查处理等方面的事权。此外，虽然存在国情差异，但美国在这方面的实践仍然值得关注。美国是联邦制国家，同单一制国家的组织架构有很大区别，不能简单地以美国的州来类比我国的省。但是，如果粗略地、纯粹地从形式外观的角度切入观察，美国的州政府某种意义上也具有政府层级上的中间性。在应急管理层面，美国的州政府拥有对于灾难时期能力崩溃之地方政府进行干预的权力，同时

州政府还有权监督地方各级政府执行联邦政策的情况，我国亦可借鉴其做法，赋于省级政府监督下级政府在应急管理领域履职情况，并在必要时进行干预的事权。①

就市县级政府而言，前文已述及，在各省级单位的应急管理事权划分方案中，市级政府和县级政府常被等同视之，而这并不妥当。除县级市外，一般的地级市在行政级别上高于县级单位，二者间存在隶属关系，但后者在财政方面又有相对独立性，故有必要在划分应急管理事权时对二者作区别对待。具体来讲，地级市管辖区域的面积通常较大，与基层一线往往有一定距离，由其统揽全市范围内所有事权殊为不妥。但考虑到县级政府财力较弱，为保障其应急管理事权得到有效履行，可由地级市承担覆盖全市和虽然仅覆盖县域范围但外部性较强的事权，如市县级规范制定、地区性预案编制与演练、其他事故调查处理、自然灾害调查评估和灾害事故应急救援救灾等。相形之下，县级政府辖区范围较小，比较贴近基层，同时又比最为贴近基层的乡镇级政府拥有更高的权威和相伴生的资源调度能力，所以，划分应急管理事权时不妨在观念层面将其视作"基层政府"，由其承担县级安全生产监督、县级应急宣传教育培训等适合由基层政府承担的事权。至于真正的基层政府也即乡镇级政府，其本身无论在人力还是财力上都较为有限，而应急管理工作多少具有一定的高层级性，故除了配合上级政府完成相关执行性任务外，由该级政府独立承担任何事权都有功能不适当的嫌疑。

二、建立应急管理事权的动态调整机制

相较于其他类型的事权，应急管理工作的灵活性、变易性更形突出，固化的事权划分格局更加不可取。从长期看，基于社会风险化程度增加和公民普遍的低风险偏好，应急管理事权的范围不断扩张。除风险规避外，政府还要承担风险降低、风险识别等多方面的职责，其中不少内容都是随时间发展而逐渐充实进去的。从短期看，突发事件的不可预测性和科层级政府结构之间内含张力，比如，即便某一层级的政府在通常情况下能够有效应对自然灾害、安全事故等较为简单的突发事件，但面对体系之外的风险，如环境变化

① Naim Kapucu, "Disaster and Emergency Management Systems in Urban Areas", 29 (1) *Cities* 44 (2012).

165

或其他未被识别的风险，就可能暴露出行动迟缓、反应僵化的问题。① 任何事先设定的事权划分方案都是立足于常态的，不可能充分考虑到非常态的突发事件，但事实上，真的立足于非常态情形来设计事权划分方案反倒是低效率的。故此，以通常情形下的突发事件为锚，制定应急管理事权的划分方案，辅之以必要的动态调整机制，应当是合理的选择。需要说明的是，因应客观形势发展而增加应急管理事权的内容，当然也会导致相应事权划分格局的播迁，但这属于规则制定层面的问题，此处并不过多涉及。

实践中，应急管理事权的动态调整已不鲜见。比如在新冠肺炎疫情爆发初期，部分地方政府在应急处置过程中暴露出一些问题，如疫情防控不到位、收治能力不足等，中央政府立即介入，向相关地区派出专家组展开调查论证，并以派驻指导组的方式实质上接管了部分事权的执行工作。同时，中央政府还调动各地医疗力量支援疫情严重地区，并为相关地区的抗疫工作统筹调度医疗和生活物资。客观地讲，前述举措为疫情的及时应对和处置，提供了坚实的基础。当然，在此过程中也暴露出某些问题。比如，中央指导组本身层级较高，介入后与省级政府的职能多少存在不清晰的问题，其与承担较多执行工作的市级、特别是区级政府的衔接亦有不顺畅之处。又如，中央政府调度而来的医疗和生活物资，在具体分配时却存在随意和不规范的现象。究其根源，缺乏关于事权动态调整的制度安排从而使各级政府的权责不明，应当是诱致前述现象的重要原因。横向对比，由于美国宪法未赋予联邦政府公共风险处理中的事权调整权，即使情况紧急，联邦政府也只能通过联邦负责的社保项目、财政资金和调动联邦各行政机关来应对疫情，而无权调动州警察执行防疫、隔离等相关公务，严重影响防疫救援。② 由此可见，在制度层面明确应急管理事权的动态调整机制，无论是从充实上级政府治理能力，还是避免发生府际争议的角度看，都颇为必要。

概言之，应当通过制度规定明确如下四方面的问题。一是应急管理事权动态调整的启动条件。原事权归属主体不能很好完成相关任务，或是上级政府觉得有必要由自己来承担本应由下级政府承担的事权时，可以启动应急管理事权的动态调整。比如就上收事权这种情形而言，通常来讲，当出现下级

---

① 参见程惠霞：《"科层式"应急管理体系及其优化：基于"治理能力现代化"的视角》，载《中国行政管理》2016年第3期，第86页。

② 参见郑毅：《地方主义、跨区域事务与地方立法改革——以抗击新冠肺炎过程中的央地关系为视角》，载《东南法学》2020年第2期，第44页。

政府无法妥善解决的威胁人民群众生命健康、使公共财产有遭受重大损失风险、可能给社会秩序带来巨大冲击等情形时，可以认为事权动态调整的启动条件已然具备。二是动态调整决定的作出方式。如果是上级政府主动调整应急管理事权的承担主体，应当在作出决定后发布规范性文件；如果是下级政府认为自身无法很好履行相应事权，则应层报上级政府，由有权政府作出决定。需要说明的是，事权动态调整的方向既可能向上也可能向下，只不过由于应急管理事权的特殊性，实践中更易发生的是事权上收，但也不能排除事权下放的可能性。若是上级政府根据客观情况决定由所辖下级政府具体履行某项事权，其同时还要作出关于转移支付的决定，可以通过该种方式来履行自己的支出责任。三是动态调整后的责任承担。权责同构是公法上的一项基本要求，配属某级政府以特定事权，同时意味着对其履行事权的情况要进行评估，在必要时还会启动追责程序。相关应急管理事权本由较低层级的政府承担，根据需要转由高层级政府承担后，一旦履行不力，向谁追责即成为问题。根据权责一致的原理，除由下级政府的原因（如配合不到位、消极敷衍等）导致事权履行不力的情形外，既然是上级政府在具体执行，相应责任自然也应由其承担。四是针对事权调整和后续履行的监督机制。在现有机构框架内，不妨以各级纪委、监察委为常态化的监督机构，但诚如前文已有述及，此种监督模式侧重于对"人"，而对"事"的观照有所不足。再者，其更多关注行为的合法性，对于"效率""合理性"等方面的问题则囿于监督机构及其人员的专业性缺失，而难以太多涉猎。有鉴于各级政府已成立专门的应急管理机关，在其内部设立具有相对独立性的督察机构是比较现实的选择。其拥有足够充分的专业性，至于"同体监督"可能的中立性缺失，倒也不必过于忧虑——我国在这方面已经有较为丰富的经验，配备有相关制度举措来确保监督的中立性，[1] 实践绩效也较为喜人。[2] 值得注意的是，新西兰在应急管理框架原则的指导下，由地方政府与应急服务机构等合作成立了应急管理

---

① 比如，根据 2018 年出台的《中华人民共和国监察法》，各级监察委员会向本辖区内的国家机关和国有企业全覆盖派驻监察机构，虽然派驻机构与驻在部门属于"同体"，但由于派出机构对派出它的监察机关负责并报告工作，故仍然能够独立地在驻在部门开展监察工作。

② 比如，仅在 2018 年，各级纪检监察机关就立案审查存在违反政治纪律行为案件 2.7 万件，处分 2.5 万人，其中中管干部达 29 人。赵乐际：《忠实履行党章和宪法赋予的职责　努力实现新时代纪检监察工作高质量发展——在中国共产党第十九届中央纪律检查委员会第三次全体会议上的工作报告》，载《中国纪检监察》2019 年第 4 期，第 5 页。

联盟，负责监督其所在地区政府应急管理事权的履行，① 这种兼顾体制内外的路径具有"博采众长"的特征，其所监督的是一般性的应急管理事权，对于此处讨论之调整后事权履行的监督，自然也是适用的，我国作相应制度设计时可慎重考虑其可行性。

三、健全有针对性的转移支付体系

纵然如前文所建议的那般，使上级政府尤其是中央政府承担较之过去更多的应急管理事权，由于天然具有贴近一线的优势，地方政府特别是其中的低层级政府仍然会是最主要的事权承担者。然而，地方政府所拥有的财力特别是固有财力却相对较少，这成为制约其妥善履行应急管理事权的重要因素。世界各国普遍存在这个问题。美国学者威廉即针对该国的情况指出，县一级的政府在应急管理领域发挥着最适当和最关键的作用，并因而承担着较多的应急管理事权，但财政资源及技术能力的有限性决定了州及联邦政府必须向其提供帮助。② 这里的"帮助"当然包括财力在内。在此语境下，建设完备而有针对性的转移支付体系，是解决地方财力匮乏和应急管理这一公共产品供给不足的必经途径。③

根据财政资金的流动方向，转移支付可被区分为横向转移支付和纵向转移支付。目前，我国在应急管理领域仅有纵向转移支付，但其在合理性方面仍有较大改进空间。至于应急管理领域的横向转移支付，则尚付之阙如。其一，应急类纵向转移支付的范围函待扩展。《中央对地方转向转移支付管理办法》（财预〔2015〕230 号）第 3 条对应急类专项的界定应从"应对和处理影响区域大、影响面广的突发事件"拓展为"预防、应对、处理、恢复重建各类突发事件"，并减少对应急类纵向转移支付设置的限制，增强对地方财力的保障。

其二，专门用于应急管理的横向转移支付制度有待建立。应急管理类的

---

① 　Neil R. Britton & Gerard J. Clark, "From Response to Resilience: Emergency Management Reform in New Zealand", 1 (3) *Natural Hazards Review* 147-148 (2000).

② 　William L. & Waugh Jr. , "Regionalizing Emergency Management: Counties as State and Local Government", 54 (3) *Public Administration Review* 253-255 (1994).

③ 　参见赵永辉、付文林：《转移支付、财力均等化与地区公共品供给》，载《财政研究》2017 年第 5 期，第 22~23 页。

横向转移支付有两种可能的形式。一方面，从新冠肺炎疫情的应对过程即可看到，患者及其密切接触者的跨区域流动十分普遍，这给"流行病学调查"工作的开展增加难度，常常需要其他区域政府的支持。在这种情形下，有必要建立有针对性的横向转移支付机制，使相关政府有充足的动力和能力积极配合，共同完成好应急管理的各项任务。另一方面，在我国，当一省一地发生突发事件以致应对困难时，来自其他省份的支援常会及时到达，这种支援主要是人力和物资方面的，但包含财力因素的"对口支援"模式也已不鲜见，① 不过此种"对口支援"并非真正意义上的转移支付，单从财政资金流动方向看也既非横向、亦非纵向，而是具有类似于"斜向"的外观。实际上，若发生突发事件的省份在财力上甚为困窘，而来自中央政府的纵向转移支付亦不敷需要时，横向转移支付也未尝不是一个选项。具体到制度建构，应急管理类的横向转移支付不妨依循如下思路：首先，在转移支付目标方面，应当将之确定为缓释突发事件及相关应急管理工作的负外部性，或是补足事件发生地的财力缺口，而非财政均等化，故无论前述何种形式的横向转移支付均要遵循补充性原则，如第二类横向转移支付仅得于纵向转移支付不足时方可启动；② 其次，在转移支付金额方面，可以由相关地方政府平等协商，但协商时应考虑指标性因素，如就第一类横向转移支付而言，应将其他省份受影响的程度和协助完成工作的绩效作为考量因素，至于第二类横向转移支付，则可更多考虑突发事件的风险等级和发生地的财力缺口；最后，纵然是地方政府之间的横向转移支付，中央政府也不宜完全缺位，这由我国的国家性质所决定，至于中央政府在其中所应扮演的角色，则不妨界定为保障者和鼓励者，其可以通过财政返还的方式对支出地予以适当补偿，缓释相关地方政府因资金流出而承受的财政压力，③ 同时，对于实施第二类横向转移支付较多的地方政府，也要考虑给予一定"奖励"，如在编制各类规划时赋予其更为突出的地位，使之在后续经济社会发展进程中的角色更为显要。

---

① 比如在汶川、玉树等地发生大地震后，都有对口支援的制度实践。

② 参见杨晓萌：《中国生态补偿与横向转移支付制度的建立》，载《财政研究》2013年第2期，第22页。

③ 欧阳天健：《应急管理事权与支出责任研究》，载《经济体制改革》2020年第6期，第156页。

第五节　小　　结

应急管理能力是国家治理能力的重要组成部分，应急管理事权的妥善配置则是各级政府高效实施应急管理的前提要件。长期以来，我国针对应急管理事权的府际划分不够明确、系统，而是散见于诸多法律、法规之中，且具体规定也有诸多罅漏。《改革方案》对央地政府在应急管理领域各自应承担的事权做了原则性界定，在很大程度上改变了前述状况。但若以更高的标准来衡量，则由其所确立的应急管理事权配置格局仍然存在中央层级承担不足、省以下事权划分失范、配套机制不够健全的弊端。在当前，有必要从应急管理的公共产品属性入手，考量各级政府和拟承担职责之间的功能适当性，以此作为划分应急管理事权的基本遵循。在配置事权时，相关政府能否以及如何更好落实支出责任也应格外引起关注。应急管理事权划分格局的优化应当是一个系统工程，除调整各级政府具体承担事权外，相机建立应急管理事权的动态调整机制，健全相关的转移支付体制，都是使应急管理事权得到高效践行的重要制度保障。

第七章 "双碳"目标下环境治理事权的府际划分

2020年9月，习近平总书记在第75届联合国大会上明确提出，中国二氧化碳排放力争于2030年前达到峰值，至2060年前则要努力实现碳中和。为表述简便，本章以"双碳"目标统称"碳达峰"和"碳中和"。在此之后，"双碳"目标成为我国应对气候变化和生态环境保护的主要工作方向和目标，在"十四五"规划中确定的经济社会发展主要目标即包括单位国内二氧化碳排放降低18%，森林覆盖率提高到24.1%，锚定努力争取2060年前实现碳中和。受其指引，近期出台的不少重量级文件都聚焦落实"双碳"愿景，在推动宏观经济治理、加强应对气候变化相关立法、编制应对气候变化专项规划和行动方案、加快全国碳排放权交易市场制度建设等方面作出了规定。① 但问题在于，我国目前各级政府在环境治理方面所承担的事权仍然以生态保护和修复、环境监管、污染防治等被动性的内容为主，主动性较强的如控制温室气体排放等事项被笼统地视为地方财政事权，政府在节能、优化能源结构、控制能源消费总量、降低碳强度、控制碳总量等事项上的责任更是未见细化规定。② 在"双碳"目标的驱动下，政府需要承担的环境治理事权的内容和履行要求较之先前应当有所变化，相应地，各级政府在其间的职能分工也要加以明确。本章首先对当前政府承担环境治理事权的现状进行梳理和归纳，剖析其在推进"双碳"目标历史进程中的作用和局限，并探究政府还应在环境治理领域充实哪些事权。在此基础上，本章将依托事权划分的基本原则，揭示政府间传统环境治理事权纵横划分的疏漏与不足，并提炼改进思路。最

---

① 这方面具有代表性者可以参见《关于统筹和加强应对气候变化与生态环境保护相关工作的指导意见》（环综合〔2021〕4号）。

② 参见《生态环境领域中央与地方财政事权和支出责任划分改革方案》（国办发〔2020〕13号）。

后，笔者还将对专门针对"双碳"目标的相关事权应如何划分，略作探究。

第一节 "双碳"目标下环境治理事权的内容更新

"双碳"目标的实现需要多方主体共同努力，各级政府以承担某些事权的形式参与其间并发挥重要作用，是不可或缺的一环。这要求政府承担环境治理事权的内容和范围，也须相应进行调整。

一、财政事权何以助推"双碳"目标实现

"碳达峰"是指我国的二氧化碳排放总量达到历史最高值，并且没有明显升高和降低的趋势。"碳中和"则是指经过减排措施和碳汇等手段降低二氧化碳的总排放量，最终通过碳补偿（Carbon Offsets），使我国温室气体排放不对全球排放到大气中的温室气体产生净增加量。[1] 我国目前实施的低碳战略目标越来越积极，碳减排已从间接、隐性的节能减排过渡到直接的碳排放强度控制，形成了包括节能、能源结构优化、消费总量控制、碳强度下降等在内的结构化目标体系，[2] 并通过碳交易市场、森林碳汇、碳捕获和封存技术、环保技术、节能减排技术等多样化的制度和技术手段予以保障。客观地讲，前述每一手段的运用都离不开政府的支持，而政府支持的基本形态便是承担特定的财政事权。

我国碳市场于 2021 年 7 月 16 日正式开市。[3] 作为全球覆盖温室气体排放量规模最大的碳市场，学界对其寄予诸多期许，希冀其能够通过征收碳税和碳补助来调节市场需求，推动经济、工业和能源结构转型。但我国的碳市场仍处于初建阶段，在总量设定与配额分配方法的选择、碳市场有效性的评判、效率与政治接受度的权衡、碳市场与其他政策和机制的互动、碳市场连接等

---

[1] 邓明君、罗文兵、尹立娟：《国外碳中和理论研究与实践发展述评》，载《资源科学》2013 年第 5 期，第 1084 页。

[2] 参见张友国：《碳达峰、碳中和工作面临的形势与开局思路》，载《行政管理改革》2021 年第 3 期，第 79 页。

[3] 刘瑾：《中国碳市场为国际合作增添动力》，http://paper.ce.cn/jjrb/html/2021-07/19/content_446779.htm，最后访问时间：2021 年 9 月 15 日。

方面仍存在较多问题,① 仅仅依靠市场机制不足以支撑相关产业和经济模式的跨越式转型发展。而且除了经济阻力之外,产业转型还面临着诸多社会、政治压力,如涉及采集、运输、发电等环节的煤系产业,其不仅保障了绝大部分的基础电力供应,② 还在经济体系中占有重要地位,加之煤基产业链中多是大型国企,地方政府在整合、转型过程中面临的职工保障、经济滑坡、地方债务危机等风险,也须各级财政予以支持和保障。

森林碳汇是从源头减少温室气体排放的主要方式,但扩大森林面积、强化森林固碳功能、应对干旱、森林火灾等问题,③ 都需要政府投入财政资金予以解决。在森林种植、养护中,利用社会资金和市场调节,虽可在短时间内获得较高的碳汇成果,但不以整体收益为目标的市场机制,很难达到碳汇的理想峰值,可能影响中和总体目标的实现。

我国在碳捕获和封存、环保、节能减排等方面的技术,仍有较大的进步空间,尚需政府加大资金投入,对其给予扶助和引导。首先,碳捕获、利用和封存(CCS)是指将相关产业生产的二氧化碳分离出来,再通过碳储存手段将其储存。其中,生物质能碳捕集与封存(BECCS)在中国仍处于早期研发阶段,除了设备系统的成本和运维花费较大之外,还受到生物质收集、潜在技术风险等因素的制约。④ 至于直接空气碳捕获与封存(DAC),成本高、技术不成熟等问题则更为突出,⑤ 如果缺乏有力的财政支持,市场主体从自身利益出发,在成本-收益分析后可能会选择放弃或是根本不进入相关领域。其次,高能效循环利用技术受行为模式和商业模式影响较大,不论是在生产侧

---

① 参见张希良、张达、余润心:《中国特色全国碳市场设计理论与实践》,载《管理世界》2021 年第 8 期,第 83~87 页。

② 2020 年,煤电装机容量年均增速为 3.7%,占总装机容量的 49.1%,煤电发电量年均增速为 3.5%,占总发电量比重的 60.8%。中电联电力统计与数据中心:《2020~2021 年度全国电力供需形势分析预测》,载《中国电力企业管理》2021 年第 4 期,第 92 页。

③ 参见蔡博峰等:《中国碳中和目标下的二氧化碳排放路径》,载《中国人口·资源与环境》2021 年第 1 期,第 9 页。

④ LuXi et al, "Gasification of Coal and Biomassasane Tcarbon-negative Power Source for Environment-friendly Electricity Generation in China", 116(17)*Proceedings of the National Academy of Sciences of the United States of America* 8211 (2019).

⑤ 朱炫灿等:《吸附法碳捕集技术的规模化应用和挑战》,载《科学通报》2021 年第 22 期,第 2873 页。

推动使用工业通用节能设备、推进能源梯次利用、发展循环经济，还是在消费侧促进购买节能家电、自觉垃圾分类、优先低碳出行等习惯的养成，都需要政府通过财政补贴等手段积极有效地进行引导。[①] 最后，零碳能源技术在理论和实践层面均面临较大挑战，风能、太阳能、水力发电等可再生能源发电，存在技术质量、投资成本、土地占用、稳定性等方面的问题，而绿色氢能、生物能等可变可再生能源则面临成本过高的问题，须由政府引导，完善开发和利用的市场体系和保障机制，方能充分发挥潜力。[②]

二、新形势下环境治理事权的再检视

环境保护和治理，一直以来都是我国各级政府承担的重要职责，因而对于这方面事权的具体内容业已有较为成熟的认知。在"双碳"明确作为战略目标提出和政府承担相应事权有助于"双碳"目标达致的背景下，传统的事权内容是否满足需要，有必要加以考察。

(一) 传统环境治理事权拨梳

我国环境治理事权以相关法律、法规和规范性文件为基础，[③] 强调在污染防治的同时，对生态进行一体化保护。2020 年 5 月，国务院还专门发布《生态环境领域中央与地方财政事权和支出责任划分改革方案》（国办发〔2020〕13 号）（以下简称《改革方案》），对环境治理事权进行了梳理。根据《改革方案》，我国各级政府承担的环境治理事权传统上包含四个方面的内容。一是生态环境规划制度制定。国家层面、跨区域、重点流域海域、影响较大的重点区域的生态环境规划和国家应对气候变化的规划制定属于中央事权，地方则承担其他生态环境规划制定的事权。二是生态环境监测执法。这主要包括执法检查、执法督察、生态环境监测、生态环境法律法规和相关政策执行情

---

① 王灿、张雅欣：《碳中和愿景的实现路径与政策体系》，载《中国环境管理》2020年第 6 期，第 60 页。

② 刘萍等：《碳中和目标下的减排技术研究进展》，载《现代化工》2021 年第 6 期，第 7~8 页。

③ 我国先后制定和实施了《环境保护法》《大气污染防治法》《固体废物污染环境防治法》等近 30 部与环境保护相关的法律，同时制定了 60 多部涉及环境保护的法规，地方人大或政府还出台有 600 多部地方性法规、地方政府规章和规范性文件。参见张进财：《新时代背景下推进国家生态环境治理体系现代化建设的思考》，载《生态经济》2021 年第 8 期，第 179 页。

况及生态环境质量责任落实情况的监督检查等具体事权。三是生态环境管理事务与能力建设。我国先后实施了规划和建设项目环境影响评价、重点污染物减排和环境质量改善等生态文明建设目标评价考核、污染物排放控制、碳排放权交易等制度，并通过生态环境调查、生态保护修复指导协调、生态环境宣传教育、环境信息发布、生态环境相关国际条约履约组织协调等配套措施保障实施。四是环境污染防治。此类事权的覆盖范围相对较广，主要包括针对土壤污染、农业农村污染、固体废物、化学品、地下水、噪声、光、恶臭、电磁辐射等区域性污染和放射性污染、大气污染、流域、海域等跨区域性污染的生态环境保护和污染治理。

在"双碳"目标的语境下，传统的环境治理事权在促进经济转型发展、环境治理体制融合等方面逐渐表现出不敷需要之处。一是对"双碳"目标的回应乏力。现有环境治理事权更多着眼于事中和事后防控，对于推进节能减排、生态系统碳汇、城镇低碳化发展等应对气候变化特别是控制温室气体排放的事前性举措不够重视。二是"低碳""节能"相关的事权内容较为单薄。《改革方案》所罗列的各项具体事权中，仅有对碳排放权交易制度监督管理一项与之相关。三是基本上停留在"就环保论环保"的层次，未能自觉嵌入国家治理的整体语境，在系统思维方面有所不足。环境治理并非单纯与环境资源相关，其实也和经济、社会发展有着密切联系，由于传统的环境治理事权主要针对污染，而污染又常被认为是经济、社会发展的副产品，以致环境治理和经济、社会发展之间有一定张力几乎成为共识，这在很大程度上制约了各级政府承担和履行环境治理事权的积极性。反观"双碳"目标，则当然地内含经济、社会、生态环境协调发展的要求，这就对传统环境治理事权的合意性提出挑战。

（二）服务于"双碳"目标的新设环境治理事权

早在2007年，国务院就制定了应对气候变化的国家方案，并对节能降耗、能源结构改善、植树造林、大力发展循环经济等工作的开展作出了细致的安排。[①] 此后，我国又相继出台了一系列规范性文件，在灾害防治、生态修复、经济结构调整、能源结构优化、增加森林碳汇等方面作出规定，借此将控制温室气体排放作为重要发展目标，并从整体规划、体制监管、资金投入

---

① 参见《中国应对气候变化国家方案》（国发〔2007〕17号）。

等多个角度对实现低碳发展予以保障。同时，为实现"双碳"愿景，我国的宏观经济治理、生态环境保护规划、能源生产以及其他重大战略和规划均开始主动融入应对气候变化的内容，在传统事项的基础上，环境治理事权的内容呈现出新的变化。通过梳理相关规范性文件，① 不难发现其中与"双碳"目标存在关联的近年来新设之环境治理事权，具体情况详见表 7-1。

表 7-1　　　　　服务于"双碳"目标的新设环境治理事权

类　别	事　权
建立、完善、试点、实施低碳相关的制度措施	完善全国碳排放权交易市场制度；建立重点行业企业开展碳排放对标制度；环境风险评价、气候变化影响风险评估实施；建立、实施控制畜禽温室气体排放制度；建立城乡低碳化建设和管理制度；建立城市碳排放精细化管理制度；建立公共建筑低碳化运营管理制度；绿色生态城区和零碳排放建筑试点示范；实施公交优先的城市交通运输体系；实施城市轨道交通、智能交通和慢行交通；实施低碳交通示范工程；监督开展零碳排放区示范工程；实施国家低碳工业园区试点；实施低碳商业、低碳旅游、低碳企业试点；实施气候投融资试点工作；实施垃圾填埋场、污水处理厂甲烷收集利用及与常规污染物协同处理；应对气候变化标准修订；气候变化的环境经济政策制定
增加生态系统碳汇	实施国土绿化行动；继续实施天然林保护、退耕退牧还林还草、三北及长江流域防护林体系建设、京津风沙源治理、石漠化综合治理等重点生态工程；增加森林碳汇；推行禁牧休牧轮牧和草畜平衡制度；实施海洋等生态系统碳汇试点、实施气候变化与生态保护修复

---

① 参见《关于统筹和加强应对气候变化与生态环境保护相关工作的指导意见》（环综合〔2021〕4 号）；《国家发展改革委、国家能源局关于加快推动新型储能发展的指导意见现行有效》（发改能源规〔2021〕1051 号）；《国家适应气候变化战略》（发改气候〔2013〕2252 号）；《国家应对气候变化规划（2014—2020 年）》（国函〔2014〕126 号）；《"十二五"控制温室气体排放工作方案》（国发〔2011〕41 号）；《"十三五"控制温室气体排放工作方案》（国发〔2016〕61 号）等。

续表

类　别	事　权
低碳技术研发、试点和推广	清洁能源研发；工业领域碳捕集、利用和封存试点示范；推广低碳工业的新工艺、新技术；推广绿色建筑和低碳建筑技术；推广绿色施工和住宅产业化建设模式；建设绿色低碳村镇；发展铁路、水运等低碳运输方式；推动航空、航海、公路运输低碳；发展低碳物流；发展工业垃圾、建筑垃圾、污水处理厂污泥等废弃物无害化处理和资源化利用
低碳教育宣传	践行低碳、节能、绿色理念；鼓励绿色出行；创新城乡社区生活垃圾处理理念；鼓励垃圾分类和生活用品的回收再利用

由表 7-1 可知，较之传统的环境治理事权，以"双碳"为目标的新增环境治理事权呈现出至少三方面的优势。第一，环境治理事权逐渐关涉农业、工业、交通等领域的环境问题，将环境治理事权融入各个行业和领域之中，从环境整体质量提升的角度对相关事权的内容予以充实，初步彰显系统思维。第二，将气候变化应对、环境治理、生态保护有机结合起来，从制度、技术、宣传、绿化四个方面，旗帜鲜明地确定了"双碳"的治理目标。第三，以"双碳"为目标的事权内容不断增加，除生态环境规划制度制定、生态环境监测执法、环境污染防治等传统环境治理事权外，逐渐充实进来的增加生态系统碳汇、低碳技术研发、试点和推广等方面的事权有助于达致"双碳"目标。

第二节　传统事权纵向划分的现状及其改进

应当说，就服务于"双碳"目标而言，传统的环境治理事权和新设事权都有一定助益，关键是要使相关事权的府际划分合乎应然逻辑，力求趋近理想状态。本部分和接下来的一部分着重对传统事权的纵横配置格局加以检视，至于新设事权该当如何在府际划分，则于后文探讨。

一、传统环境治理事权府际纵向划分所存在的问题

事权的纵向划分既要从外部性、① 激励相容和信息复杂性等原则出发，考量各级政府提供公共产品的经济效率，又要适当参酌功能适当原理、② 事权与支出责任相适应原则③考虑事权履行的现实可能性，根据各级政府的财力状况具体划分环境治理事权。由此观之，现行格局有不少待优化之处。

首先，在央地政府间划分事权时未充分考虑地区差异。《改革方案》适当强化了中央层面的事权承担，地方仅承担本地区内部的环境监测、环境执法、污染防治和生态环境管理等事权，从数量上看似不为多，但在实践中，同一事权在不同地方可能需要的支出金额差异极大。以污染防治为例，很多经济发达、政府财力也较为雄厚的地区污染并不严重，如江苏、浙江、广东等经济发达的沿海省份生态环境本就处在较高水平，这使得其用于污染防治的支出金额不算太高；反倒是中西部经济发展相对滞后、政府财力也较为困难的地区，由于为求得高速发展而时常承接发达地区转移而来的高耗能高污染产业，以致污染程度通常要更为严重，污染防治的支出压力也会更大。

其次，事权划分较为粗疏，很多概念的内涵和外延模糊，以致事权下沉、地方政府对环境治理承担兜底责任的问题较为突出。如《改革方案》规定由中央政府承担"影响较大的重点区域"的环境治理事权，却并未对"影响较大"和"重点区域"进行解释和限定，而相关部门规章一般也只会对某一地区影响较大的重大污染区域进行确定，④ 由此导致实践中重大污染治理的责任

---

① 外部性原则通过衡量公共产品利益外溢的范围，确定不同层级政府应承担的事权。本书在导论和第六章等多处均已述及该点。Charles M. Tiebout, "A Pure Theory of Local Expenditures", 64（5）*Journal of Political Economy* 416-424（1956）.

② 功能适当原理强调根据不同层级政府及其部门的结构、组织、组成、程序、功能，确定适合由其履行的事权。参见张翔：《国家权力配置的功能适当原则——以德国法为中心》，载《比较法研究》2018年第3期，第150~151页。从本章后面的论述可以看出，笔者认为，功能适当原理之于事权纵向划分的指引功能适辅助性的，其更主要的用武之地是事权横向划分的场域。

③ 事权与支出责任相适应原则要求履行事权的政府或部门财力须充足，能够保障相应事权落到实处。参见《国务院关于推进中央与地方财政事权和支出责任划分改革的指导意见》（国发〔2016〕49号）。

④ 参见《国家林业局关于编制珠江流域防护林体系建设三期工程规划有关问题的通知》（林规发〔2010〕217号）。

主体模糊不清。加之《改革方案》倾向于以外部性原则主导事权划分，这样一来，诸如土壤污染防治、农业农村污染防治、其他地方性大气和水污染防治、噪声、光、恶臭、电磁辐射污染防治等事项，往往因其利益外溢范围较小而被视为地方事权，加重了地方政府所需要承担的责任。

再次，央地政府职责错位。一方面，某些本应由中央政府履行的事权被划分给地方政府。比如，《改革方案》规定地方政府承担地方性的环境执法事权，而污染严重的矿业产业、工业产业往往是地方经济发展的支撑性产业，基于地域竞争、经济发展的考量，地方政府在环境污染执法过程中可能出现执法力度不足、执法范围过窄等问题。毕竟，如果企业因为地方政府高强度的环境管制而选择"用足投票"，地方政府便要承担税源流失乃至经济发展受到影响的消极后果。此外，许多类型环境污染的流动性也给地方政府提供了避免因其履职不力而承担责任的便捷途径，最简单的莫过于让排污企业竖高烟囱以转嫁污染物。① 凡此种种都意味着，使地方政府承担过重的环境执法事权，很可能是非理性的做法。另一方面，某些地方政府有能力承担的事权反而被划分给中央政府。这方面的典型例证如生态环境法律法规和政策执行情况及生态环境质量责任落实情况的监督检查事权被配置给中央政府，但囿于人力不足和信息占有不充分，中央政府实际承担这部分事权的情况不尽理想，监督管理松懈、政策执行不力等现象时有发生。

最后，中央与地方共同事权的范围明显狭窄，难以满足跨区域治理的需要。《改革方案》所确定的央地共同事权仅包括针对影响较大的重点区域进行污染防治一项。事实上，包括地方性辐射安全监督管理、地方环境信息发布、地方行政区域内控制温室气体排放等在内的利益外溢范围比较广的事权，单纯由地方政府来承担并不合适，央地政府共同承担更为契合外部性、激励相容、信息复杂性等事权纵向划分的基本原理。

二、改进思路

针对以上问题，可考虑从如下四个方面改进传统环境治理事权的府际纵向划分，以提升整体上的环境治理能力。

---

① 王文婷、黄家强：《大气污染治理政府间分担机制研究——以财税法为视野》，法律出版社 2017 年版，第 115 页。

一是适当增加中央政府承担事权的比重。需要上收中央的事权主要有三种情形：其一，地方政府疏于履行或履行不力的事权，如地方重大生态环境指标的监测、地方重大生态环境违法行为的检查督察；其二，需要中央政府统筹协调的事权，如跨区域的生态文明建设目标评价考核；其三，中央政府和地方政府交叉管辖、易产生争议的事权，如对控制污染物排放许可制实施情况的地方监督管理，地方性生态保护修复工作的指导、协调和监督等。

二是对有关事权的界定进行解释和细化。大体上看，环境保护类的法律法规涉及"影响较大""重点区域"等概念的至少有《环境保护法》《长江保护法》《大气污染防治法》等，地方层面的如《甘肃省环境保护条例》等也不乏此类表述，建议在制度规范或是配套的下位规范中，结合不同方面、不同领域环境治理的特征。对这些概念的核心意涵进行阐释，减少因责任不明而导致的事权下压现象。

三是完善转移支付制度，并建构体系性的生态补偿机制。不同地方环境治理需求的差异性较大，有些地方性很强的事权本身难以由中央统一部署和履行，但地方政府独自承担这些任务又可能超出本身的能力（主要是财力）范围，这样一来，在将此类事权确定为地方事权的同时，通过优化资金来源的方式保障地方政府的履职能力，确是较为理想的方式。这其中，有针对性地完善纵向转移支付尤为关键。具体而言，一方面要在确定一般性转移支付的数额时，更多地将影响生态环境的各种因素纳入测算公式的指标体系，使生态压力较大的地区获得更多的基础性资金。特别是考虑到，现实中生态较为脆弱的地区，往往财力也相对较弱，此举可以在一定程度上缓释其保护和修复生态环境的资金压力；另一方面，也要充实、优化环境治理相关专项转移支付的体系。目前，我国环境治理相关的专项转移支付多是指向污染防治和生态修复，资金主要被用于大气污染防治、水污染防治、土壤污染防治、污水排放等事项。相形之下，针对生态功能区的专项转移支付，资金规模较小，[1] 不足以支撑起山水林田湖草生态保护修复的目标，应考虑适当提高其金

---

① 相较于地方实际的资金需要，生态功能区专项转移支付的规模相对较小。比如，2021年重点生态保护修复治理资金中，用于辽河流域山水林田湖草沙一体化保护和修复工程的转移支付预算总额为20亿元，而辽宁省出台的《辽河流域综合治理与生态修复总体方案》中匡算的项目总投资达419.82亿元。又如，武陵山区山水林田湖草沙一体化保护和修复工程预算总额也是20亿元，而相关工程的总投资实际达到53.82亿元。

额标准。

此外，探索建立跨地区的横向、斜向转移支付制度，由因环境治理而受益的周边地方对其予以一定的生态补偿，也能够在一定程度上缓解地方环境治理的资金压力。原国家环境保护总局早在 2007 年便曾制发《关于开展生态补偿试点工作的指导意见》（环发〔2007〕130 号），以"谁受益、谁补偿"为原则，[1] 推动建立区域生态补偿机制。其后，这方面的实践多见于跨区域流域的生态补偿，浙江、河北等地已积累一定经验，[2] 但相关生态补偿机制在体系性、普遍适用性以及补偿标准本身的合理性方面，距离理想状态还有很长一段道路要走。概括地讲，其存在的突出问题以及相应的改进思路可从如下三个方面加以把握：一者，生态补偿价值估算的标准存在一定争议，目前得到广泛认同的核算方法有保护和建设成本核算法、机会成本核算法、生态系统服务价值核算法等，但这些方法不足以体现生态系统的服务价值，难以满足上游地区生态保护和发展所需，[3] 应强化地方特色，以生态产品产出能力为基础，分级分类、因地制宜地制定测算标准；二者，资金筹集的方式和途径单一，财政负担大，生态补偿的实施机构不确定，环境监测数据共享力度亦较为不足，[4] 这些问题看似较为分散，但有一定共性可循，此即在一定程度上都是由生态补偿机制的法治化程度不足所引致，对此，提高生态补偿机制本身的法治化水平，健全自然资源资产产权制度，以法律法规的形式保障生态产品价值，是值得追求的目标；三者，横向的跨区域政府协调难度大，生态补偿的稳定性和可持续性不足，就此而言，可考虑通过流域生态补偿考核、国务院督查、生态补偿的政策宣传等方式，既督促各地方政府加强横向的府际协调，也从观念层面入手提高了地方政府自觉参与生态补偿的积极性。

四是扩充中央与地方共同事权的范围。比如，可考虑将地方性辐射安全监督管理、地方行政区域内控制温室气体排放等事权划分为中央与地方共同

---

① 该指导意见提出的一项基本原则是谁开发、谁保护，谁破坏、谁恢复，谁受益、谁补偿，谁污染、谁付费。根据论述的主旨，正文仅提及其中一部分。

② 参见熊伟：《财政法基本问题》，北京大学出版社 2012 年版，第 185~191 页。

③ 万勇、杨思雅：《完善流域生态补偿机制研究——以安徽省为例》，载《地方财政研究》2021 年第 6 期，第 64 页。

④ 陈清、张文明：《生态产品价值实现路径与对策研究》，载《宏观经济研究》2020年第 12 期，第 137 页。

事权,中央政府负责制定不同地方温室气体排放、辐射安全等指标,分配环保、减排等各项具体任务,地方政府在此基础上承担具体的管理和调控责任。为保障地方政府切实履行,中央政府还需负责建立相应的监督、管理和标准评估制度,并由地方政府对此予以配合。

第三节 传统事权横向划分的现状及其改进

环境治理具有整体性和全局性,绝非单一部门积极履行职责便能克竟全功。我国设立了专司环境保护和治理的环境保护行政主管部门,但除此以外的其他许多部门也承载了环境治理事权,这就引发了事权横向划分和协调的问题。环境治理事权的横向配置是否合乎事权划分的基本原理,对于整体环境治理目标的达致,干系重大。

一、传统环境治理事权横向划分所存在的问题

客观地看,我国当前环境治理事权的横向划分存在如下四方面的问题。

第一,环境治理事权较多地被配置给环保部门,环保部门承担了很多本来应由其他部门承担的事权。比如,强制性环境信息披露、环境治理企业资产监督、环境污染违法犯罪制裁等事权均被配置给环保部门,但此类事权的性质较为复杂,涉及金融监管、国有资产管理等方面,过多地交给环保部门承担不尽合适。又如,排污权有偿使用和交易、碳排放权交易的统一监督管理事权,虽是以环境治理为终极目标,但其从本质上看不过是市场监管事权的一种特殊类型,由市场监管部门承担,相较于环保部门而言,在功能适当的意义上或许是更优选择。还如,环境经济政策融合、交通运输结构优化、原料工艺优化、产业结构升级等事权均由环保部门承担,[①] 而这些事权实质上以经济、交通、产业等专业性目的为主,环保仅为辅助性、次要性甚至附带性目的,环保部门在此间责任过重不甚合适。

第二,承前,环保部门承担不适合由自己承担的事权,还很容易导致部门间事权重叠的现象。实践中环保部门承担了很多应由资源部门、土地部门、

---

① 参见《关于统筹和加强应对气候变化与生态环境保护相关工作的指导意见》(环综合〔2021〕4号)。

水利部门等专业性部门承担的事权，如就河海排污口设置管理事权中的排污口建设而言，地方水行政主管部门、流域管理机构享有排污口设置的审批权限，① 国务院生态环境部水生态环境司则承担监督实施排污许可证的事权，② 三机关承担事权的具体内容虽有所不同，但在实践中较难区分，容易造成相关事权在履行过程中的混乱和冲突。

第三，部分环境治理事权的横向配置存在"疏而有漏"的现象。制度设计更关注事权的纵向划分，而对于横向划分的观照不够，以致某些事权未能清晰、准确地配置给特定部门。比如，很多地方未将对于露天煤矿占用、损毁土地的处罚权限明确安排给某一部门，以致实践中易出现"两不管"的情形，生态环境部便曾曝光过因为国土部门和农业部门相互推诿，导致霍林河露天煤矿占用、损毁土地的违法违规行为长期未受处罚的反面事例。③ 此外，某些事权虽然在省一级有相关部门承担，但下放给下级政府之后，因未明确具体的责任部门，使得事权执行情况堪忧。如《山东省露天矿山综合整治行动实施方案》（鲁自然资字〔2019〕81号）要求相关的市、县（市、区）政府承担露天矿山治理责任，但部分基层政府未对相关事权的具体承担主体予以明确，导致已关停的废弃矿山以矿权整合的名义重新办理采矿权，并大量进行露天开采。④

第四，缺乏专门的部门间协调机制。这有两种表现形式。一是承担环境治理事权的各部门间缺乏协调，致使环境治理出现"断点"，比如"环保不下河、水利不上岸"的说法就反映出，环保部门与水利部门承担的相关事权缺乏衔接，二者在水资源保护的实施手段、管理方式、监测体系、技术标准和污染物总量控制等方面均存在冲突。⑤ 二是承担环境治理事权的部门在履职过

① 参见《水污染防治法》第19条。
② 参见《生态环境部职能配置、内设机构和人员编制规定》第3条。
③ 参见生态环境部，《责任不落实监管不到位霍林河露天煤矿生态恢复治理严重滞后》，https：//www.mee.gov.cn/gkml/sthjbgw/qt/201807/t20180707_446249.htm，最后访问时间：2021年9月27日。
④ 参见生态环境部，《山东省济宁市矿山综合整治不力 督察整改责任不落实》，https：//www.mee.gov.cn/ywgz/zysthjbhdc/dcjl/202109/t20210917_949233.shtml，最后访问时间：2021年9月26日。
⑤ 参见杜群、杜寅：《水保护法律体系的冲突与协调——以入河排污口监督管理为切入点》，载《武汉大学学报（哲学社会科学版）》2016年第1期，第123~125页。

程中，可能受到承担其他事权的部门的掣肘，如环保部门在履行生态环境监测、执法检查、督察等事权时，一般倾向于严格执法，但其他部门可能会更多考虑给企业减轻负担和优化营商环境，而对企业生产经营活动造成的污染持放任甚至默许的立场，对环保部门的严格执法有时也不免颇有微辞。此时，规范的部门间协调机制能化解冲突，促进同级政府内不同部门的有效合作。

二、改进思路

环境治理是一个系统工程，既要求相关事权在各部门间的横向配置允当，也仰赖各部门在履行事权时通力协作，并且有畅通的渠道来化解潜在的争议，以凝聚合力。总体上看，改进思路包含如下四个方面的内容。

首先，以功能适当原则为基础，在厘清相关事权具体类型的基础上，使各部门承担与其自身属性、专长相适应的事权。如前文已提及，强制性环境信息披露、环境治理企业资产监督、环境污染违法犯罪制裁等事权不宜交由环保部门承担，而应将其分别设定为金融监管、国有资产管理等部门的事权。同理，环境经济政策融合、交通运输结构优化、原料工艺优化、产业结构升级等事权，既具有环境治理的目的，又具有经济发展、交通发展、资源管理、工业发展等其他目的，且后一层面的目的所占权重更高，加之此类事权在实际履行过程中可能需要多部门协同，故而将此类事权划分为环保部门和其他部门共同承担的事权，由市场监管、交通管理、工业信息等部门承担主要责任，环保部门承担辅助责任较为妥当。

其次，根据事权履行的实际绩效，将环保部门不适合承担的事权划分给其他特定部门。如将排污权有偿使用和交易、碳排放权交易的统一监督管理等环保部门履行不力、由其他部门履行却很可能效率更高的事权，划归市场监管、金融监管等部门承担。

再次，强化事权划分的体系性，遵循系统思维，避免设定和配置事权时出现罅隙，在事权履行过程中亦应贯彻系统思维。一是各级政府在各部门间配置环境治理事权时，不能仅仅关注同施政绩效直接关联的污染防治、生态修复、城市绿化等事权，还须投注相当精力于生态环境制度设计、生态环境管理能力建设等更具有基础性、根本性的事项。二是各部门承担的事权可能有互补性，要注意相互补位，如当国土部门疏于履行露天矿山治理事权或是履行不力时，环保部门、司法部门所承担的监测、执法、审判等事权便能发挥矫正、纠偏的功用,其积极、主动履职,即可在一定程度上使国土部门的疏失不致产生严重的消极后果。

最后,建立规范的部门间协调机制,尽量避免和及时解决事权履行过程中的部门间争议。一方面,当某项事权的履行涉及多个部门时,应建立常态化的协同机制,诸如联席会议、领导小组、专项任务小组等形式都是可以考虑的选择。在此基础上,应设计一套注重整体考量、联合行动与信息共享的程序性制度安排。同时,也要重视发挥诱导性规则、激励性规则的作用,如上级政府可以通过制定政策、安排项目或确定机构职责等方式,综合运用预算、规划、问责与激励等结构性机制,① 促进各部门在决策过程中的协同和合作。另一方面,当争议现实发生时,可通过协商、调解、裁定三步走的方式解决争议。首先,由各部门自发协商,透过信任与互惠、承诺、资源交换、社会资本等市场机制解决问题。其次,若协商不成,再由利益不相关的第三方进行调解,以契约、金钱交易、成本与利益交换等网络机制作为中介,衔接不同政治资源,发挥起承转合的作用。最后,当争议无法通过协商、调解解决时,交由各部门共同的上一级单位进行裁定,进而通过奖惩、正式命令等科层机制内部的方法,直接控制各部门的行动。②

第四节 "双碳"目标下增设事权府际划分的应然路径

"双碳"目标下增设的事权脱胎于传统事权,在内容、意涵和价值等方面虽有所变化,但仍属于环境治理事权的范畴,故其府际划分在思路上与传统环境治理事权别无二致。概括地讲,其纵向划分应遵循"三类三级"的安排,分别配置"中央事权""地方事权""中央和地方共同事权"③,横向划分则以整体效率增进为目标,明确主体责任,妥适界定"环保部门事权""其他部门事权""多部门共同事权"。

---

① 参见刘国乾:《效能导向的综合执法改革原理与操作》,载《法学家》2020年第6期,第142~144页。

② 参见李世杰:《政府部门间基本协调机制研究:基于多元理论的分析》,载《管理现代化》2016年第1期,第122~123页。

③ 刘剑文、侯卓:《事权划分法治化的中国路径》,载《中国社会科学》2017年第2期,第117~118页。

一、纵向划分

前文已对"双碳"目标下环境治理事权的内容革新作了探讨，基于中央政府和地方政府各自的优势，可对因应"双碳"目标而新近充实进来的环境治理事权进行纵向划分。

中央政府适合承担覆盖全国的事权、协调性事权和地方履行不力的事权。由此出发，应考虑由其承担的"双碳"目标相关事权也可区分为三种情形。第一类是监督开展零碳排放区示范工程、实施国家低碳工业园区试点、实施低碳交通示范工程等事权，此类事权的执行具有较强的正外部性，交由地方政府承担可能会遇到激励不足的问题，而由中央政府承担则契合外部性和激励相容的原则。第二类是建立城乡低碳化建设和管理制度、建立城市碳排放精细化管理制度、建立公共建筑低碳化运营管理制度等事权，其虽可由地方政府承担，但若果真如此，各地自行其是，标准尺度不一致，可能引发不良的府际竞争，对于整体层面"双碳"目标的达致亦有所妨碍。第三类是增加森林碳汇、实施海洋等生态系统碳汇试点、推行禁牧休牧轮牧和草畜平衡制度、实施气候投融资试点工作等事权，单纯从事权划分原则出发，这些事权交由地方政府承担是合意的，然而在当前，地方政府囿于多方面能力的局限性，可能无法履行好相关事权，中央政府在此扮演更重要的角色具有现实合理性。

地方政府适合承担受益范围局限在特定地方、适合地方履行、对财力和治理能力要求不高的事权，具体可分为以下三类。一是实施垃圾填埋场、污水处理厂甲烷收集利用及与常规污染物协同处理、实施控制畜禽温室气体排放制度、建设绿色低碳村镇、建设公交优先的城市交通运输体系、建设城市轨道交通、智能交通和慢行交通等事权，此类事权的外部性仅及于本地区，所需信息较为复杂，由地方政府承担效率更高。二是鼓励绿色出行、创新城乡社区生活垃圾处理方式、推动垃圾分类和生活用品的回收再利用等事权，相较于中央政府而言，地方政府和当地居民的联系更为紧密，更适合承担此类贴近居民日常生活的事权。三是推广低碳工业的新工艺和新技术、推广绿色建筑和低碳建筑技术、推广绿色施工和住宅产业化建设模式等事权，其虽然需要投入较多人力，但对财力和治理能力的要求却不高，由地方政府承担较为合适。

至于有一定外溢性、横跨多个区域、需要纵向合作方能高效践行的事项，则可相应设定为中央政府和地方政府共同承担的事权。概括地讲，这也有三种情形。一是绿色生态城区和零碳排放建筑试点示范、实施低碳商业、低碳旅游、低碳企业试点等事权，执行此类事权需要投入较多的人力和物力，加之其虽然仅作用于某一地区，但外部性辐射的范围却十分广泛，地方政府独自承担可能面临财力不足和动力有限的问题，应当由中央政府分担部分组织和建设的责任。二是发展低碳运输、低碳物流等事权，无论是陆路、航空还是水路运输/物流，一般都会横跨多个地区，从区域协作、协调的角度出发，须由中央政府承担指导、筹划、协调的责任，各地方政府则主要承担建设和推广的责任。三是建立全国碳排放权交易市场制度、建立重点行业企业开展碳排放对标制度等事权，由于这些制度不甚健全，需要中央和地方两个层面共同进行探索和完善，因此由中央负责统筹、评估和调整，由地方政府负责制度的具体落实，是较为妥当的做法。

二、横向划分

在纵向划分的基础上，可以进一步讨论央地政府各自承担的"双碳"相关事权应如何在部门间进行横向划分。

就中央事权的横向划分而言，不妨将基本思路明确为中央环保部门为主、其他部门为辅，但务必在制度层面将其他部门的事权规范化、明确化，以防其不担当、不作为。中央政府的环保部门应主要承担监督开展零碳排放区示范工程、实施国家低碳工业园区试点、建立城乡低碳化建设和管理制度、实施海洋等生态系统碳汇试点等事权。其他事权则多应由环保部门和其他部门共同承担，具体而言，由交通部门和环保部门承担实施低碳交通示范工程等事权，由工业、能源部门和环保部门共同承担建立城市碳排放精细化管理制度、公共建筑低碳化运营管理制度等事权，由金融、国土部门和环保部门共同承担增加森林碳汇、推行禁牧休牧轮牧和草畜平衡制度、实施气候投融资试点工作等事权。

就地方事权的横向划分而言，相较于中央事权，环保部门之外的其他部门应当扮演更为重要的角色。这是因为，由前文关于地方政府应承担事权的探讨即可知晓，其中有相当一部分同经济、社会发展密切关联，某种意义上讲，是将"双碳"目标嵌入日常生产、生活，故而从功能适当的角度出发，许多其他部门要比环保部门更适合作为相关事权的主体。遵循该思路，可以由环保部门承担实施控制畜禽温室气体排放制度、鼓励绿色出行等事权，由建筑部门承担推广绿色建筑和低碳建筑技术、推广绿色施工和住宅产业化建设模式等事权，由工业部门承担推广低碳工业的新工艺和新技术等事权，由交通部门承担建设公交优先的城市交通运输体系、建设城市轨道交通、智能交通和慢行交通等事权，由环保部门和能源部门共同承担实施垃圾填埋场、污水处理厂甲烷收集利用及与常规污染物协同处理、建设绿色低碳村镇、创新城乡社区生活垃圾处理方式、推动垃圾分类和生活用品的回收再利用等事权。

就中央和地方共同事权的横向划分而言，形式上看似乎更加复杂，因为其可能涉及中央 A 部门和地方 B 部门的"斜向"合作问题。但其实，由哪一或哪几个部门具体承担相应事权，核心思路还是功能适当原理，只不过要在此同时叠加考虑事权纵向划分的三项原则，以确定该由哪一层级的相关部门作为事权主体。比如，发展低碳运输、低碳物流等事权宜由环保部门和交通部门共同承担，又鉴于运输和物流的跨区域性，是故中央和地方交通部门都应于此间有所担当。又如，建立全国碳排放权交易市场制度、建立重点行业企业开展碳排放对标制度等事权既与"双碳"目标密切相关，又与金融稳定直接关联，而金融活动即便具体发生在特定地区，其影响范围也至少会及于全国，故而中央和地方的环保部门和金融部门均应作为相关事权的主体。

第五节 小 结

"双碳"目标的达致，离不开各级政府和各个部门依法承担并高效履行相应的环境治理事权。而且，除传统的环境治理事权外，各级政府和各个部门还需要承担若干直接服务于"双碳"目标、相对较新的事权。事权划分在纵向维度应坚持外部性、激励相容和信息复杂性三项原则，在横向维度则应遵循功能适当原理。就传统环境治理事权而言，当前在纵横向度的府际划分都存在一定问题。在纵向层面，相关事权于央地政府间进行划分时未充分考虑地区差异，事权划分也较为粗疏以致天然地有事权下沉的隐忧，同时，各级政府职责错位和共同事权范围过窄的问题亦现实存在。为解决这些问题，需要适当增加中央政府承担环境治理事权的比重，对相关事权的界定也要力求更加准确、细致，同时须完善转移支付体系，并且适当扩充中央与地方共同事权的范围。在横向层面，环境治理事权较多地被配置给环保部门，其承担了许多不适合由自身承担的事权，并因此引发事权重叠的现象，此外，部分事权缺乏明确的责任主体，部门间协调机制在很多时候也付之阙如。对此，需要在功能适当原理的指引下优化各类事权的部门归属，为环保部门减负，并着力避免事权横向划分时出现罅隙，相应建立有针对性的部门协调机制。就直接服务于"双碳"目标的新设环境治理事权而言，亦须依据外部性、激励相容和信息复杂性等三项原则进行府际纵向划分，进而基于功能适当原理，就配属各级政府的事权作横向划分，从而形成纵横贯通的事权划分格局。

第八章 民族地方财政自治权的理论渊源与运行实况

第一节 问题的提出

中国共产党十八届三中全会明确提出"财政是国家治理的基础和重要支柱",许多领域的治理都离不开财政手段的综合运用。民族区域自治是我国的基本政治制度之一,其高效运行同样需要财政支持。根据《宪法》第 117 条,民族自治地方(以下简称"民族地方")的自治机关有管理地方财政的自治权,凡是依照国家财政管理体制属于民族自治地方的财政收入,都应当由民族自治地方的自治机关自主地安排使用。由此可知,财政自治权是宪法赋予民族地方自治权力的重要组成部分。问题在于,我国实行的是"一级政府、一级财政、一级预算"的财政体制,虽未采行所谓"财政联邦主义",① 但各层级政府确实在相当程度上享有一定的财政自主权。② 既然如此,难免产生的

---

① Wallace E. Oates 对财政联邦主义进行了解释:为更好满足当地利益,联邦政府需要将财政权力适当地分配给不同级别的政府并加以限制。Wallace E. Oates, "The New Federalism: An Economist's View", 2 *Cato Journal* 473 (1982).

② 有学者认为,《预算法》第 21 条和国务院颁布的行政法规是地方政府享有一定财政自主权的制度依据,参见刘剑文:《收入分配改革与财税法制创新》,载《中国法学》2011 年第 5 期,第 44~53 页。也有学者认为,财政自主权的存在已然内嵌于央地财政关系之中,参见徐阳光:《地方财政自主的法治保障》,载《法学家》2009 年第 2 期,第 137 页。还有学者认为,除法定权力外,地方政府还在掌握着某些事实权力,参见徐键:《分权改革背景下的地方财政自主权》,载《法学研究》2012 年第 3 期,第 43 页。有学者将其概括为地方政府依法征收地方税、征收地方规费、管理地方财政三方面内容。参见熊文钊主编:《大国地方——中央与地方关系法治化研究》,中国政法大学出版社 2012 年版,第222~223 页。

疑问是，民族地方①的财政自治权究竟在何种意义上不同于其他地方政府享有的财政自主权。对该问题的求解应当遵循的认知进路是：首先，通过比较民族地方和其他地方的差异，在理论层面廓清民族地方财政自治权异于其他地方财政自主权的逻辑基础，进而明晰其须享受更高程度自治的场域主要有哪些；其次，依循实证的视角检视民族地方财政自治权的运行现状，着重从财政支出和财政收入（核心是税收）两个角度切入考察，并有意识地同前述应然层面的理想格局相对比；在此基础上，立足学理和我国国情，提出对民族地方财政自治权的准确解读，以及我国这方面实践的优化方向。本章即循此路径展开研究。

第二节　民族地方财政自治权的特殊性何在

学界在关注民族地方财政自治权时，倾向于采取一种"包容式"立场，将财政自治立法、组织收入、安排支出、税负减免、接受财政援助等均囊括进来。② 但已有学者指出，除自治立法外，非民族地方在收入、支出、转移支付等方面也享有很多自主权，③ 是以包罗甚广的财政自治权概念未必合意。事实上，是否冠以财政自治权之名并非最要紧的，至关重要的是从"不同于一般地方政府享有之财政自主权"的角度，来体认民族地方所掌握权力的特殊性，据此来界定民族地方财政自治权的内涵和外延。为达此目的，从制度文本入手来考察立法者就民族地方财政自治权真正想表达的意思，进而结合民族地方的经济社会基础来思索专门赋予民族地方特定权力的现实必要性，是较为理想的选择。

一、制度文本层面的检视

民族地方财政自治权最早可见于1954年宪法的第70条第2款，"自治

---

① 本章的"民族地方"指内蒙古、广西、西藏、宁夏、新疆5个民族自治区和贵州、云南、青海3个财政体制上视同少数民族地区对待的省份。

② 参见戴小明：《财政自治及其在中国的实践——兼论民族自治地方财政自治》，载《民族研究》2001年第5期，第22页。

③ 参见熊伟：《分税制模式下地方财政自主权研究》，载《政法论丛》2019年第1期，第68~69页。有学者进而将地方财政行为类型化为地方收入行为、地方支出行为和地方营运管理行为。

区、自治州、自治县的自治机关依照法律规定的权限管理本地方的财政",其虽未明确提出民族地方的财政自治权,但民族地方的人民政府作为自治机关,在管理本地方财政的过程中必然会表现出很强的自治性。然而,在 1975 年宪法和 1978 年《宪法》中,未直接言及民族地方财政自治的问题,而只是笼统规定"民族自治地方的自治机关除行使宪法规定的地方国家机关的职权外,依照法律规定的权限行使自治权"。从逻辑上讲,财政管理方面的自治权也应属于此处自治权的范畴。但问题是,依据前引条款,民族地方的自治机关同时扮演"自治机关"和"地方国家机关"双重角色,那么就管理财政事务而言,其究竟是在行使"自治权"还是"非自治权",无法从宪法条文中找到答案,进言之,如果说民族地方的人民政府在管理财政事务时同样兼具双重属性,那么哪些是在行使"民族财政自治权",哪些又是在行使"地方财政自主权"也是混沌不明的。

在从历史的视角观察 1954、1975、1978 三个不同版本的宪法后,方能知晓 1982 年宪法关于民族地方财政自治权规定的核心意涵。本章篇首即已列示现行宪法第 117 条,该条在提出民族地方财政自治权概念后的下一句话,实可视为对这一概念内涵的阐释,依据该规定,民族地方财政自治权主要指向的是支出维度,而并不太多触及收入维度的问题。[①] 而前文已述及,所谓的"财政自主权"在我国更多还是一个学理上的概念,一旦落脚到实践层面,则其内涵和外延并不明晰,如果将《预算法》第 15 条关于分税制的规定视作其制度依据,则这一概念主要关涉收入层面的问题。

当然,无论是在学理上还是实践中,由于各级政府具体承担的事权和支出责任并非一致,其进行财政支出时也在不同程度上享有一定的独立性,与之相比,民族地方有何特殊性?很显然,针对该问题,宪法的规定还需要通过下位制度规范得到细化。就此而言,《民族区域自治法》便在第 32 条罗列了若干仅民族地方可以享受的权限,如可以设定更高比例的预备费和机动资金,能够自行安排超收收入和支出结余资金。《预算法》也于第 99 条认可前

---

① 然而,学界在解读民族地方财政自治权时,常常也会将收入维度的自主权力纳入进来。比如,宪法学界有代表性的论著中,在归纳民族区域自治权的内容时,于"地方财政管理自治权"一项便将"凡是依照国家财政体制属于民族自治地方的财政收入,都应当由民族自治地方的自治机关自主地安排使用"囊括其中。参见熊文钊主编:《大国地方——中央与地方关系法治化研究》,中国政法大学出版社 2012 年版,第 263 页。

述规定得优先于《预算法》适用。此外，各民族地方也会出台相关的细化规定，以广西壮族自治区为例，其便相继出台多份规范性文件，对财政资金监督、追加预算管理、国有资本经营预算收支范围等问题予以明确，① 此间不乏体现财政自治权的内容，如适当弱化了财政部针对结转资金的管理规定，在资金规模只减不增的情况下，民族地方的结转资金可以连续结转。

此外，《宪法》第 122 条赋予民族地方以接受财政支援权，《民族区域自治法》第 34 条授予其税费减免权。此二者虽然均直接针对财政收入，但前者更多强调的是国家对民族地方所为支出的补助，可被视为保障支出自治的配套措施，而税费减免的实质是"税式支出"，是故民族地方所享受的税费减免权实际上也是财政自治权的一部分。同时，《宪法》及《民族区域自治法》还在整体上赋予民族地方以某些特别的权力，如自治条例、单行条例的立法权②和变通、停止执行上级国家机关的决议、决定、命令、指示的权力。③ 民族地方在财政管理过程中自然也可如此行事，这同样是其他地方政府所不能享有的权力，只不过其并非财政领域所专有，故而可被视为广义上财政自治权的体现。

二、基于经济社会基础的探讨

经济基础决定上层建筑。在制度层面赋予民族地方以财政自治权，追根溯源是基于其在经济社会发展层面的特殊性，以及由此衍生的对财政管理方面更大自治空间的吁求。一方面，民族地方经济发展相对滞后，享有财政自治权可促进其自主发展；另一方面，少数民族的生活习惯、宗教信仰、特殊风俗等与汉族迥异，治理思路也需要相应进行调适，是故财政自治权的赋予是出于保障自治效能、维护地方传统文化等方面的考量。

（一）经济发展的滞后性

民族地方虽然地域辽阔，但普遍处于中西部地区，自然环境相对恶劣，

---

① 参见《广西壮族自治区预算执行情况审计监督办法》（广西壮族自治区人民政府令第 69 号）；《广西壮族自治区人民政府关于进一步加强和完善预算执行管理工作的通知》（桂政发〔2014〕21 号）；《广西壮族自治区人民政府关于推行国有资本经营预算的意见》（桂政发〔2011〕74 号）。

② 参见《宪法》第 116 条。

③ 参见《民族区域自治法》第 20 条。

高寒、高热、干旱等气候条件较为显著，如西北地区日照时间过长导致太阳总辐射量明显高于其他湿润地区，且由于植被稀少，地面反照率较高，白天地面辐射升温迅速，近地层大气感热通量要比其他地区大得多。① 在这种气候条件下形成的沙漠、戈壁、荒滩等难以利用的土地面积较大，制约经济发展。此外，由于自然生态保护区与野生动物保护区较多，民族地方的农业、工业发展都受到一定限制。如亚洲象是西双版纳宝贵的野生动物资源，为免侵占亚洲象的生活空间，人类不得不限缩自身的活动场域，而当人类活动范围扩张以致同亚洲象毗邻时，象群的活动也很容易给农业发展带来损失。②

表8-1　　**2016—2020 年八个少数民族地区年生产总值（单位：亿元）**③

地　区	2016 年	2017 年	2018 年	2019 年	2020 年
内蒙古自治区	13789.3	14898.1	16140.8	17212.5	17359.8
广西壮族自治区	16116.6	17790.7	19627.8	21237.1	22156.7
贵州省	11792.4	13605.4	15353.2	16769.3	17826.6
云南省	16369	18486	20880.6	23223.8	24521.9
西藏自治区	1173	1349	1548.4	1697.8	1902.7
青海省	2258.2	2465.1	2748	2941.1	3005.9
宁夏回族自治区	2781.4	3200.3	3510.2	3748.5	3920.5
新疆维吾尔自治区	9630.8	11159.9	12809.4	13597.1	13797.6
国内生产总值	746395.1	832035.9	919281.1	986515.2	1015986.2

---

① 参见张强、黄荣辉、王胜：《浅论西北干旱区陆面过程和大气边界层对区域天气气候的特殊作用》，载《干旱气象》2011 年第 2 期，第 134 页。

② 参见刀慧娟、谭文斌：《新时代生态文明背景下野生动物生态补偿机制研究——以西双版纳傣族自治州亚洲象肇事补偿为例》，载《北方民族大学学报》2021 年第 3 期，第 152~153 页。

③ 数据来源于国家统计局：https：//data.stats.gov.cn/easyquery.htm？cn = E0103，最后访问时间：2021 年 8 月 17 日。

表 8-2　　　　　少数民族地区财政收支合计（单位：亿元）①

分　类	2014 年	2015 年	2016 年	2017 年	2018 年
少数民族自治地区财政收入合计	6596.91	6972.92	7145.72	7115.18	7498
少数民族自治地区财政支出合计	19175.73	21789.02	23619.18	25526.33	27990.29

表 8-3　**2016—2021 年八个少数民族地区转移支付计划表（单位：万元）②**

地　方	2016 年	2017 年	2018 年	2019 年	2020 年	2021 年
内蒙古自治区	817671	817671	817671	817671	958227	1108985
广西壮族自治区	876430	988624	1100576	1202224	1244544	1332436
西藏自治区	299850	339192	380689	489703	576669	705339
宁夏回族自治区	380299	419854	458037	504977	520507	545886
新疆维吾尔自治区	961386	1033436	1134418	1241889	1281269	1344543
云南省	709625	833283	935151	1049387	1159019	1291138
贵州省	965115	1086749	1198114	1259386	1300935	1363964
青海省	324328	345388	392666	465780	542515	636785

表 8-4　**2014—2022 年八个少数民族地区农林牧渔业增加值（单位：亿元）③**

地　区	2014 年	2015 年	2016 年	2017 年	2018 年	2019 年
内蒙古自治区	1661.9	1655.3	1677	1677.7	1779.8	1893.5
广西壮族自治区	2473.9	2633	2877	2964.7	3116.4	3493.9
贵州省	1317.2	1714	1959.9	2140	2273	2408
云南省	2045.4	2121.8	2272.6	2388.6	2552.6	3096.2

---

①　数据来源于国家统计局，https://data.stats.gov.cn/easyquery.htm? cn＝C01&zb＝A010505&sj＝2020，最后访问时间：2021 年 8 月 17 日。

②　数据来源于财政部预算司，http://yss.mof.gov.cn/ybxzyzf/lsbqdqzyzf/，最后访问时间：2021 年 3 月 7 日。

③　数据来源于国家统计局，https://data.stats.gov.cn/download.htm，最后访问时间：2021 年 8 月 18 日。

续表

地　区	2014 年	2015 年	2016 年	2017 年	2018 年	2019 年
西藏自治区	90.4	96.2	113.6	121.5	132.2	142.1
青海省	219	212.2	224.7	242	272	306
宁夏回族自治区	229.6	250.7	255.7	266.3	296.1	297.7
新疆维吾尔自治区	1466.6	1479.8	1554	1640.3	1791	1888.4

表 8-5　　**2014—2022 年八个少数民族地区工业增加值（单位：亿元）**[①]

地　区	2014 年	2015 年	2016 年	2017 年	2018 年	2019 年
内蒙古自治区	4008.3	4121.2	4357.1	4672	5104.2	5458.6
广西壮族自治区	4023.8	4159.1	4307.3	4680.1	5101.9	5246.6
贵州省	2840.3	3196	3501.7	3821.4	4165.5	4459
云南省	4085	4044.5	4087.5	4347.8	4911.7	5400.5
西藏自治区	69.7	73.5	91.6	110.1	127	131.7
青海省	504.5	516.4	597.4	683.2	777.5	821.9
宁夏回族自治区	881	874.7	925.4	1129.2	1191	1272.5
新疆维吾尔自治区	3211.2	2770.9	2686.8	3266.1	3758.5	3831

　　由表 8-1 可知，部分民族地方经济占国内生产总值的比重仍然相对较低，如西藏自治区、青海省与宁夏回族自治区，分别仅占国内生产总值的 0.19%、0.30%、0.39%。而且，由于受到经济态势、国际环境、新冠疫情等因素的影响，少数民族地区抗风险的能力又相对较弱，相关地区近年来的经济增长呈现疲软态势，如宁夏回族自治区经济总量增速逐渐下滑，在 2016—2020 年增长速度分别为 15.1%、9.7%、6.8%、4.6%、4.5%。

　　除经济总量和增长速度外，从表 8-2、表 8-3、表 8-4 和表 8-5 还能反映出民族地方在经济结构和财政结构方面存在的诸多问题。其一，民族地方财政收入与财政支出的缺口较大，单靠固有财力很难满足其支出需要，而高度依

---

　　①　数据来源于国家统计局，https：//data.stats.gov.cn/download.htm，最后访问时间：2021 年 8 月 18 日。

赖转移支付，表现出来便是来自转移支付的财政收入在总额中占比较大，且呈现迅速增加的趋势。其二，财政支出的增幅超过财政收入，以 2014 年为基数年，截至 2018 年，少数民族地区的财政收入增长了 13.66%，财政支出则是增长了 45.97%，如果比较增长的绝对数额，则二者的差距还要更为惊人，财政收入的增长额度为 901.09 亿元，财政支出的增长额度则是 8814.56 亿元，后者是前者的接近 10 倍。其三，民族地方工业基础相对薄弱，较多依靠农林牧渔业等低质产业，城镇和工业化水平可能与发达地区具有显著差距，如在西藏自治区，农林牧渔业增加值一度超过工业增加值，但在其他地区，工业增加值也超出农林牧渔业增加值未远。

（二）社会文化的复杂性

我国许多民族地方都有自身社会文化方面的特殊性，这也成为中华民族文化的有机组成部分。近年来，在现代多元文化冲击下，少数民族的习俗、观念发生了一定程度转变。与此同时，相关政策的推行也在不同程度上削减了各少数民族在文化上的特殊性。比如，在语言、教育方面，民族教育在充分保证各民族学生学习本民族语言文字的前提下，不断加强国家通用语言文字的推广和使用，在传承中华优良传统文化的基础上，增强"中华民族"的身份认同。[①] 但由于不同民族在地方经营、收入、消费习惯等方面可能存在明显差异，其反而容易因土地划分、资源利用等问题发生矛盾纠纷，导致部分少数民族增强对自身文化观念的认同。[②] 因此，从整体上看来，当前民族地方的社会文化呈现出较为明显的复杂性。

民族地方在社会文化方面的复杂性很大程度上也是由我国民族分布"大杂居、小聚居"的特点所引致的。部分民族地方容纳了多个民族，因而汇聚了多元民族文化，不同民族的文化相互影响、渗透和交融，形成一种混合、多元、多层次的复合型文化。[③] 同时，西部地区少数民族在文化、宗教上具有多元性，而在不同宗教信仰、传统观念等因素的影响下，政府理财、财政治

---

① 参见祁进玉、侯馨茹：《中国民族教育研究百年回顾与前瞻》，载《民族教育研究》2021 年第 3 期，第 60~61 页。

② 参见贺金瑞、燕继荣：《论从民族认同到国家认同》，载《中央民族大学学报（哲学社会科学版）》2008 年 3 期，第 10 页。

③ 贺萍：《新疆多元民族文化特征论》，载《中国边疆史地研究》2005 年第 3 期，第 89 页。

理等观念也与其他地方有明显差异。如在不同的少数民族内部，保护自然环境的绿色理财观念、低风险偏好的保守主义理财观念、重义轻利等泛道德主义倾向理财观念交错存在，[①]　而独龙人的"尼德休"（共食）、"阿奢木得休"（平分），彝族的"一家有，大家有"，布依族的"有肉同吃，有酒同喝"等习俗，[②]　证明在这些强调"氏族整体"的少数民族内部，平均主义的分配观念也十分盛行，这不可避免地会影响财政治理的方向和内容。

（三）财政自治权对民族地方经济社会基础的回应

地方人格折射了其背后的利益关系，[③]《宪法》及相关法律赋予民族地方以财政自治权，主要是出于促进民族地方经济发展、维护少数民族风俗等治理特殊性的考量。第一，部分少数民族仍然在一定范围内保持其特有的社会习惯、风俗观念，其民族事务的内容迥异于一般情形，且部分习俗对政府理财观念也有重大影响，自上而下的财政治理难以有效应对此类事务，由民族地方自主安排更能发挥因地制宜的效用。第二，不少民族地方的地理位置较差，气候恶劣，灾害频发，财政工作中的各项支出配比、费用标准、绩效补贴等需要有更为灵活的调整空间。第三，民族地方总体上经济结构和财政结构不均衡，财政支出远远高于财政收入，经济和财政均依赖中央政府补贴，且其工业基础相对薄弱，第一产业增加值占比较高，所采取的财政政策需要更多的腾挪空间。

第三节　民族地方财政自治权的实践面向

在宪法和法律明确赋予民族自治地方一定财政自治权的条件下，值得关注的是我国各民族地方究竟是如何行权的，是否很充分地行使好宪法和法律赋予的权力。

---

①　参见肖兰、普卫明、肖永慧：《少数民族理财思想对新农村建设的影响——以云南为例》，载《产业与科技论坛》2008 年第 11 期，第 87 页。

②　普卫明：《云南少数民族理财思想的起源及其表现形式》，载《云南民族大学学报（哲学社会科学版）》2008 年第 4 期，第 96 页。

③　于立深：《论区域发展权的国家法保障》，载《法治研究》2021 年第 1 期，第 115 页。

一、基于财政领域地方立法的审视

根据宪法，民族地方拥有制定自治条例和单行条例的权力，同时，其作为地方政权，也与其他地方政权一样，享有制定地方性法规的权力。① 从依法行政、依法理财的角度出发，民族地方在财政领域出台的地方性法规、自治条例或是单行条例，应当是其开展财政活动很重要的制度依据。因此，通过审视民族地方在财政领域的立法实践，能够粗略感知其是否有意识地在行使"自治"权力。

前文已述及，财政自治权的重心在财政支出维度，同时，预算虽然一体编列财政收入和财政支出，但对前者的编列仅仅是参考性的，预算控制的重心是财政支出。所以，本书以五个民族自治区为范围，在"北大法宝"上以"支出""预算"作为关键词，先后筛选"自治条例""单行条例""省级地方性法规"，分别检得 15、2、31 件适格样本，具体情形如表 8-6 所示。从数量分布看，单行条例数量较少，而单行条例从功能定位看本来最适合用于对民族地方某一方面的事项作出规定，其数量偏少的实际反映出的，或许是各民族地方未在财政领域充分行使自治立法权。

表 8-6　　　　　　　　　**五个少数民族自治区的地方性财政立法**

层次	文件名称	所涉事项
自治条例	莫力达瓦达斡尔族自治旗自治条例、鄂温克族自治旗自治条例②	自主安排使用超收、结余资金；设置民族机动资金；预备费的比例高于一般旗县
	鄂伦春自治旗自治条例	自主安排使用超收、结余资金
	龙胜各族自治县自治条例	设置民族机动资金；预备费的比例高于一般旗县

① 此外，省级和设区的市级人民政府还有权制定地方政府规章。但考虑到规章在法律渊源体系中的地位相对特殊，而且检视地方性法规也足够有说服力，故本章未对民族地方的地方政府规章作专门考察。

② 为使表格尽量简明，本章对于不同地方的法规内容相近者作整合处理。

续表

层次	文件名称	所涉事项
自治条例	融水苗族自治县自治条例	报请自治区帮助解决收支缺口；国家或自治区新政策导致新增支出，报请自治区财政补助；行政事业单位体制上划、企业隶属关系变更或者严重自然灾害等导致支出增加或者收入减少，报请上级财政机关补助
	隆林各族自治县自治条例、广西壮族自治区都安瑶族自治县自治条例、环江毛南族自治县自治条例、罗城仫佬族自治县自治条例、恭城瑶族自治县自治条例	行政事业单位体制上划、企业隶属关系变更或者严重自然灾害等导致支出增加或者收入减少，报请上级财政机关补助
	巴马瑶族自治县自治条例	自主安排使用超收、结余资金；国家或自治区新政策导致新增支出，报请自治区财政补助或照顾
	富川瑶族自治县自治条例	自主安排使用超收、结余资金；优化支出结构；报请自治区财政帮助解决收支缺口；国家或自治区新政策导致新增支出，报请自治区财政补助或照顾
	巴马瑶族自治县自治条例修正案、都安瑶族自治县自治条例修正案	财政项目享受上级财政照顾
	隆林各族自治县自治条例修正案	财政项目享受上级国家机关优待；自然灾害、政策性原因、企事业隶属关系改变或人员变动造成财政收入不敷支出，报请上级财政机关补贴

续表

层次	文件名称	所涉事项
单行条例	昌吉回族自治州农村公路条例	组织筹集农村公路养护资金；用于农村公路养护的财政资金逐年增加；国家和自治区拨付的农村公路养护补助资金全部用于农村公路养护；财政列支不低于国家和自治区拨付的农村公路养护补助资金，不敷需要的，在县（市）财政支出中安排
	玉树藏族自治州财政预算管理条例	增加教育和农牧业的财政支出；州级按 2%~3%、县级按 1%~2% 设置预备费；增加支出或减少收入，涉及预算部分变更及动用上年净结余的，提请本级人大常委会审查批准
地方性法规	内蒙古自治区农村牧区公路条例	保障农村牧区公路建设和养护所需资金
	内蒙古自治区中小企业促进条例	补助中小企业为降低境外项目风险而支出的海外投资保险保费、融资信用担保费用
	内蒙古自治区促进科技成果转化条例	科技成果转让、许可他人使用或作价投资过程中发生的评估费、税金、中介服务费等计入事业支出
	内蒙古自治区民族教育条例	民族幼儿园、中小学校公用经费补助标准应高于当地同级同类学校标准，所需水、电、取暖费用按照实际支出纳入预算
	内蒙古自治区城镇基本医疗保险条例	享受最低生活保障的人、丧失劳动能力的残疾人、低收入家庭六十周岁以上的老年人和未成年人等缴纳城镇居民基本医疗保险费，由政府给予补贴

续表

层次	文件名称	所涉事项
地方性法规	内蒙古自治区全民健身条例	将全民健身经费作为专项支出列入预算，数额随国民经济发展和财政收入增长逐步增加；将公共体育健身设施建设纳入城乡规划和土地利用总体规划；提高体育基本建设资金的支出比例；边远贫困地区体育健身设施建设和更新所需经费，除由当地政府支出外，安排一部分体育彩票公益金收入予以支持
	内蒙古自治区科学技术进步条例	利用财政性资金设立的符合条件的科研项目，可在项目经费30%以内支出项目承担人员的人力资源成本费；软科学研究项目和软件开发类项目，人力资源成本费最高可达项目经费的50%
	内蒙古自治区实施《中华人民共和国义务教育法》办法	特殊教育教师享有特殊岗位补助津贴；在民族聚居地区和边远贫困地区工作的教师享有艰苦贫困地区补助津贴；学校应当每年组织教师进行健康体检，所需费用从学校公用经费中支出
	内蒙古自治区实施《中华人民共和国母婴保健法》办法	不享受公费医疗、劳保医疗或参加职工医疗保险的其他人员，接受终止妊娠手术或结扎手术的医疗费由当地政府负责解决
	内蒙古自治区实施《中华人民共和国人民防空法》办法	将所承担的人民防空经费列入同级财政预算，并不得少于年度财政支出的0.3%
	内蒙古自治区科学技术协会条例	科协经费支出应接受有关部门的审计、检查和监督

层次	文件名称	所涉事项
地方性法规	广西壮族自治区人民代表大会常务委员会关于加强国有资产管理情况监督的决定	优化国有资本经营预算支出结构，推进国有企业改革、国有资产监管、国有资产处置和收益分配以及国有资产证券化
	广西壮族自治区科学技术进步条例	将重大科学技术基础设施的建设纳入预算内基本建设支出计划；各级财政用于科学技术经费的增长幅度应高于经常性收入的增幅；各级财政每年安排的技术研发经费比例，自治区设区的市、县级分别不低于年度财政支出的 1.5%、1% 和 0.5%
	广西壮族自治区实施《中华人民共和国义务教育法》办法	义务教育阶段公办学校按照国家规定开展的教育教学活动等办学费用，从财政安排的公用经费中支出
	西藏自治区实施《中华人民共和国促进科技成果转化法》办法	安排经费用于科技成果转化的引导资金、贷款贴息、补助资金和风险投资及其他促进成果转化的支出
	西藏自治区实施《中华人民共和国就业促进法》办法	设立就业专项资金，并根据就业状况和就业工作目标，积极调整财政支出结构和加大资金投入；通过专项转移支付适当补助各地就业专项资金，并向边远地区和人口较少民族聚居区倾斜
	西藏自治区各级人民代表大会选举实施细则	选举经费列入预算，专款专用；没有建立乡级财政的，列入县级财政预算
	宁夏回族自治区促进科技成果转化条例	建立稳定支持科技创新的财政投入机制，将支持科技成果转化的资金纳入本级财政预算

续表

层次	文件名称	所涉事项
地方性法规	宁夏回族自治区实施《中华人民共和国科学技术进步法》办法	逐步提高科技经费投入；将科技经费投入作为预算保障重点，经费投入的增长幅度应高于本级财政经常性收入的增幅；自治区重点建设项目经费、农业综合开发项目经费、农林牧及水利专项资金、财政扶贫资金等，安排不少于5%的资金，用于相应的科技研发与示范；预算中每年列出科技活动专项经费；建立、完善科技经费投入的统计、监督制度
	新疆维吾尔自治区地质环境保护条例	地质环境修复相关支出纳入本级财政一般公共预算
	新疆维吾尔自治区农村扶贫开发条例	将财政专项扶贫资金列入年度预算，并按规定调整财政支出结构，建立扶贫开发资金增长机制
	新疆维吾尔自治区发展规划条例	以国民经济和社会发展总体规划为依据安排财政支出预算，不得违反发展规划的限制性、禁止性规定
	新疆维吾尔自治区人民代表大会常务委员会关于进一步深化普通高等教育改革的决议	教育拨款增长率应高于财政总支出增长率三个百分点，在校生均教育费用、公用经费逐年增长
	新疆维吾尔自治区义务教育实施办法	教育拨款增长率应高于财政总支出的增长率，在校生均教育费用、公用经费逐年增长；安排教育经费应照顾边境县和其他经济困难的农牧区

续表

层次	文件名称	所涉事项
地方性法规	广西壮族自治区预算监督条例、宁夏回族自治区预算监督条例、宁夏回族自治区预算审查监督条例、内蒙古自治区预算审查监督条例、西藏自治区预算审查监督条例	预算批复、报送、公开的期限；各级人大及其常委会审查监督预算编制、监督预算执行、审查和批准预算调整的具体程序等
	西藏自治区财政监督条例、广西壮族自治区财政监督条例	财政监督工作的主要事项、监督检查工作流程、检查通知书的主要内容等

进一步检视，从这些地方立法的内容看，确有不同于上位法的部分。首先，自治地方的权力机关有根据上位法授权，对相关规定加以细化，如宁夏回族自治区依据《科学技术进步法》第59条的规定，将科学技术经费投入作为财政预算保障的重点，并对科学技术经费增长幅度、经费来源、预算设置及其相应统计、监督制度进行了规定。① 其次，自治地方的权力机关有在法律空白之处对相关事项进行补充，如《内蒙古自治区预算审查监督条例》在第6、17、34条申明了会盟工作委员会审查意见的作用，明确了举行会议与方案报送的期限等。再次，自治地方的权力机关也有变更上位法律的情形，如新疆维吾尔自治区将《义务教育法》中"国家用于义务教育的财政拨款的增长比例，应当高于财政经常性收入的增长比例"的规定，② 变更为"自治区各级财政教育拨款的增长率应高于财政总支出的增长率"。③ 最后，部分规定突破某些上位法规定，但也有其他上位法依据，如玉树藏族自治州规定州政府得于本级人大常委会审查批准后动用上年净结余，④ 其对《预算法》的突破实际上不过是承袭《民族区域自治法》的做法。不难发现，这些与上位法的不同之处并非由民族地方的特殊性所引致，除变通上位法规定的权力为非民

① 参见《宁夏回族自治区实施〈中华人民共和国科学技术进步法〉办法》第36条。
② 参见《中华人民共和国义务教育法》（1986）第42条第3款。
③ 参见《新疆维吾尔自治区义务教育实施办法》第34条第2款。
④ 参见《玉树藏族自治州财政预算管理条例》第12条。

族地方所不具备之外，其余做法在性质上也与其他省级单位对上位法所作补充别无二致。事实上，除以上情形外，五个自治区大部分财政地方立法不过是对全国人大立法的落实和细化，如各自治区人大制定的预算审查监督条例，在内容上基本是复刻《预算法》《各级人民代表大会常务委员会监督法》等法律的相关规定。

二、基于民族地方财政规范性文件的考察

除自治条例、单行条例、地方性法规这些地方立法外，实践中，民族地方的有关政府制定的规范性文件为数更多，其中有不少涉及财政议题。民族地方的施政很大程度上是依据这些文件展开的。那么，民族地方在制定这些规范性文件时，有无充分显现其财政自治权？

笔者在"北大法宝"以"支出""预算"作为关键词进行检索，共计检得55份符合条件的规范性文件。根据所涉事项的不同，对上述检索得出的规范性文件进行分类，并在此基础上观察其内容有无体现财政自治权，得出表8-7的内容。

表 8-7 民族地方财政规范性文件

文 件 号	具 体 内 容	有无体现财政自治权
内政办发〔2020〕32号、内政办发〔2021〕10号、宁政办发〔2018〕128号、宁政办发〔2020〕10号、宁政办发〔2021〕17号、桂政办发〔2019〕120号、桂政办发〔2019〕48号、桂政办发〔2019〕116号、桂政办发〔2019〕104号、藏政办发〔2020〕35号、藏政办发〔2021〕24号、藏政办发〔2020〕9号、藏政办发〔2020〕36号、藏政办发〔2021〕1号、新政办发〔2021〕8号、新政办发〔2020〕87号、新政办发〔2020〕85号	医疗卫生、科技、教育、生态环境、自然资源、应急救援等领域财政事权和支出责任划分，新增如双语教育补助、优秀民族传统文化传承与保护等自治区独有的民族事权	有

续表

文 件 号	具 体 内 容	有无体现财政自治权
内政发〔2018〕13号、内政发〔2018〕46号、宁政办发〔2018〕90号、宁政发〔2017〕40号、桂政办发〔2019〕3号、桂政办发〔2017〕10号、藏政办发〔2019〕18号、藏政办发〔2019〕43号	贯彻落实《国务院关于推进中央与地方财政事权与支出责任划分改革的指导意见》（国发〔2016〕49号），推进基本公共服务领域事权和支出责任划分	无
内政办发〔2016〕136号	仅财政厅和资金切块管理等部门编制同级转移性支出预算；当年项目预算支出一般仅追加救灾等应急支出和少量年初未确定事项；项目支出结转结余按照自治区人民政府有关规定执行	有
内政字〔2002〕146号	地方超收部分优先用于公教人员工资和社会保障等重点支出；除救灾等特殊支出外，各级财政不得审批新的追加项目	无
内政字〔2005〕312号	对教育、科学的投入高于经常性收入的增长；农村牧区义务教育全面纳入财政保障范围，增加财政投入；建立科技创新奖励基金；加大对公益性文化事业、卫生事业、环境保护的投入力度	无
内政字〔2001〕101号	各级民政部门向地方财政预算列支救灾款项	无
内政办发〔2016〕198号	国有资本经营预算单独编制；支出预算按年度收入预算规模按月预拨；当年收支结余资金可结转下年继续使用	无

文 件 号	具 体 内 容	有无体现财政自治权
内政办发〔2021〕5 号、藏财预字〔2017〕75 号、藏财预字〔2017〕89 号、藏财预字〔2017〕95 号	项目支出预算绩效评价管理	无
内政发〔2008〕96 号	资本性支出、费用性支出和其他支出预算安排	无
内政发〔2015〕125 号	优化整合科技计划；新增教育经费向农村牧区、边远、贫困、民族地区倾斜等	有
桂政发〔2007〕54 号	确保农业、教育、科技支出增长高于经常性财政收入增长	无
桂政发〔2012〕62 号	城镇居民基本医疗保险基金和新农合基金支出、城居保基金和新农保基金支出的预算安排	无
桂政发〔2014〕21 号	除救灾等应急支出外，在预算执行中原则上不出台新的增支政策	无
桂政发〔2009〕20 号	除保证法定增长、政策性增支及重大项目支出外，严格控制一般性财政支出增长	无
内政发〔2015〕134 号	社会保险基金缺口分担机制；各盟市的基金预算考核机制；盟市补助资金激励机制	无
内政发〔2015〕10 号	建立符合民族地区实际的现代预算管理制度	无
内政发〔2005〕49 号	自治区本级预算编制程序；财政部门追加支出的预算资金；预备费、预算超收和净结余的动用	有

续表

文件号	具体内容	有无体现财政自治权
内政办发〔2018〕92号	超收收入和结余资金的使用	有
广西壮族自治区人民政府令69号	对依自治区有关规定专项管理资金的预算监督	无
桂政发〔2015〕18号	提高国有资本收益上缴比例；加大国有资本经营预算调入一般公共预算的力度；自治区建立市县人民政府临时救助体系	有
桂政发〔2018〕12号、桂政办发〔2017〕108号	自治区本级国有资本经营预算中期收支规划；经营预算草案编制等	无
桂政发〔2011〕74号	推进国有资本经营预算；规划安排资本性支出；国有独资企业净利润上缴国有资本收益的比例	无
桂政办发〔2018〕158号	财政资金统筹使用	无
桂政办发〔2009〕218号	自治区本级财政追加安排预算资金	有
宁政办发〔2013〕154号、宁政办发〔2013〕122号	预算申报程序	无

总体上看，民族地方出台的财政规范性文件，更多是以贯彻中央政府及财政部的规定为主，体现地方特色的占比颇低。其中较具代表性者如内蒙古自治区在教育领域的支出安排，在全国统一的"义务教育+学生资助"体系基础上，新增关涉少数民族语言教育的支出安排，其包括双语授课寄宿生生活补助、普通高中蒙古语授课和朝鲜语授课学生经费"两免"政策等两项内容。① 细致观

① 参见《内蒙古自治区人民政府办公厅关于印发 医疗卫生领域、科技领域、教育领域自治区与盟市财政事权和支出责任划分改革方案的通知》（内政办发〔2020〕32号）。

察相关文件的内容便不难发现，如果对应事项有中央规定，则民族地方一般仅是在中央规定未及之处方会做些施展。譬如，广西壮族自治区在进行省以下科技事权划分时，90%以上的规定都是照搬《国务院办公厅关于印发科技领域中央与地方　财政事权和支出责任划分改革方案的通知》（国办发〔2019〕26号），仅就其新增的科技行政管理事务、科技管理政策研究、保护、传承和弘扬广西优秀民族传统文化等事权，有作出特别的支出安排。①

　　规范性文件常在段首标明"结合我区实际"②"结合自治区实际，制定本办法"③ 等，有的文件中还提出"建立符合民族地区实际的现代财政预算管理制度"。④ 但仔细审视相关文件的具体内容，不难发现其中多数并无特殊性规定或变通规定，而只是在原则上对财政自治权进行强调，将其作为一种宣示性的口号，并非落于实地的权力。此外，也有不少文件虽有体现民族地方在财政资金安排和使用方面的权限，但本质上与一般地方享有的统筹使用资金的财政自主权无异。比如，广西壮族自治区为集中政府财力，在有关文件中明确了自治区政府统筹重点领域专项资金、债券资金和存量资金的权力，⑤而事实上，其他地区亦不乏这方面的规定。⑥

　　追根溯源，民族地方在行使财政自治权时表现得不尽如人意，很重要的一个原因或许在于上位法律对该问题的规定略显零散和混乱，譬如《预算法》

---

　　①　参见《广西壮族自治区人民政府办公厅关于印发广西教育领域自治区以下财政事权和支出责任划分改革实施方案的通知》（桂政办发〔2019〕120号）。

　　②　参见《广西壮族自治区人民政府关于进一步加强和完善预算执行管理工作的通知》（桂政发〔2014〕21号）。

　　③　参见《内蒙古自治区人民政府办公厅关于印发〈内蒙古自治区本级国有资本经营预算支出管理办法〉的通知》（内政办发〔2016〕198号）。

　　④　参见《内蒙古自治区人民政府关于深化预算管理制度改革的实施意见》（内政发〔2015〕10号）。

　　⑤　参见《广西壮族自治区人民政府办公厅关于印发 创新预算管理支持补短板实施方案（2019—2021年）的通知 》（桂政办发〔2018〕158号）。

　　⑥　如《山西省人民政府关于推进政府投资基金更好发挥作用的意见》（晋政发〔2018〕45号）规定整合设立母子基金，通过吸收撤并、存量优化、政府政策引导、市场动态调整等方式统筹各项政府投资基金；《省人民政府办公厅关于印发 湖北省疫后重振补短板强功能生态环境补短板工程 三年行动实施方案（2020—2022年）的通知》（鄂政办发〔2020〕49号）规定，由省经信厅统筹、各市（州）、县（市、区）政府统筹保障部分项目资金。

《民族区域自治法》等法律虽有关于民族地方财政自治权的表述，但体系性明显不足，相关法律所涉事项是否已穷尽列举，单从法律文本也很难得出确定的答案。这就使民族地方在具体行使财政自治权时容易无所适从。

第四节　兼顾需要与可能的优化路径

从在法律体系中的地位看，全国人大及其常委会制定的法律应当是关于民族地方财政自治权相关规定的"主线"，各民族地方在此基础上所开展的地方立法和出台的规范性文件则是由"主线"衍生出来的"辅线"。诚如前文曾述及，我国当前存在的问题在于，"主线"规定较为零散，"辅线"规定则对民族地方的特性体现不够。为求完善，可从"主线"与"辅线"交织的整体性角度出发，整理"主线"，织密"辅线"，强化财政自治权的自治特性。

一、法律层面的体系化

在法律层面将关于民族地方财政自治权的规定进行体系化，至少有两个维度的要求：一是内部维度，也即完善各部法律中针对该问题的规定，既凸显"民族地方""财政自治"的特质，也消弭不同法律规定之间的冲突和抵牾；二是外部维度，要将民族地方财政自治权嵌入更为广阔的语境中，通过妥善设计关联性制度，使其不仅于文本上存在，更于实践中可行。

在前者，当前要务至少有二。其一，也是至为重要的，要在该领域具有权威性、统领性的法律中，正面界定民族地方财政自治权的核心意涵，这是从根本上消弭规范之间空白或冲突的关键，也是使民族地方开展立法活动或是出台规范性文件时有所遵循的前提。对此，考虑到我国目前在财政法领域暂无《财政法》《财政法通则》之类的基本法律，故而较为可行的选择是在《民族区域自治法》中增设相关规定。至于内容，本书建议采取"概括描述+正面列举+兜底条款"的模式。首先，在法律中给"财政自治权"下一定义，可以考虑的表述方式是：财政自治权是指根据民族特殊风俗和区域经济发展需要，各级民族自治地方依法享有的在预算管理和财政支出方面变通执行法律法规的权力。其次，在法律中罗列如下事项，明确其作为财政自治权的应有内涵：（1）增加机动资金、预备费等在预算中的占比；（2）自行安排使用超收收入和结余资金；（3）享受上级财政照顾、报请上级政府或机关财政补助；（4）自主决定与民族特殊风俗相关的财政支出安排。最后，为避免法律的滞后性阻碍民族地方财政自治权的高效行使，法律中还有必要纳入兜底条款，不妨将之设计为"法律、行政法规明确的民族地方在预算管理和财政支出方面可以享受的其他自主权限"，以为其他单行法律因时制宜拓补民族地方财政自治权的内涵预留空间。

其二，强化民族类法律和财政类法律的协同性。一方面，要增强《民族区域自治法》对接财政类法律相关规定的力度，使民族地方财政自治权能更好落地。《预算法》第99条实际上已授权《民族区域自治法》对民族地方预算管理作出特别规定，但诚如前文已揭示的，《民族区域自治法》在该问题上着墨有限，仅在预备费比例、超收收入和结余资金使用等方面有所规定。该法制定较早，最近一次修改也已是二十年前，在财政自治权议题上相对粗放的规定有历史原因，但这确已一定程度上导致财政类法律授予出去的权力却无民族类法律对接的状况，有必要及时改变这种情形，如"自治机关享有决定追加预算支出、设定项目支出结转方式等调整支出预算的程序性权力"之类的规定，应适时被纳入。另一方面，财政类法律法规在涉及关乎民族地方财政自治权的议题时，也应当以《民族区域自治法》的原则、规则为基础，要体现和维护民族地方的民族性和自治性。由此观之，现行民族地区转移支付规则即存在待完善之处。比如，当前针对民族地方的专项转移支付，在资金用途方面对民族特质的凸显不够，大多数还是用于污染防治、公共卫生服务、节能减排、医疗救助、残疾人救助、农业生产、自然灾害防治等一般性事项，体现民族特质的仅有针对布达拉宫和西藏传统文化的国家文物保护、少数民族预科教育等少数事项的转移支付。又如，其资金结构以税收返还和专项拨款为主，以财力均等化为目标的一般性转移支付占比有限，举例言之，2019年云南省获得的转移支付总额中，税收返还、专项转移支付分别占比3.9%和45.5%，一般性转移支付的占比则是50.6%，虽然从绝对比例看并不算低，但是同一般性转移支付应居于绝对主体地位的理想状态之间仍有不小距离。民族地区因其收入基数较小，获取税收返还和专项拨款的能力实际上要弱于一般地区。更重要的是，地方政府使用一般性转移支付资金时的自由度较高，这方面资金相对不足也不利于从可支配财力的角度保障财政自治权的实现。对此，适当增强中央对民族地方的转移支付总量，尤其是一般性转移支付的数额，是应然选择。①

在后者，前文已述及，民族地方财政自治权的重心在于支出维度，在通常认知中，其意味着民族地方在财政支出方面能够享受相较于一般地方政府更大的自主空间。然而，受制于不少民族地方财力羸弱的现实状况，其自主安排财政支出的权力未必比一般地方更大。② 比如，在新疆维吾尔自治区、广西壮族自治区等固有财力较弱的自治区，财政支出常见中央政府通过专项转移支付的方式预先安排好的事项，固有财力在维持日常支出后已然所剩不多。所以，意欲使文本上的财政自治权真能落到实处，便不能就支出论支出，而必须将收入和支出这两方面的制度供给贯通考虑。概括地讲，为避免民族地方自主安排支出的权力沦为空心化，要在制度层面做好如下三方面工作。一是理顺中央政府和民族地方的财政事权和支出责任，尤其是对于本属中央事权或共同事权，因操作方面考量而交由民族地方具体执行的事项，要及时进行转移支付，避免挤占民族地方的固有财力进而影响其行使财政自治权。③ 二是在央地政府间划分财政收入时，要将税基主要集中在民族地方、税源又比较充沛的税种，尽量确定为地方税，同时，无论中央税、地方税还是共享税，在设计征税环节、纳税地点、收入归属等规则时，也要考虑使相应财政收入能更多为民族地区所掌握。譬如，根据《资源税法》第11条，资源税的纳税地点是应税产品开采地或生产地，而民族地方和矿产资源富集地高度重合，加之资源税乃是地方税，故该条的推行得以使大量资源税收入为民族地方所掌握，无论从经济还是社会的角度看，都是较为理想的选择。但与此同时，现行税制中也不乏与前述思路有所抵牾的规定，如2016年起增值税收入归属向生产地倾斜，已有研究表明，制造业企业多集聚在经济发达地区，欠发达的民族地方则主要是消费地，这样一来，前述规则的推行可能引致增值税收入由欠发达的民族地方向经济发达地区流动的后果。④ 三是优化一般性转移支

---

① 参见王玉玲：《论民族地区财政转移支付制度的优化——基于历史和现实背景的分析》，载《民族研究》2008年第1期，第34页。

② 戴小明、盛义龙：《自治机关自治权配置的科学化研究》，载《中南民族大学学报（人文社会科学版）》2016年第1期，第71~72页。

③ 徐广亚：《民族地区进行省直管县财政体制改革的路径探析》，载《广西民族研究》2014年第5期，第136页。

④ 参见王玉玲，雷光宇：《基于税收法定原则的民族自治地方资源税扩围》，载《西南民族大学学报（人文社科版）》2019年第1期，第125页。

付机制，特别是完善针对民族地方的转移支付制度安排。目前，一般性转移支付的数额主要根据各地区标准的财政收入额和财政支出额，再结合该地区的一般性转移支付系数进行测算。但问题在于，在实操层面，民族地方的基础性数据统计和收集较为不易，两相比较之下，财政支出额的确定更难周延，由此致使测算出来的转移支付需求可能低于真实需求。就此而言，一般性转移支付向民族地方倾斜不能停留在理论层面，也要从实际出发妥善设计规则。

二、民族地方立法和规则制定的特异化

制定自治条例、单行条例和地方性法规，都是民族地方所掌握的权力。此外，制发相关规范性文件，也是其实践自身施政理念、践行财政自治权的重要方式。这些制度规范或文件因性质各异，而应分别扮演不同角色，但相同的是，其内容都应彰显"民族地方"和"财政自治"的特色，而绝非简单照搬或是复述上位法。

（一）自治条例和单行条例

在法理上，自治条例和单行条例都是民族地方制定并适用的法律文件。前者主要是在政治、经济、社会、文化等方面作出的综合性规定，后者则更多是对某一方面具体事项所作规定。由此出发，就践行财政自治权而言，自治条例应更多着眼于宏观、整体、基础性的制度安排，单行条例可以相应地对关涉民族地方财政自治的核心事项进行重点规定。

具体来讲，适合由自治条例规定的事项包括但不限于三大类。第一，需要变通执行法律法规的情形，如在计划生育、城乡规划、环境治理以及世界遗产保护等领域，民族地方可能通过制定自治条例，变通或补充法律法规，[①]相应地，针对这些事项的财政支出安排自然也要和其他地区有所差异，对此，应考虑在自治条例中一并加以明确。此类事项通常牵涉面较广，而且涉及对法律法规的变通，故而规定在自治条例中要比单行条例更为合适。第二，应该重点发展的体现少数民族文化的事业，以及财政手段在其中应当扮演的角色。比如，支持少数民族非物质文化遗产传承甚为重要，这对于保存和发展

---

① 参见徐爽：《变通立法的"变"与"通"——基于74件民族自治地方变通立法文件的实证分析》，载《政法论坛》2021年第4期，第170页。

特定少数民族的文化、习俗，有不可替代的作用，自治条例可以对政府如何支持和促进这方面事业的发展作出原则性规定，特别是要对财政支出在其中扮演的角色予以阐明。第三，如何统筹财政资金，根据民族地方的实际，推动当地经济社会高质量发展。譬如，怎样通过财政手段支持贫困民族地区发展优势产业和特色经济，培育壮大特色优势产业，加快发展特色农牧业及其加工业、特色林业产业、民族特色旅游业、少数民族传统手工艺品产业、民族医药及关联产业等民族特色产业发展，都可在自治条例中有所体现。

相应地，单行条例则可重点规定预算管理的细化规则和特定事项的财政支出规则。在前者，主要是根据本地区的实际和需要，就超收收入的使用与管理、结余资金的使用与管理、预算调整的启动条件和程序等问题加以明确。在后者，不妨罗列体现民族特质的典型事项，明确相应的关于财政支出的特殊安排，从整体看，这些事项可以包括但不限于民族教育、民族文化、民族特色基础设施建设、环境保护和生态修复等，具体规定哪些还是要根据各民族地方的实情来确定。设计规则时要注意在授予权力的同时，配备有相应的监督机制，以确保所授权利得到良好的行使。

（二）地方性法规

地方性法规是各省级和设区的市级人大及其常委会都有权制定的，相关立法权限并非民族地方所独享，是故原则上不宜太多涉及民族地方的特色问题——此类事项更适合交由自治条例和单行条例来规定。据此，地方性法规和民族地方财政自治权的关联应主要限于抽象、间接的层面。

概括地讲，对民族地方行使财政自治权具有重大影响、但又是几乎所有地方政府在发展过程中都会遇到的问题，适合载于地方性法规。[1] 这方面的典型情形如转移支付资金的使用方法，省级和地市级、县级民族自治单位之间的事权划分，《招标投标法》《政府采购法》等财政法律在特定地区的具体实施，非税收入的征收管理，对预算编制与执行的审查监督等方面的规则。

---

[1]　由比较法视野观之，美国便是由各州的法律和法规单独决定地方政府和地方自治机构之间的权力分配。Dmytriy V. Nekhaichuk & Viktoria V. Trofimova, "Foreign Experience of Ensuring the Financial Autonomy of Local Self-Governments", 39 *Advances in Economics, Business and Management Research* 181（2018）.

（三）规范性文件

狭义的规范性文件属于行政规定，而非严格意义上的法律文件，[①] 其不仅在效力方面弱于地方性法规，还受到更高级乃至同级规范性文件的限制。因此，民族地方在制发规范性文件以行使财政自治权时，既要注意所涉事项不能是应由法律法规规定的内容，以免侵犯权力机关或者上级部门的立法权，也须妥适择定调整对象的范围，防杜文件内容之间发生冲突。

具言之，民族地方的规范性文件可集中精力，重点解决以下三个方面的问题：第一，对上级或同级规范性文件中背离民族特质的规定予以变通，依据民族地方的实际情况，因地制宜地制定变通执行方案；第二，设定预算管理和财政支出的特殊模式，在宗教事务管理、民族文化研究、双语教育等民族性较强的领域，增设新的财政支出专项，加大资金投入；第三，严格限定各类财政自治权行使的条件、程序和时限，对专项资金行使的必要性进行周期性评估，及时将民族性不足的支出项目剔除并增强专项资金的使用效率。

第五节　小　　结

财政自治权是《宪法》赋予民族地方的一项权力。相较于一般地方政府在理论和事实上都享有的财政自主权，财政自治权尤其表现为民族地方在财政支出方面有能够超越某些法律法规限定的更大的灵活空间。作为上层建筑的法律之所以要设定该权力，根源在于经济社会基础。民族地方相对滞后的经济发展水平和独具特色的社会文化习俗，使其在财政支出方面获得更大自治空间是合意的。但客观地讲，现行法律关于民族地方财政自治权的规定较为零散，民族地方自身也较少通过运用制定自治条例、单行条例的权力来对本区域的财政支出议题作针对性规定，相关财政规范性文件亦多以贯彻中央政府及财政部的规定为主，体现地方特色、民族特色不够。这意味着民族地方践行财政自治权的实践和预期仍有一定距离。

要改变该状况，首先应在上位法中对民族地方财政自治权的内核和外延作出较为清晰的界定，使民族地方的地方性立法有章可循。在此基础上，民

---

① 黄金荣：《"规范性文件"的法律界定及其效力》，载《法学》2014年第7期，第10～12页。

族类法律和财政类法律关于民族地方财政自治权的规定应当相互融通，同时在制定规则时也要打通考虑财政收支，避免民族地方行使财政自治权时陷入"有权无能"的窘境。民族地方在制定自治条例、单行条例、地方性法规乃至规范性文件时，则应当从这几类制度规范的性质出发，分别载明适合由其规定的内容。但不管是何种类型的规范，在进行相应的制度设计时，都不宜过于频繁地简单复述全国层面的统一规定，而应该在法律许可的范围内着力体现"民族性"和"自治性"的因素。

结　论

本书除导论和结论外，共计有八章，大体上可以区分为两个模块。第一章和第二章构成模块一，具有"总论"的属性，主要侧重于对政府间财政事权划分的制度和原理进行一般性的探讨：第一章从历史到现实，梳理我国财政事权划分格局的演进历程，着力揭示其不断优化的逻辑主线，亦对现行格局仍然不尽完善之处略作检讨；第二章则立足于应然层面，思索事权划分格局持续优化的方向和路径。

历史地看，自中华人民共和国成立以来，我国政府间财政事权的划分经历了不同的阶段，粗略观之，其规范性水平有三次跳跃性上升：一是改革开放以后开始推行财政包干体制，较之改革开放前，伴随着国家层面主动对央地收支范围进行划分，中央事权和地方事权逐渐成形，而且在制度层面得以确立；二是 1994 年开始推行分税制财政管理体制改革，由此出发，在沿袭财政包干制时期既有事权划分格局的基础上，逐步探索财政事权划分的基本原则，并在其后出台的若干单行法律中对事权划分有所明确；三是近年来推进的现代财政制度建设，该阶段在吸收前一时期有益经验并加以推广的同时，针对重要领域相继出台财政事权划分的方案，并且特别强调事权和支出责任相适应，省级以下地方政府间的事权划分改革亦不断深化，财政事权划分的法治化程度也随之显著提高。但如果以更高标准来衡量，则当前的财政事权划分格局仍然存在不少弊端，这集中表现在对事权划分应然原则的贯彻不力、事权类型化程度过低、配套措施建设不足等方面。

意欲改善财政事权划分的格局，首先要在应然层面确立财政事权划分的理想标准。就此而言，财政事权划分的理想标准由经济标准和法律标准构成。经济标准包括外部性、信息复杂性和激励相容等三项具体原则，同时还可以依托公共选择理论设置兜底性标准。对于法律标准，则系对经济标准的矫正与优化，旨在从实质与形式两个方面实现超越效率且相对稳定的公平正义。

经济标准和法律标准之间虽有张力，但也应该能够相互融合，一方面，无论
何时，即便要在两类标准之间倾向于其中一类，也不得突破另一类标准的底
线；另一方面，还可以应用功能适当原理来对经济标准和法律标准加以统合。
对照前述理想类型和事权划分现况，可知我国事权划分格局仍存在中央政府
承担的事权偏少、省级以下地方政府事权结构过于复杂、央地共同事权的界
限模糊等问题。为此，应落实府际功能区分从而合理划分央地事权，适当压
缩财政层级并在此基础上妥善划分省级以下政府间事权，以区分支出与支出
责任为抓手理顺央地共同事权。更重要的是，以上设想都应当依循规范化的
进路予以实现，财政事权的划分、调整和争议处理都要有章可循，政府间财
政转移支付体系以及财税立法的意见吸纳与反馈机制俱应不断趋于规范化。
此外，财政事权划分的配套保障与督促机制亦不可少。就保障机制而言，旨
在使各级政府履行事权时有充足的财力基础，重新确立地方主体税种、改进
共享税收入划分比例的设定方法、提高均衡性转移支付的针对性是重中之重。
就督促机制而言，基本的制度目标是消除事权划分的非规范因素，财政审计
和预算监督制度在此间应当扮演重要角色。

　　本书的第三至八章构成模块二，具有"分论"的属性，是在模块一所提
炼之一般性研究结论的基础上，对政府间财政事权划分较为重要的六方面问
题，进行专门研究。

　　一是公共卫生事权的府际划分。在公共卫生领域，市场失灵之所在便是
政府须承担相应事权之处。我国当前公共卫生事权在政府间的纵向划分表现
出决策权过于集中、共同事权分工不明、事权错位和缺位并存、基层政府负
担过重、社区承担事权缺乏法律依据等弊端，应适当下放决策权，明确各级
政府在履行共同事权时的角色，基于事权划分原则调适现行格局，并从事权
和支出责任两个方面为基层政府减负。公共卫生事权的府际横向划分也存在
常态化公共卫生管理事权主体缺位、紧急公共卫生事权内部划分不明、事权
主体间信息交流不畅、监督性事权后置、医疗卫生机构承担不足等问题，均
应当遵循辨证施治的思路加以改进。

　　二是高等教育事权的府际划分。高等教育事业的兴旺发达需要政府的财
政投入。我国应在法律层面明确高等教育事权的府际划分，通过法律机制督
促各级政府依法履行职责。高等教育事权的划分，应当以明确政府与市场的
关系为逻辑起点，将保障公民平等受教育的权利作为目标导向。当前，我国

高等教育事权的划分存在中央层级承担事权不够、对地区差异关注不足等一系列问题，亟待基于外部性、信息复杂性和激励相容等原则加以优化。同时，规范的转移支付体系是高等教育领域事权和支出责任相适应的关键机制，有必要尽速予以确立。

三是国际体育赛事承办事权的府际划分。我国已成为国际体育赛事的承办大国，但相关事权的划分仍有不明、不当之处。从事权划分三原则出发，赛事承办事权的划分应呈"地方为主、中央为辅"格局。梳理北京奥运会、北京-张家口冬奥会和杭州亚运会的赛事筹办情况可知，相关事权确是遵循该思路在央地政府间进行配置，但仍然存在事权范围模糊、划分格局不稳固、部分事权与支出责任配置不善、协调机制缺乏等问题。就改进思路而言，在纵向维度，中央应承担更多的规范市场事权，适当将财税优惠事权下放地方，并增加对地方的转移支付。在横向维度，主办城市应对协办城市提供一定的转移支付。同时，还应健全赛事承办相关的转移支付机制，通过明确影响要素及其权重，使转移支付的针对性得以加强。

四是应急管理事权的府际划分。我国针对应急管理事权的府际划分经历了从模糊不清到相对确定，再到试图明确界定的演进历程。虽然迭经优化，但当前仍然存在三大突出问题：一是中央层级承担的事权科学化精细化程度不足；二是省以下的事权划分缺乏合理标准；三是配套机制有待完善。划分应急管理事权时，要体察应急管理作为一类公共产品的属性，从公共产品的分层次性入手考量问题，同时将功能适当原理作为应急管理事权配置的基本标尺，并尤为关注支出责任落实的可能性。由此出发，要从应急管理事权划分整体化、动态调整常态化、转移支付协调化三个方面完善现行事权配置格局，增强全社会的风险对抗能力和政府的风险治理能力。

五是环境治理事权的府际划分。"双碳"目标的提出，既对传统意义上环境治理事权的府际划分提出更高要求，也充实了各级政府、各个部门所需承担环境治理事权的内容。传统环境治理事权在做纵向划分时，存在未充分考虑地区差异、核心范畴的表述不尽严谨以致诱发事权下沉现象、央地政府职责错位和共同事权的范围有失狭窄等弊端。在作横向划分时，亦有环保部门责任过重、部分事权缺乏责任主体、部门间协调机制较为欠缺等不足。在优化传统事权府际配置的同时，还要依托事权划分三原则和功能适当原理，在纵横维度妥善划分因"双碳"目标而增设的环境治理事权，下好"先手棋"，以期更好促成"双碳"目标的达致。

六是民族地方在财政事权配置方面的特殊性。《宪法》赋予民族地方以财政自治权，主要指向财政支出方面更大的自主空间，《预算法》《民族区域自治法》对此有所细化。但从五个民族自治区财政领域的地方立法和规范性文件看，其对财政自治权的运用不够充分，多停留在落实、细化上位法的层面，有些虽涉及财政支出的灵活性，但和其他地方享有的财政自主权并无实质差异。民族地方行使财政自治权要紧扣民族地方的特质，凸显财政自治权不同于一般意义上财政自主权之处。为此，一方面要强化民族类法律和财政类法律、支出类规则和收入类规则的协调，另一方面也要立足于各类民族地方立法和规范性文件的性质，有针对性地设计规则，使民族地方财政自治权能够得以落实。

政府间财政事权的合理配置及其法治化是一个颇为复杂的问题，其既横跨法学、经济学、管理学等多个学科，在实践层面牵涉的领域亦极其宽广而难以用有限的笔力加以穷尽。职是之故，更兼笔者在研力方面的局限性，本书研究及其结论无论在深度还是广度上俱难免有诸多不足，尚祈诸位方家不吝赐教，笔者将在后续研究的过程中持续跟进，希望能够不断深化研究成果，更好地服务于我国政府间财政事权法治化的历史进程。

主要参考文献

一、著作类

（一）中文著作

1. 楼继伟：《中国政府间财政关系再思考》，中国财政经济出版社 2013 年版。

2. 全国人大常委会法制工作委员会行政法室编著：《中华人民共和国环境保护法解读》，中国法制出版社 2014 年版。

3. 冉冉：《中国地方环境政治：政策与执行之间的距离》，中央编译出版社 2015 年版。

4. 谭波：《央地财权、事权匹配的宪法保障机制研究》，社会科学文献出版社 2018 年版。

5. 汪劲主编：《环保法治三十年：我们成功了吗——中国环保法治蓝皮书（1979—2010）》，北京大学出版社 2011 年版。

6. 魏建国：《中央与地方关系法治化研究：财政维度》，北京大学出版社 2015 年版。

7. 熊伟：《财政法基本问题》，北京大学出版社 2012 年版。

8. 熊伟主编：《政府间财政关系的法律调整》，法律出版社 2010 年版。

9. 熊文钊主编：《大国地方——中央与地方关系法治化研究》，中国政法大学出版社 2012 年版。

10. 徐阳光：《政府间财政关系法治化研究》，法律出版社 2016 年版。

11. 张守文：《财税法疏议》（第二版），北京大学出版社 2016 年版。

12. 郑永年：《中国的"行为联邦制"：中央地方关系的变革与动力》，东方出版社 2013 年版。

13. 周刚志：《财政分权的宪政原理——政府间财政关系之宪法比较研

究》，法律出版社 2010 年版。

（二）外文译著

1. ［澳］马克·比森：《环境威权主义的到来》，载俞可平主编：《中国治理评论（第 2 辑）》，中央编译出版社 2012 年版。

2. ［德］施密特·阿斯曼：《秩序理念下的行政法体系建构》，林明锵等译，北京大学出版社 2012 年版。

3. ［美］詹姆斯·布坎南：《民主财政论》，穆怀朋译，商务印书馆 2002 年版。

4. ［美］詹姆斯·布坎南、理查德·马斯格雷夫：《公共财政与公共选择：两种截然对立的国家观》，类承曜译，中国财政经济出版社 2000 年版。

5. ［日］礒崎初仁、金井利之、伊藤正次：《日本地方自治》，张青松译，社会科学文献出版社 2010 年版。

（三）外文原著

1. Richard A. Musgrave, The Theory of Public Finance—A Study in Public Economy, McGraw-Hill Press, 1959.

2. Wallace E. Oates, Fiscal Federalism, Harcourt Brace Jovanovich Press, 1972.

3. 北野弘久：『現代税法講義』，法律文化社 2000 年版。

4. 浅野一弘：『現代地方自治の現状と課題』，同文舘 2004 年版。

二、论文类

（一）中文论文

1. 陈正武：《预算法预备费应对自然灾害有关法律问题思考》，载《经济体制改革》2009 年第 5 期。

2. 程惠霞：《"科层式"应急管理体系及其优化：基于"治理能力现代化"的视角》，载《中国行政管理》2016 年第 3 期。

3. 戴小明：《财政自治及其在中国的实践——兼论民族自治地方财政自治》，载《民族研究》2001 年第 5 期。

4. 冯曦明、蒋忆宁：《地方税体系完善研析》，载《税务研究》2019 年第 1 期。

5. 龚向光：《论政府在公共卫生领域的职能》，载《中国经济卫生》2003 年第 11 期。

6. 谷成：《中国财政分权的轨迹变迁及其演进特征》，载《中国经济史研究》2009 年第 2 期。

7. 胡骁马：《政府间权责安排、财力配置与体制均衡——以事权与支出责任的划分为切入点》，载《东北财经大学学报》2020 年第 5 期。

8. 胡耀宗：《府际间高等教育财政转移支付基本框架设想》，载《中国高教研究》2012 年第 5 期。

9. 兰自力等：《基于事权划分的公共体育服务财政保障》，载《体育学刊》2016 年第 6 期。

10. 李广德：《我国公共卫生法治理论坐标与制度构建》，载《中国法学》2020 年第 5 期。

11. 李华：《地方税的内涵与我国地方税体系改革路径——兼与 OECD 国家的对比分析》，载《财政研究》2018 年第 7 期。

12. 李丽、张林：《体育事业公共财政支出研究》，载《体育科学》2010 年第 12 期。

13. 刘承礼：《省以下政府间事权和支出责任划分》，载《财政研究》2016 年第 12 期。

14. 刘国瑞：《法治化建设：省级政府高等教育统筹的现实短板与提升重点》，载《中国高教研究》2020 年第 6 期。

15. 刘剑文：《财税法治的破局与立势——一种以关系平衡为核心的治国之路》，载《清华法学》2013 年第 5 期。

16. 刘剑文、侯卓：《事权划分法治化的中国路径》，载《中国社会科学》2017 年第 2 期。

17. 刘守刚：《国家的生产性与公共产品理论的兴起——一个思想史的回溯》，载《税收经济研究》2019 年第 3 期。

18. 刘铁：《试论对口支援与分税制下财政均衡的关系——以〈汶川地震灾后恢复重建对口支援方案〉为例的实证分析》，载《软科学》2010 年第 6 期。

19. 沈斌：《央地事权划分争议解决的法律程序途径——以协商程序制度为中心》，载《中南大学学报（社会科学报）》2018 年第 6 期。

20. 沈荣华：《各级政府公共服务职责划分的指导原则和改革方向》，载《中国行政管理》2007 年第 1 期。

21. 王建学：《论突发公共卫生事件预警中的央地权限配置》，载《当代法学》2020 年第 3 期。

22. 魏建国：《教育事权与财政支出责任划分的法治化——基于一个理解框架的分析》，载《北京大学教育评论》2019 年第 1 期。

23. 熊伟：《分税制模式下地方财政自主权研究》，载《政法论丛》2019 年第 1 期。

24. 徐阳光：《论建立事权与支出责任相适应的法律制度——理论基础与立法路径》，载《清华法学》2014 年第 5 期。

25. 杨志勇：《中央和地方事权划分思路的转变：历史与比较的视角》，载《财政研究》2016 年第 9 期。

26. 余守文、王经纬：《我国体育赛事财政事权与支出责任划分研究》，载《学习与探索》2020 年第 6 期。

27. 张守文：《政府与市场关系的法律调整》，载《中国法学》2014 年第 5 期。

28. 张翔：《国家权力配置的功能适当原则——以德国法为中心》，载《比较法研究》2018 年第 3 期。

29. 郑毅：《地方主义、跨区域事务与地方立法改革——以抗击新冠肺炎过程中的央地关系为视角》，载《东南法学》2020 年第 2 期。

30. 周坚卫、罗辉：《从"事与权"双视角界定政府间事权建立财力与事权相匹配的转移支付制度》，载《财政研究》2011 年第 4 期。

31. 周阳：《科学界定央地权责 推进应急管理体制现代化——解读〈应急救援领域中央与地方财政事权和支出责任划分改革方案〉》，载《中国应急管理》2020 年第 8 期。

（二）外文论文

1. Ivan A. Boldyrev, Economy as a Social System: Niklas Luhmann's Contribution and its Significance for Economics, 72（2）The American Journal of Economics and Sociology（2013）.

2. Neil R. Britton & Gerard J. Clark, From Response to Resilience: Emergency Management Reform in New Zealand, 1（3）Natural Hazards Review（2000）.

3. ShiNa Li et al, Modelling The Economic Impact of Sports Events: The Case of the Beijing Olympics, 30 Economic Modelling（2013）.

4. Susan Lemar, "The Liberty to Spread Disaster": Campaigning for Compulsion in the Control of Venereal Diseases in Edinburgh in the 1920s, 19 (1) Social History of Medicine the Journal of the Society for the Social History of Medicine (2006).

5. Yingyi Qian & Barry R. Weingast, Federalism as a Commitment to Preserving Market Incentives, 11 (4) Journal of Economic Perspectives (1997).

后　记

　　财税法学研究在近年来呈现蓬勃发展的态势，但从整体上看，税法研究的成熟度仍要超过财政法研究。实际上，财政是国家治理的基础和重要支柱，在实现中国式现代化的征途中，财政和财政法手段的重要地位都是不可替代的，加强财政法研究的必要性毋庸赘述。而在财政法中，财政体制法尤为重要，其包含财政收入划分法、财政支出划分法和财政转移支付法三方面内容，从既有研究成果看，法学界对财政收入划分法和财政转移支付法的研究更为充分，对财政支出法的探究则相对不足。2014 年，在中共中央政治局审议通过的《深化财税体制改革总体方案》中，明确将建立事权和支出责任相适应的制度作为一项重要任务提出，此后，各方面、各领域的财政事权划分改革不断取得新的进展。为了系统梳理财政事权划分改革的进程，在法理和规则层面提炼其所蕴含的有益经验，进而为下阶段的改革提供更有力的智识支撑，笔者以"财政事权划分的法治路径研究"为题申报司法部法治建设与法学理论研究部级科研项目并于 2019 年 12 月获得立项，在 2021 年基本完成研究工作，获得五位学界先进的认可从而鉴定通过，又经过一年多的打磨完善，将研究报告整理成书稿，现呈现给读者诸君。

　　本书中部分内容曾在《体育科学》《学习与实践》等刊物发表，感谢编辑老师的认可！在课题研究和本书撰写过程中，我所指导的研究生吴东蔚、宋嘉豪、陈哲等作出了较大贡献，也向他们表示感谢！武汉大学出版社胡荣编辑待人热心、工作耐心、编审细心，为本书添色不少，特别向她致以谢意！严格来讲，财政事权划分法治化属于财税法和相关学科的交叉研究领域，许多问题颇为复杂，而且最新的改革动向较多，研习不易。同时，囿于本人的研力所限，书中部分观点或许有不当之处，诚望读者方家不吝赐教！

侯　卓

2023 年 1 月于湖北武汉